半藤《はんどう》先生の「昭和史《しょうわし》」で学ぶ非戦《ひせん》と平和

# 戦争の時代

1926～1945 下

三国同盟《どうめい》／太平洋戦争／原爆《げんばく》投下

半藤《はんどう》一利《かずとし》

シリーズ「半藤《はんどう》先生の『昭和史《しょうわし》』で学ぶ非戦《ひせん》と平和」は、二〇二一年に亡《な》くなられた半藤一利《はんどうかずとし》さんの昭和史《しょうわし》に関する四冊《さつ》の著書《ちょしょ》『昭和史《しょうわし》 1926-1945』『昭和史《しょうわし》 戦後篇《へん》 1945-1989』『B面昭和史《しょうわし》 1926-1945』『世界史《せかいし》のなかの昭和史《しょうわし》』をそれぞれ二分冊《ぶんさつ》にして全八巻《かん》にまとめ直し、若《わか》い読者にも読みやすく再編集《さいへんしゅう》したものです。小学五年生以上で学習する漢字にはふりがなをふり、各章冒頭《ぼうとう》にポイントとキーワードをまとめ、巻末《かんまつ》には新たに解説《かいせつ》を加えました。歴史《れきし》学習に役立つよう巻末《かんまつ》に索引《さくいん》も加えています。

本書『戦争の時代 1926-1945 下』は、平凡社《へいぼんしゃ》ライブラリー『昭和史《しょうわし》 1926-1945』（二〇〇九年、平凡社《へいぼんしゃ》）を底本に再編集《さいへんしゅう》しました。

半藤《はんどう》先生の「昭和史《しようわし》」で学ぶ非戦《ひせん》と平和

# 戦争の時代　1926〜1945〈下〉　目次

半藤《はんどう》先生の「昭和史《しょうわし》」で学ぶ非戦《ひせん》と平和

# 戦争の時代 1926~1945〔上〕 目次

# 第九章

# なぜ海軍は三国同盟《どうめい》をイエスと言ったか

ひた走る軍事国家への道

この章の
ポイント

一九四〇（昭和十五）年五月、ついにナチス・ドイツは西部戦線に攻撃《こうげき》を仕掛《しか》け、第二次世界大戦が本格化《ほんかくか》します。あっという間に英仏《えいふつ》連合軍をドーバー海峡《かいきょう》まで追《お》い詰《つ》め、六月にはパリを無血占領《せんりょう》します。こうしてヨーロッパは完全にドイツが席捲《せっけん》しました。そして同年九月、アメリカのヨーロッパへの参戦を抑止《よくし》するため、日独伊《にちどくい》三国同盟《どうめい》が結ばれるのです。日本国内では戦時色がぐんぐんと強まり、国民は一層《いっそう》の耐乏《たいぼう》生活を強《し》いられていきます。

キーワード

第二次世界大戦／米内光政《よないみつまさ》／敵性《てきせい》言葉／ぜいたくは敵《てき》だ／日独伊《にちどくい》三国同盟《どうめい》／近衛文麿《このえふみまろ》／松岡洋右《まつおかようすけ》／東条英機《とうじょうひでき》／及川古志郎《おいかわこしろう》／バトル・オブ・ブリテン

## ◆「ぜいたくは素敵《すてき》だ」

　昭和十四年（一九三九）九月に第二次世界大戦がはじまりました。イギリス・フランスの同《どう》盟軍《めいぐん》にベルギーやオランダが後に追従《ついじゅう》して大連合軍となってドイツに宣戦《せんせん》を布告《ふこく》したのですが、奇妙《きみょう》なことに「戦争」が起きなかったのです。「まやかしの戦争 phony war」といいますが、互《たが》いに戦いを宣《せん》していながら銃火《じゅうか》を交えない、ひたすら睨《にら》み合《あ》いの状態《じょうたい》が続きました。といって冷戦ではなく、ところどころでドンパチはやっているものの、本来なら大戦争に進むはずが、実際《じっさい》はそうならなかったのです。

　そして昭和十五年が明けました。無策《むさく》の阿部信行内閣《あべのぶゆきないかく》が倒《たお》れ、一月に替《か》わった米内光政内閣《よないみつまさないかく》は「世の中の動きに反している」とはじめから大不評で、これまた大した仕事もできぬままに揉《も》みに揉《も》まれていました。もちろん、陸軍の暴圧《ぼうあつ》がますます強くなったからでもあるのです。二月二日の第七十五議会で民政党《みんせいとう》の斎藤隆夫代議士《さいとうたかおだいぎし》が陸軍に食ってかかったことがそれをよく示《しめ》しています。斎藤《さいとう》議員は、

「ただいたずらに聖戦《せいせん》の美名《びめい》に隠《かく》れて国民的犠牲《ぎせい》を閑却《かんきゃく》し、いわく国際正義《こくさいせいぎ》、いわく道義《どうぎ》外交、いわく共存共栄《きょうそんきょうえい》、いわく世界平和、かくのごとき雲をつかむような文字を並《なら》べ……」

　こう頭から内閣《ないかく》の政策《せいさく》を批判《ひはん》したうえで、陸軍に詰《つ》め寄《よ》ります。

「支那《しな》事変がはじまってからすでに二年半になるが、十万の英霊《えいれい》を出しても解決《かいけつ》していない。ど

う戦争解決《かいけつ》するのか処理案《しょりあん》を示《しめ》せ」
陸軍は「聖戦《せいせん》の目的を批判《ひはん》した」と怒《おこ》って逆《ぎゃく》に斎藤《さいとう》議員を追《お》い詰《つ》めましたが、斎藤《さいとう》議員が、
「私《わたし》は議員を辞任《じにん》しない、文句《もんく》があるなら除名《じょめい》せよ」
と啖呵《たんか》をきると、陸軍は本当に斎藤《さいとう》議員を除名《じょめい》してしまいました。その横暴《おうぼう》さはそれほどにひどくなっていたのです。これが議会の「最後の抵抗《ていこう》」だったのではないでしょうか。つまり政党《せいとう》が有効性《ゆうこうせい》を失った、象徴的《しょうちょうてき》な出来事だったと思います。

そして七月には陸軍の策謀《さくぼう》により米内《よない》内閣が打倒《だとう》されます。畑俊六《はたしゅんろく》陸相《りくしょう》が「閣僚《かくりょう》として責《せき》任《にん》を果たせない」と辞表を提出《ていしゅつ》したからです。代わりを出すよう米内《よない》さんが頼《たの》んでも、陸軍は「協力できる人がいない」と拒否《きょひ》します。二・二六事件《じけん》後、広田内閣《ひろたないかく》が「軍部大臣現役武官制《げんえきぶかんせい》」を復活《ふっかつ》させたため、当時は閣僚《かくりょう》が辞任《じにん》すると内閣《ないかく》は崩壊《ほうかい》しましたので、陸軍が大臣を出してくれない以上、米内《よない》内閣は辞職《じしょく》せざるを得《え》なくなる。米内《よない》内閣の崩壊《ほうかい》を天皇《てんのう》は非常《ひじょう》に残念に思いますが、どうしようもなかったのです。

そしてまた出てきたのが、近衛文麿《このえふみまろ》という、まことに始末《しまつ》におえない首相《しゅしょう》でした。

ところでこの昭和十五年がどのような年だったか、少し余談《よだん》をしておきます。

三月、政府《せいふ》は映画《えいが》会社やレコード会社に、芸名が「ふまじめ」「不敬《ふけい》」「外国人と間違《まちが》えやすい」ものを改名するよう命じました。国粋主義《こくすいしゅぎ》で徹底《てってい》しようというわけですね。漫才師《まんざいし》のミス・ワカナ、歌手のディック・ミネ、東宝映画《とうほうえいが》の藤原釜足《ふじわらかまたり》、日活映画《にっかつえいが》の尼《あま》リリスなどがだめで、デ

イック・ミネはたしか「三根耕一《みねこういち》」と改名したと思います。黒澤明監督《くろさわあきらかんとく》の『七人の侍《さむらい》』などに出演《しゆつえん》した藤原釜足《ふじわらかまたり》も、後に元に戻《もど》しましたが、戦争中は藤原鶏太《ふじわらけいた》と改名したはずです。

また戦争なんかしていないのに、「敵性言葉《てきせい》」を使うな、というのでプラットフォームは「乗車廊《じようしやろう》」、ビラは「伝単《でんたん》」、ラグビーは「闘球《とうきゆう》」、パーマネントは「電髪《でんぱつ》」、ペニシリンは「碧素《へきそ》」、カビだから緑なんですね。またアメリカンフットボールは「鎧球《がいきゆう》」、スキーは「雪艇《せきてい》」、野球のスタルヒン投手は須田博《すだひろし》と変えられました。ストライクは「よし」、ボールは「だめ」、というのは有名な話ですが、実際《じつさい》そこまでやったかはさだかではないものの、少なくとも横文字は片《かた》っ端《ぱし》から禁止《きんし》と槍玉《やりだま》にあげられた記憶《きおく》はあります。とにかくすべては国粋主義《こくすいしゆぎ》でいかねばならなくなった。

また、時局《じきよく》に合わない不真面目《ふまじめ》なことはいかん、という命令が出て、落語協会までが、あるまじきことながら「自粛《じしゆく》」して、遊廓《ゆうかく》、妾《めかけ》、不義《ふぎ》、好色《こうしよく》など五十三の噺《はなし》を演《えん》じないことにし、浅草本法寺《あさくさほんぽうじ》に「はなし塚《づか》」をつくって葬《ほうむ》ってしまいました。いやはや、お粗末《そまつ》な話でした、というしかありません。

さらに「七《しち》・七禁令《しちきんれい》」といって七月七日、ぜいたくをしてはいけないということが法律《ほうりつ》で決まるのです。戦前の日本人なら忘《わす》れられない「ぜいたくは敵《てき》だ」の標語ができ、街のいたるところに「ぜいたく品よ、さやうなら。あすから閉《と》ぢる虚栄《きよえい》の門」などと書かれた看板《かんばん》が立つようになりましたが、なかには反骨精神旺盛《はんこつせいしんおうせい》にも、「敵《てき》」の上に「素《す》」の字を書いて「ぜいたくは素敵《すてき》だ」とやった人もいました。憲兵《けんぺい》に見つかったら大変です。指輪、ネクタイピン、宝石類《ほうせきるい》、高価《こうか》な白羽二重《しろはぶたえ》、丸帯《まるおび》、洋服などが禁《きん》じられ、「夏物の背広《せびろ》は百円、時計は五十円、ハンカチは一円、下駄《げた》は七円、靴《くつ》は三十五円、香水《こうすい》は五円まで、それ以上は禁止《きんし》」とされました。もっとも当時それで慌《あわ》てたのは上流階級だけで、われら下町の貧民《ひんみん》どもはぜいたくなどした覚えはないのですが。

　他方、「産めよ殖《ふ》やせよ」と、子だくさんが推奨《すいしょう》されました。十月十九日、厚生省《こうせいしょう》が満六歳《さい》以上の子供《こども》十人以上を育てている全国の子だくさんの一万三百三十六家庭の名簿《めいぼ》を発表して表彰《ひょうしょう》したのですが、日本一になったのは長崎県庁総務《けんちょうそうむ》部長の白戸半次郎《しらとはんじろう》さんで、なんと男十人女六人でした。都道府県別で多い順に北海道九百七十八、鹿児島県五百四十一、静岡県四百四十四、一番少ないのは鳥取県の三十九家庭だったそうです。ちなみに半藤《はんどう》家は当時、子供《こども》は私《わたし》と弟の二人でしたから（間に三人死んでいますが）、とても表彰《ひょうしょう》の対象《たいしょう》にはなりませんでした。

　また十月三十一日には、全国のダンスホールが完全閉鎖《へいさ》となりました。最後は「蛍《ほたる》の光」が演奏《えんそう》され、ホールのあちこちですすり泣きの声が聞こえたといいます。

　こうして陸軍主導《しゅどう》で戦時色がぐんぐんと強まり、いよいよ軍国主義《しゅぎ》国家への様相《ようそう》を呈《てい》してくるなかで、国民は来《きた》るべき対英米戦争に備《そな》え、いっそうの耐乏《たいぼう》生活へと入っていきました。

## ◆「バスに乗《の》り遅《おく》れるな」の大合唱

そしてこの時、ナチス・ドイツは「まやかしの戦争」に終止符《しゅうしふ》を打って、五月一日、西部戦線に大攻撃《だいこうげき》を仕掛《しか》けてきたのです。目を見張《みは》る電撃《でんげき》作戦により、それまで世界史《せかいし》にも例のないほど見事に英仏蘭《えいふつらん》の連合軍を撃《う》ち破《やぶ》ります。この瞬間《しゅんかん》に、睨《にら》み合《あ》いか、あっても小競《こぜ》り合《あ》い程度《ていど》だった戦争が、本格的《ほんかくてき》な第二次世界大戦となったのです。

五月十四日にオランダが降伏《こうふく》、十七日にはベルギーの首都ブリュッセルが陥落《かんらく》、フランスの最大の防衛線《ぼうえいせん》マジノラインを突破《とっぱ》したドイツが、英仏《えいふつ》連合軍をドーバー海峡《かいきょう》にまで追《お》い詰《つ》めるとイギリス軍はほうほうの体《てい》で撤退《てったい》し、本国へ逃《に》げ帰《かえ》りました。なぜかドイツ軍が猛追撃《もうついげき》をひかえた。それで助かったのですが、まさしく「ダンケルクの奇蹟《きせき》*1」であったわけです。六月十四日にはパリ無血占領《むけつせんりょう》、フランスは二十二日、第一次世界大戦勝利の思い出の地コンピエーヌの森で、降伏《こうふく》の調印をします。こうしてヨーロッパは完全にドイツが席捲《せっけん》しました。

永井荷風《ながいかふう》の日記です。

「五月十日。独軍《どくぐん》和蘭陀《オランダ》白耳義《ベルギー》国境《こっきょう》を犯《おか》す」

「五月十六日。……余《よ》は日本の新聞の欧州《おうしゅう》戦争に関する報道《ほうどう》は英仏《えいふつ》側電報《でんぽう》記事を読むのみにて、独逸《ドイツ》よりの報道又《ほうどうまた》日本人の所論《しょろん》は一切之《いっさいこれ》を目にせざるなり。今日の如《ごと》き余《よ》が身にとりては、列国の興亡《こうぼう》と世界の趨勢《すうせい》とはたとえ之《これ》を知《し》り得《え》たりとするも何の益《えき》するところもなく、また為《な》すべきこともなし。余《よ》はただむねの奥深《おくふか》く日夜仏蘭西《フランス》軍の勝利を祈願《きがん》して止《や》まざるのみ。ジャンダルクは意外なる時忽然《こつぜん》として出現《しゅつげん》すべし」

期待のジャンヌ・ダルクはついに出ませんでした。

「五月十八日。……号外売欧州《ごうがいうりおうしゅう》戦争独軍大捷《どくぐんたいしょう》を報《ほう》ず。仏都《ふつと》巴里《パリー》陥落《かんらく》の日近しという。余《よ》自ら慰《なぐさ》めむとするも慰《なぐさ》むること能《あた》わざるものあり。晩餐《ばんさん》も之《これ》がために全く味なし。燈刻《とうこく》悄然《しょうぜん》として家にかえる」

「六月十四日。巴里《パリー》陥落《かんらく》の号外出《い》でたり」

「六月十九日。都下諸新聞《とかしょしんぶん》の記事戦敗の仏蘭西《フランス》に同情《どうじょう》するものなく、多くは嘲罵《ちょうば》して憚《はばか》るところなし。その文辞《ぶんじ》の野卑低劣《やひていれつ》読むに堪《た》えず」

フランス好きの荷風《かふう》さんは、悲嘆《ひたん》のどん底に落《お》ち込《こ》んだわけです。

こうなりますと軍部はなおさら、ヨーロッパ戦争に不関与《ふかんよ》の方針《ほうしん》をとる米内《よない》内閣が邪魔《じゃま》でしようがなくなったんですね。親独《しんどく》路線の傾向《けいこう》が強まり、日本もナチス・ドイツばりの「強力な一元政治《いちげんせいじ》」、つまり一つの組織《そしき》で引《ひ》っ張《ぱ》って行くべきだという声にも、米内《よない》は耳を貸《か》さぬ、日独《にちどく》伊《い》三国同盟締結《どうめいていけつ》への勢《いきお》いが再燃《さいねん》しても目もくれず、なんとかアメリカとの関係を改善《かいぜん》したいと言《い》い張《は》る。連戦連勝のドイツにならって日本もアジア新秩序《ちつじょ》をつくるべきだ、今こそ「バスに乗《の》り遅《おく》れるな」と日本じゅうが浮《う》かれに浮《う》かれるなかで、先ほど話しましたように、とうとう畑《はた》陸軍大臣が理由もなく辞任《じにん》し、後継《こうけい》の陸相《りくしょう》を陸軍は出さない。かくて米内《よない》内閣は倒《たお》されます。

そして七月二十二日に近衛内閣《このえないかく》が誕生《たんじょう》した。さあ、ここからが問題なのです。
近衛《このえ》さんはどちらかといえば反英米主義者《しゅぎしゃ》で、アングロサクソンの世界制覇《せいは》に対して懸念《けねん》の強い人でした。しかも、他人の意見を聞く振《ふ》りをしながら自分の意見を頑固《がんこ》に押《お》し通《とお》し、まずくなるとすぐ逃《に》げ出《だ》すという、まことに頼《たよ》りない人なのです。当時、内閣《ないかく》書記官長を務《つと》めた富《とみ》田健治《たけんじ》の回想録にあります。

「組閣《そかく》早々近衛首相《このえしゅしょう》の考えを支配《しはい》していた問題は、三国同盟《どうめい》と政治新体制《せいじしんたいせい》問題であり、その他は馬の耳に念仏《ねんぶつ》であった。そして近衛首相《このえしゅしょう》は独伊《どくい》問題は単なる政治《せいじ》協定でなしに、軍事同盟《どうめい》にまでいくと考えていた」

近衛《このえ》さんは、日独伊《にちどくい》三国同盟《どうめい》を軍事同盟《どうめい》として結ぶことと、政党《せいとう》を解党《かいとう》して一元《いちげん》的で強力な新体制《しんたいせい》——後の大政翼賛会《たいせいよくさんかい》につながるもの——をつくることしか考えていなかったわけです。この時、近衛首相《このえしゅしょう》を取《と》り巻《ま》いていたのが後の駐独《ちゅうどく》大使・大島浩《おおしまひろし》、後の駐伊《ちゅうい》大使・白鳥敏夫《しらとりとしお》、徳富蘇峰《とくとみそほう》、中野正剛《なかのせいごう》、末次信正《すえつぐのぶまさ》、久原房之助《くはらふさのすけ》といった、いずれもそうそうたる枢軸派《すうじくは》つまり反英米派《は》の大物です。彼《かれ》らは月に一度、星ヶ岡茶寮《ほしがおかさりょう》に集まって、三国同盟《どうめい》をいかにして結ぶか、新体制《しんたいせい》をどのような組織《そしき》にするかなどを話し合っていました。

また外務《がいむ》大臣には唯我独尊《ゆいがどくそん》、自信家、強硬《きょうこう》な反英米派《は》の松岡洋右《まつおかようすけ》が就任《しゅうにん》します。彼《かれ》は、アメリカの世界戦略《せんりゃく》に日本は引き回されている、アメリカと対等の立場で外交を展開《てんかい》するためには日独伊《にちどくい》三国同盟《どうめい》はもちろんのこと、さらに「日独伊《にちどくい》ソ」の四国の枢軸《すうじく》で協定し、日本の国際《こくさい》的《てき》地位を上げ、毅然《きぜん》として振舞《ふるま》う以外に方法はない、独《どく》ソ不可侵条約《ふかしんじょうやく》が結ばれている今がそのチャンスである、と明言していました。要するに、日独伊《にちどくい》ソの四国で臨《のぞ》めば英米と対等にやりあえる、という強烈《きょうれつ》な意見の持ち主だったのです。

考えれば日本は明治以来、ロシア・ソ連をずっと仮想敵国《かそうてきこく》としていました。そのための満洲《まんしゅう》強化であり、陸軍はソ連と戦争するために兵士《へいし》を訓練してきたようなものですが、この四国同盟構想《どうめいこうそう》には俄然《がぜん》乗り気になってしまうんです。うまくいけばこれで北方は安全になると。どうも、ノモンハンでこてんぱんにやられて「あつものに懲《こ》りてなますを吹《ふ》く」(一度失敗したのに懲《こ》りて度の過《す》ぎた用心をする)じゃありませんが、日本の上層部《じょうそうぶ》や陸軍に「ノモンハン症候群《しょうこうぐん》」といったようなものがあったのではないかと思うんですね。

松岡《まつおか》に吹《ふ》き込《こ》まれたのでしょう、夢《ゆめ》みたいなことを思《おも》い描《えが》き、すっかりその気になってしまった近衛《このえ》さんが、今活字で読むととても本気とは思えない大ボラの声明を出すのです。

「アメリカが日独伊《にちどくい》のそれぞれの立場と地位を認《みと》めるにおいては、日独伊《にちどくい》三国もアメリカ大陸における米国の主導的《しゅどうてき》地位を認《みと》めることになるわけである」

アメリカが日独伊《にちどくい》の地位や力を認《みと》めるならば、こちらも南北米大陸におけるアメリカの地位を認《みと》めてやってもよろしい、というわけです。

「米国は日本の真意をよく理解《りかい》し、世界新秩序建設《ちつじょけんせつ》の大事業に積極的に協力すべきであると思う」

世界新秩序《ちつじょ》とは、ヨーロッパの場合はドイツのヨーロッパ新秩序《ちつじょ》、アジアの場合は日本のアジア新秩序《ちつじょ》、だからアメリカはアメリカ大陸だけにしとけよ、というのです。

「米国があえて日独伊《にちどくい》三国の立場と真意を理解《りかい》せず、あくまでも同盟《どうめい》をもって敵対行為《てきたいこうい》として挑戦《ちょうせん》してくるにおいては、戦うことになるのはもちろんである」

まだなんとか戦争を避《さ》けようとしている人もいるのに、すでにアメリカと戦争をするのだと言わんばかりの勢《いきお》いでこういうことを声明するんですね。

さらに、駐日《ちゅうにち》ドイツ大使オットーをはじめ、諜報《ちょうほう》機関が大々的な宣伝《せんでん》を行ない、少しでもドイツの悪口を言う人がいればただちに外務省《がいむしょう》に乗《の》り込《こ》んできて抗議《こうぎ》し、抑《おさ》え付《つ》けるよう要請《ようせい》する状態《じょうたい》でしたから、近衛内閣《このえないかく》が七月二十二日に組織《そしき》されたその夏は、「バスに乗《の》り遅《おく》れるな」の大合唱のままに、陸軍省や外務省《がいむしょう》でも親独《しんどく》の同盟論者《どうめいろんしゃ》が増《ふ》え続けていました。

## ◆最後の防波堤《ぼうはてい》が崩《くず》れた時

そこに九月七日、ドイツ本国からリッベントロップ外相《がいしょう》の、つまりヒトラーの特使としてシュターマーが来日しました。日独伊《にちどくい》三国同盟《どうめい》を再度《さいど》協議して、なんとか結ぶためです。九日、十日に松岡外相《まつおかがいしょう》と親密《しんみつ》な会談をし、互《たが》いにドイツのヨーロッパ新秩序《ちつじょ》、日本のアジア新秩序《ちつじょ》の勢力圏《せいりょくけん》を確認《かくにん》し承認《しょうにん》する——まあ日本がヨーロッパに手を出すわけはないのですが——、またアメリカがヨーロッパの戦争に参戦しないよう、日本とはっきりと軍事同盟《どうめい》を結ぶ——そうしておけばアメリカはヨーロッパに参戦した場合、アジアでも日本と戦わねばならなくなります――、さらに松岡《まつおか》の夢《ゆめ》のような政策《せいさく》である、日独伊《にちどくい》ソの四国が同盟《どうめい》ならずとも協商を結ぶ、ということで意見の一致《いっち》をみたのです。

さあ今こそ日独伊《にちどくい》三国同盟《どうめい》を結ぶべき秋《とき》、なぜならそれがアメリカのヨーロッパへの参戦を抑止《よくし》し、同時に日本との戦争も抑止《よくし》することになる。こうして非常《ひじょう》に魅力的《みりょくてき》な案だと俄然《がぜん》、締結《ていけつ》ムードが盛《も》り上《あ》がるなか、松岡《まつおか》・シュターマー会談の合意を受けて九月十二日、近衛《このえ》、松《まつ》岡《おか》、東条英機《とうじょうひでき》陸軍大臣、及川古志郎《おいかわこしろう》海軍大臣の四人が集まって話し合いました。この時、及《おい》川海相《かわかいしょう》だけは、ふにゃふにゃと態度《たいど》を保留《ほりゅう》しました。

そして十四日午前中の大本営政府連絡《だいほんえいせいふれんらく》会議（この会議については後にくわしく話します）、十六日の臨時閣議《りんじかくぎ》を経《へ》て、十九日の御前《ごぜん》会議で、まことにあっという間に日独伊《にちどくい》三国同盟《どうめい》が国策《こくさく》として決定してしまいました。拙速《せっそく》といえば拙速《せっそく》ですが、これほどまやかしな国策《こくさく》決定がなぜ猛《もう》スピードででき上がったのか。それはとりもなおさず、十二日に態度《たいど》を保留《ほりゅう》していた海軍が、十三日には一転して「現下《げんか》の局面を打開するには他に名案がない」として「政府《せいふ》に一任《いちにん》する」と明言したからです。

かつて米内光政《よないみつまさ》・山本五十六《やまもといそろく》・井上成美《いのうえしげよし》トリオが猛反対《もうはんたい》し、当時の海軍中堅《ちゅうけん》クラスも陸軍と戦争をする覚悟《かくご》で反対した三国同盟《どうめい》を、一年たつかたたないうちに海軍が事実上賛成《さんせい》してしまったのはどうしてか。これが昭和史《しょうわし》の大問題なのです。この同盟《どうめい》を結ぶことは、完全にイギリスはもちろんのこと、それを応援《おうえん》しているアメリカをも敵《てき》であると明示《めいじ》することになる、非《ひ》常《じょう》に大事な決定だったのです。ここをこれからちょっと詳《くわ》しくみていきます。

独《ど》ソ不《ふ》可《か》侵条約締結《しんじょうやくていけつ》の報《しら》せに驚《おどろ》いて「複雑怪奇《ふくざつかいき》」の言葉とともに平沼騏一郎《ひらぬまきいちろう》内閣《ないかく》が辞職《じしょく》した時、次の内閣《ないかく》の海相《かいしょう》にという声もあった山本五十六《やまもといそろく》海軍次官は、暗殺《あんさつ》の危険《きけん》を避《さ》けるため連合艦隊《かんたい》司令長官として海に出ましたが、「これで問題が解決《かいけつ》したわけではない、この先どうなるでしょう」と尋《たず》ねられ、「いや、誰《だれ》が出てきても三国同盟《どうめい》には反対だから安心だよ」と答えたといいます。そして結果的に、吉田善吾《よしだぜんご》が海相《かいしょう》になったのは前回話したとおりです。

その吉田海相《よしだかいしょう》の周りにいたのは、次官の住山徳太郎《すみやまとくたろう》中将《ちゅうじょう》、軍令部総長《そうちょう》は変わらず伏見宮《ふしみのみや》、次長は近藤信竹《こんどうのぶたけ》中将《ちゅうじょう》、作戦第一部長に宇垣纏《うがきまとめ》少将《しょうしょう》、作戦第一課長に中沢佑《なかざわたすく》大佐、先任《せんにん》部員に川井巌《かわいいわお》中佐、次席部員に神重徳《かみしげのり》中佐らでした。中沢《なかざわ》さんを除《のぞ》いて、どっちつかずの住山《すみやま》さんはともかく、その下は皆《みな》、どちらかといえば親独《しんどく》にして対米強硬派《きょうこうは》でした。

海軍の方針《ほうしん》は、吉田海相《よしだかいしょう》になる前から決まっていました。

一、陸海軍備《ぐんび》対等の建前《たてまえ》を堅持《けんじ》して建艦《けんかん》計画を展開《てんかい》する——予算陸海平等のことです。

二、米国を明確《めいかく》に仮想敵国《かそうてきこく》とする——これは明治四十年（一九〇七）以来の方針《ほうしん》です。

三、英米蘭《らん》等との衝突《しょうとつ》を覚悟《かくご》しつつ南進する——戦争に対しては慎重《しんちょう》なのですが。

ところがドイツの連戦連勝を知ると、「日本だって」と、軍人というのは強気になるようです。

アメリカがビンソン案（第一次〜第三次海軍拡張《かくちょう》計画）のもと太平洋・大西洋の両洋艦隊《かんたい》用

の軍艦《ぐんかん》をどんどんつくって急速に軍備拡張《ぐんびかくちょう》しており、いずれ日米艦隊比率《かんたいひりつ》は問題にならぬほどアメリカ優位《ゆうい》となる、それはなんとかして避《さ》けたい、と頭を悩《なや》ませている折りに、アメリカが昭和十五年一月に日米通商航海条約《こうかいじょうやく》を完全廃棄《はいき》したばかりでなく、ルーズベルト大統領《だいとうりょう》は、石油や屑鉄《くずてつ》などの日本への輸出《ゆしゅつ》を政府《せいふ》の許可制《きょかせい》にしました。これは日本海軍には衝撃《しょうげき》でした。いくら軍艦《ぐんかん》があっても燃料《ねんりょう》がなければ動かすこともできない、ならば万一に備《そな》えて鉄や石油などがとれる東南アジアのジャワ、スマトラ、ボルネオといった資源《しげん》地帯に進出し資源《しげん》を確保《かくほ》する必要がある、それにはどうしても仏印《ふついん》（フランス領《りょう》インドシナ三国、とくに現在《げんざい》のベトナム）まで兵力を進出させておく必要がある、いざとなればそこを基地《きち》にしてアメリカの根拠地《こんきょち》フィリピンを叩《たた》かねばならないからです、しかし南進をあらわにするとアメリカは怒《おこ》って日本への輸出《ゆしゅつ》を全面禁止《きんし》とするだろう、ならばいっそう開戦に備《そな》えて油田獲得《かくとく》のためオランダ領《りょう》東インド（現在《げんざい》のインドネシア）を占領《せんりょう》するほかはない、となると、これはもう明らかに対米戦争は必至《ひっし》……という堂々《どうどう》めぐりの結果、現在《げんざい》のベトナムへの進出の必要性《ひつようせい》が出てきたのです。

アメリカの輸出許可制《ゆしゅつきょかせい》などの措置《そち》は、明らかに日本に対する戦争を前提《ぜんてい》にした脅迫行為《きょうはくこうい》です。それゆえますます三国同盟《どうめい》の必要性《ひつようせい》が強調されてきても、米内《よない》・山本《やまもと》・井上《いのうえ》トリオの流れを汲《く》む吉田海相《よしだかいしょう》は「ドイツと同盟《どうめい》を結ぶことはイギリスひいてはアメリカと敵《てき》になることであり、亡国《ぼうこく》への道だ」となかなか承知《しょうち》しませんでした。

そこで海軍の対米強硬派《きょうこうは》は、アメリカを牽制《けんせい》しつつベトナムに基地《きち》を設ける必要があると主《しゅ》張《ちょう》して内部から揺《ゆ》さぶりをかけました。部内で浮《う》き上《あ》がった吉田海相《よしだかいしょう》は眠《ねむ》れない夜が続きます。吉田《よしだ》の戦後の手記があります。

「八月下旬《げじゅん》に至《いた》り連日にわたり下痢《げり》を催《もよお》すことあり、精力《せいりょく》の減退《げんたい》少なからざるを感ず。時々頭痛《ずつう》を覚え、夜中に寝汗《ねあせ》を催《もよお》すことしばしばであった……」

半分ノイローゼです。そこに九月一日、海軍きっての政治的《せいじてき》軍人として知られ、松岡外相《まつおかがいしょう》とは同じ長州《ちょうしゅう》出身で仲のいい石川信吾《いしかわしんご》大佐がやってきて、強引《ごういん》に談判《だんぱん》します。

「こうなればもはや理屈《りくつ》じゃなくて、イエスかノーか二つのうち一つです。決心の問題です、大臣の肚《はら》ひとつです」

下剋上《げこくじょう》そのものです。吉田海相《よしだかいしょう》はその翌日《よくじつ》、大臣室を訪《たず》ねた近藤中将《こんどうちゅうじょう》の胸《むな》ぐらを取り、声を震《ふる》わせて、

「きさまらはこの日本をどうするつもりか」

と怒鳴《どな》ったと秘書官《ひしょかん》が伝えています。完全に孤立《こりつ》した時のことが、手記にはこうあります。

「心根消耗《しんこんしょうもう》して実行力尽《つ》き如何《いかん》ともすべからず……この重大時にこの為体《ていたらく》、健康の為《ため》とは申しながら遺憾限《いかんかぎ》りなく、憤然自決《ふんぜんじけつ》せんとまで心《こころ》せる機《き》もありしほどにして、遂《つい》にそのまま倒《たお》れ、……」

自殺《じさつ》まで考えたが、その機を得《え》ず逆《ぎゃく》に消耗《しょうもう》して倒《たお》れてしまったと。いや、毒薬《どくやく》を飲んだものの発見されて命を取りとめ、もはやつかいものにならなかったという話もあります。『昭和天《てん》

皇独白《のうどくはく》録』には「……心配の余り強度の神経衰弱《しんけいすいじゃく》にかゝり、自殺《じさつ》を企《くわだ》てたが止められて果さず後辞職《じしょく》した」と記されています。また当時の新聞発表は、吉田《よしだ》が「激務《げきむ》の疲労《ひろう》もあり回復《かいふく》捗々《はかばか》しからず、かつ数日前より狭心症《きょうしんしょう》の発作《ほっさ》あり」でした。とにかく吉田《よしだ》さんは、任《にん》に耐《た》えず、辞《や》めさせられるのと近いかたちで辞任《じにん》しました。

## ◆金のために魂《たましい》を売った？

その後任《こうにん》が、先の及川古志郎大将《おいかわこしろうたいしょう》でした。また、なよなよとやわらかい人で方針《ほうしん》がなく、部下のいうとおりどちらにも動くと言われた住山《すみやま》次官も辞任《じにん》して、豊田貞次郎《とよだていじろう》次官にかわりました。及川《おいかわ》さんは、海軍きっての漢学者といわれるほど漢籍《かんせき》に詳《くわ》しく、机上《きじょう》では毎日論語《ろんご》や孟子《もうし》を読んでいるという学者肌《がくしゃはだ》で、一方、豊田《とよだ》さんはたいへんなやり手の政治的《せいじてき》軍人、策士《さくし》で、「豊《とよ》田《だ》大臣」とささやかれるくらいでした。ドイツのシュターマーの来日は、この陣容《じんよう》になった矢先のことです。そして松岡外相《まつおかがいしょう》とたった二日間会っただけで三国同盟《どうめい》は四相《よんしょう》会議に持ち出され、東条陸相《とうじょうりくしょう》はもちろん大賛成《さんせい》、近衛首相《このえしゅしょう》もこれを自分の使命と思っていますから賛成《さんせい》、そして最初は一人ふにゃふにゃしていた及川《おいかわ》さんも、実はその翌日《よくじつ》、突然賛成《とつぜんさんせい》に転じてしまうのです。つまり海軍が方針《ほうしん》を大転換《だいてんかん》した。

その運命的な海軍部内の会議は、先に言いましたように九月十三日のことでした。縁起《えんぎ》を担《かつ》ぐわけではありませんが、これが金曜日なんですね。出席者は及川《おいかわ》海軍大臣、豊田《とよだ》次官、阿部《あべ》勝雄《かつお》軍務《ぐんむ》局長、近藤《こんどう》次長、宇垣《うがき》作戦部長の五人です。ここでの問題は、もし日独伊《にちどくい》三国軍事同《どう》盟《めい》を結んだ場合、ヨーロッパ戦争にアメリカが参入してドイツと戦うことになった際《さい》、日本も即座《そくざ》に自動的にアメリカと戦争することになるのかということでした。松岡外相《まつおかがいしょう》の説明によると「そんなことを条項《じょうこう》に書く必要はない。自動的に参戦、ではなく、自主的決定に委ねる、情況《じょうきょう》を見て日本は自主的に判断《はんだん》する、というように書けばいいのだ」とのこと。今日、テレビで国会の予算委員会を見ていましたら、イラクへの自衛隊派遣《じえいたいはけん》について小泉首相《こいずみしゅしょう》が「それはその時の情勢《じょうせい》をみて自主的に決める」と答えていましたが、これと同じなんですね。つまり軍事同盟《どうめい》といっても〝自主的〟という条件付《じょうけんつ》きなのだから安心という説明を、不思議なくらい海軍は信じてしまうんです。

もともと豊田《とよだ》さんにしろ近藤《こんどう》さんにしろ軍事同盟賛成派《どうめいさんせいは》ですから、たちまち承認《しょうにん》ムードです。この機を逃《のが》せば同盟《どうめい》は今後完全に不可能《ふかのう》である、締結《ていけつ》しないと近衛内閣《このえないかく》は崩壊《ほうかい》すると。考えれば、この時点の首相《しゅしょう》としては近衛《このえ》さん以外に適当《てきとう》な人はいなかったんだろうかとも思いますが、小泉《こいずみ》さんと同じで格好《かっこう》いいし、それに人気取りの弁《べん》も立つ。他に適当《てきとう》な人がいないんですね。その人気の内閣《ないかく》を倒《たお》す原因《げんいん》を海軍がつくったと、そんな責任《せきにん》を取らされるからいやだと、海軍はずるを決めました。

それで大した議論《ぎろん》もしないうちに「それじゃあだいたいやることにしてはどうかね」という雰囲気《ふんいき》になりました。

しかしさすがに宇垣《うがき》作戦部長——後に連合艦隊参謀長《かんたいさんぼうちょう》として山本五十六《やまもといそろく》とともに太平洋戦争を指揮《しき》した人です——は、いざアメリカと戦争をする時のことを考えざるを得《え》ない。それで迂《う》闊《かつ》に賛成《さんせい》できない思いもあって、やや鼻白《はなじろ》みながらも、「おやりになるというならやむを得《え》ないでしょうが、アメリカ参戦の場合、わが国が自主的に行動することは絶対《ぜったい》必要です、そのことだけは強く強く申し上げます」と加えました。ですが「大丈夫《だいじょうぶ》、自動参戦の義務《ぎむ》はないのだから」と押し通《おとお》され、こうしてまことに単純《たんじゅん》な経緯《けいい》で反対する理由はなくなったから賛成《さんせい》する、というわけです、そして以下の条文《じょうぶん》となりました。

「三国はあらゆる政治的《せいじてき》、経済的《けいざいてき》および軍事的方法により、相互《そうご》に援助《えんじょ》すべきことを約す」

たしかに「自動的に参戦する」とは書かれていませんが、よく読めば「あらゆる軍事的方法により」相互援助《そうごえんじょ》ですから参戦義務《ぎむ》が生じることになると思うのですが……。そして宇垣《うがき》さんの日記『戦藻録《せんそうろく》』を眼《め》を大きくあけてよく見ると、

「条約締結《じょうやくていけつ》の裏面《りめん》の目的は、海軍としては、いや自分の願うた点は達したのである」

と書いています。これはどういうことか。「裏面《りめん》の目的」とは何なのか。海軍の戦備《せんび》をみれば、莫大《ばくだい》な予算を使って大和《やまと》や武蔵《むさし》などの超大戦艦《ちょうたいせんかん》をつくっている。それはアメリカと戦争するためではないのかと陸軍からつつかれます。なのに、いざというとき戦争はできない、なんて口が裂《さ》けても言えないではないか。言ったら予算がパアになる。これはたまりません。宇垣《うがき》さんはむずむずしながらも、三国同盟《どうめい》を結べば、結果として予算をより多く獲得《かくとく》する条件《じょうけん》を陸軍に

つきつけて約束させることができる、裏取引《うらとりひき》をやれると考えた。つまり、軍備《ぐんび》予算の獲得《かくとく》が条《じょう》約締結《やくていけつ》の裏面《りめん》の目的だったわけです。情《なさ》けないことに、金のために身を売ったんです、いや、魂《たましい》を売った——そう言うと酷《こく》ですが、それに近いのではないですか。

　こうして十三日の海軍首脳《しゅのう》会議は日独伊《にちどくい》三国同盟《どうめい》を結ぶことを、条件《じょうけん》付きながらも賛成《さんせい》で一《いっ》致《ち》しました。そして十四日の大本営政府《だいほんえいせいふ》連絡《れんらく》会議で、「他に案がないので賛成《さんせい》する」と海軍大臣が公的に言った後、海軍は予算をとるために陸軍との会合のたびにこれを口にします。この十四日の連絡《れんらく》会議では、近藤《こんどう》軍令部次長が滔々《とうとう》と意見を述《の》べました。

「海軍は対米の開戦準備《じゅんび》をまだ完整《かんせい》してはいない。しかし、来年四月になれば完整《かんせい》するであろう。準備《じゅんび》ができさえすれば、対米戦も即戦即決《そくせんそっけつ》ならば勝利をうる見込《みこ》みがあるのである。ただし、これが長期戦となると非常《ひじょう》に困難《こんなん》になることを承知《しょうち》されたい」

　長期戦になると困《こま》るので、そのためにも軍備《ぐんび》強化促進《そくしん》への協力を、というのです。

「アメリカは今日どんどん建艦《けんかん》に力を入れており、対日比率《ひりつ》の差は今後ますます大きくなるであろう。海軍戦備《せんび》強化のためのご協力を強く要望するとともに、その意味からいって、戦うとすれば今が一番有利な時とも言えるのである」

　この近藤《こんどう》次長の演説《えんぜつ》に続き、及川《おいかわ》海軍大臣もこう言います。

「残された道は独伊《どくい》との提携《ていけい》以外にはないことに海軍も賛成《さんせい》する。ついては軍令部次長がのべたごとくに海軍戦備促進《せんびそくしん》に政府《せいふ》、ことに陸軍当局が十分に考えてほしいと思う次第《しだい》である」

この及川《おいかわ》さんの豹変《ひょうへん》には、さすがの近衛首相《このえしゅしょう》も「ええっ」とのけぞったようです。

こうして海軍は、一番大事な時に、自分たちの果たすべき使命を投げ棄《なす》ててしまったのです。

## ◆血と苦労と涙《なみだ》と、そして汗《あせ》

このように賛成《さんせい》を明らかにしたうえで、九月十五日夕方、海軍は東京に幹部《かんぶ》をすべて集めて首脳《しゅのう》会議を開きます。各軍事参議官つまり引退《いんたい》した海軍大将《たいしょう》たちに、山本五十六《やまもといそろく》連合艦隊司令長官を筆頭とする各艦隊《かんたい》司令長官、また現場《げんば》の首脳《しゅのう》である各鎮守府《ちんじゅふ》司令長官らが一堂《いちどう》に会しました。司会は豊田《とよだ》海軍次官が務《つと》め、これまでの経過《けいか》を阿部《あべ》軍務局長が説明したあと、及川《おいかわ》大臣が言いました。

「もし海軍があくまで三国同盟《どうめい》に反対すれば、近衛内閣《このえないかく》は総辞職《そうじしょく》のほかはなく、海軍としては、内閣崩壊《ないかくほうかい》の責任《せきにん》はとれないから、この際《さい》は同盟条約《どうめいじょうやく》にご賛成《さんせい》願いたい」

すると軍令部総長《そうちょう》の伏見宮《ふしみのみや》がすぐに口を開きました。

「ここまできたら仕方がないね」

これもひどい話ですね。仕方がないという判断《はんだん》では済《す》まされないのですが、この宮様《みやさま》の高飛《たかび》車《しゃ》な発言でもはや、三国同盟《どうめい》がいいか悪いかを論《ろん》じる会議ではなくなってしまいました。あとは打ち合わせ通りに、最長老の軍事参議官の大角岑生《おおすみみねお》がこう言ってしまいます。

「軍事参議官としては賛成《さんせい》である」

事前に参議官全員が話し合った形跡《けいせき》はないのですが、長老が全員賛成《さんせい》ですべては決します。

それまで黙《だま》っていた山本五十六《やまもといそろく》が静かに立ち上がって言いました。

「私《わたし》は大臣の海軍部内の統制《とうせい》に対して絶対《ぜったい》に服従《ふくじゅう》するものであります。ただ心配に堪《た》えぬところがありますのでおたずね申し上げます。この条約《じょうやく》が成立すれば、アメリカと衝突《しょうとつ》する危《き》険《けん》はかなり増大《ぞうだい》します。現状《げんじょう》では航空《こうくう》兵力が不足し、とくに戦闘機《せんとうき》や陸上攻撃機《こうげきき》を二倍にせねばならないのであります。しかし条約《じょうやく》を結べば英米勢力圏《せいりょくけん》の資材《しざい》を必然的に失うことになります。増産《ぞうさん》にストップがかかります。ならばその不足を補《おぎな》うためどういう計画変更《へんこう》をやられたか、この点を聞かせていただきたい、連合艦隊《かんたい》長官としてそれでなくては安心して任務《にんむ》を遂行《すいこう》できないのです」

この発言を豊田《とよだ》次官は完全に無視《むし》し、こう言いました。

「いろいろご意見もありましょうが、大かたのご意見が賛成《さんせい》という次第《しだい》ですから」

そして指名された及川《おいかわ》海相《かいしょう》が締《し》めくくります。

「三国同盟締結《どうめいていけつ》に同意ということで本日は……」

まことに海軍トップの人たちの会議とも思えない、「海軍善玉《ぜんだま》説」にあるまじきいい加減《かげん》な話が進み、かつ決定してしまったのです。繰《く》り返《かえ》しますが、そこには目下あまりにドイツが強いのでドイツと組んだ方が有利だ、という明快《めいかい》な理屈《りくつ》があるのです。それもそのはずベルギーもオランダも降伏《こうふく》し、パリが陥落《かんらく》してフランスも手を挙げたのですから、残るはイギリスだけなんですね。そのイギリス本土が七月頃《ごろ》からがんがん爆撃《ばくげき》されている。日本からは、明日にでもドイツ軍の英本土上陸作戦がはじまらんばかりに見えていたわけです。

ところが歴史《れきし》は皮肉なもので、日本海軍の首脳《しゅのう》が三国同盟《どうめい》を決めたまさにその日、ドイツ空軍がロンドン上空で大打撃《だいだげき》を受けるのです。

五月一日にドイツが西部戦線に怒濤《どとう》の進撃《しんげき》を開始して間もない五月十日、イギリスはウィンストン・チャーチルを首相《しゅしょう》に選出します。そのチャーチルが十三日、下院で行なった就任演説《しゅうにんえんぜつ》は、二十世紀《せいき》を代表する名演説《めいえんぜつ》となりました。

「私《わたし》は、血と苦労と涙《なみだ》と、そして汗《あせ》以外に、捧《ささ》げるべき何ひとつも持っていない。……諸君《しょくん》は、政策《せいさく》は何かと尋《たず》ねられるであろう。私《わたし》は答える――海で、陸で、また空で、神がわれわれに与《あた》え給《たも》うたわれわれの全力をあげて戦うだけである。……われわれの目的は何かと尋《たず》ねられるであろう。私《わたし》はひとことで言うことができる――勝利。それだけだ」

イギリスはこのチャーチル首相《しゅしょう》のもとに団結《だんけつ》し、ものすごい抗戦《こうせん》をはじめました。それが九月十五日の「バトル・オブ・ブリテン」と称《しょう》される英本土防衛戦《ぼうえいせん》の最大の戦果につながるのです。

どうもヒトラーは何か大きな勘違《かんちが》いをしていたようです。日本では海軍が三国軍事同盟賛成《どうめいさんせい》を表明した九月十四日、ベルリンの軍事会議でヒトラーは、英本土上陸作戦の結論《けつろん》を十七日まで延期《えんき》すると言い出しました。国防軍《こくぼうぐん》の首脳《しゅのう》は驚《おどろ》きました。なぜならば、準備《じゅんび》に全力をあげても十日間かかるので、十七日になって「やれ」と命ぜられても上陸作戦開始は二十七日になる。しかしドーバー海峡《かいきょう》の潮《しお》の干満《かんまん》の関係で二十七日は無理で、十月十八日まで延《の》ばさなければならなくなる。それを過《す》ぎると秋の霧《きり》と暴風雨《ぼうふうう》で上陸不可能《ふかのう》になる、だから一日も早く決めてほしい、そう頼《たの》んだのですが、ヒトラーは反応《はんのう》しなかったのです。ヒトラーの頭の中は、空軍総司令官《そうしれいかん》ゲーリングの「空からの本土爆撃《ばくげき》を続けるうちに、悲鳴をあげてイギリスのほうから和平を求めてくるに違《ちが》いない」という意見が占《し》め、今月は自分の幸運な星の月なのだから、とそれを確信《かくしん》していたようなんです。そしてイギリスに早く悲鳴をあげさせるべく、十四日にロンドン大空襲《だいくうしゅう》作戦を敢行《かんこう》する計画をたてることにしました。しかし敵《てき》はチャーチルを中心とする祖国防衛《そこくぼうえい》に生命を燃《も》やす戦士《せんし》たちです。降伏《こうふく》なぞするものかと闘志《とうし》に燃《も》えていますから、これはヒトラーの大誤算《だいごさん》でした。

十五日、ドイツは戦闘機《せんとうき》七百機、爆撃機《ばくげきき》四百機と全力でロンドン総攻撃《そうこうげき》にかかります。イギリスは、動けるすべての戦闘機《せんとうき》約三百機を集めて迎《むか》え撃《う》ちました。数はドイツの半分ですが、往復《おうふく》しなければならないドイツ軍に対してイギリスは自分の国の上空でやってるんですから上がったり下がったりの繰《く》り返《かえ》しでいいわけで、三百機は約三倍の力を持つのです。この大反撃《だいはんげき》のおかげで、イギリス空軍は完璧《かんぺき》にドイツ空軍を叩《たた》きのめしました。「敵機《てっき》百九十五機撃墜《げきつい》」「味方損害《そんがい》は二十六機」とされていますが、実はドイツの損害《そんがい》は六十機を越《こ》えていなかったものの、そうはいっても大打撃《だいだげき》です。落ちたのは六十機弱でも、弾《たま》に当たって損害《そんがい》を受けたものを含《ふく》めればほとんど壊滅状態《かいめつじょうたい》でした。というわけで、この日一日の大激戦《だいげきせん》で、ヒトラーが考えていたようなイギリスからの和平要求どころか、逆《ぎゃく》にイギリス空軍をはじめイギリス国民の「負けるものか」の意気《いき》が大いに上がったのです。

空軍総司令官《そうしれいかん》のゲーリングは怒り狂《いかくる》ってドイツ空軍の花形パイロット、ガーランド少佐を呼《よ》んで問い質《とただ》すと、ガーランドはこれが戦争の実態《じったい》だと経過《けいか》を説明しました。ゲーリングが、

「わかった。それならどんな戦闘機《せんとうき》があれば勝てるというのか」

と聞くと、撃墜《げきつい》王のガーランドはこう答えたそうです。

「英空軍のスピットファイアが欲《ほ》しい」

戦闘機《せんとうき》の能力《のうりょく》が、断然違《だんぜんちが》っていたようですね。一方、チャーチル英首相《しゅしょう》は、

「これほど多くの国民が、これほど少数の人から、かくも多大な恩義《おんぎ》をこうむった戦いは前代《ぜんだい》未聞《みもん》である」

とイギリスを救《すく》った三百人の戦闘機《せんとうき》乗りに感謝《かんしゃ》を述《の》べました。いずれにしろ、この勝利が、本土上陸作戦でイギリスを占領《せんりょう》するというヒトラーの大いなる野望を完全にくじいてしまいました。

そんなこととは知らなかったのが日本海軍です。時差はありますが、まさに裏側《うらがわ》で同じ日に、三国軍事同盟締結《どうめいていけつ》の意見を一致《いっち》させていたのですから。歴史《れきし》とはほんとうに皮肉なものですね。

九月十六日には、大本営政府連絡《だいほんえいせいふれんらく》会議の決定を受けて、閣議《かくぎ》で内閣一致《ないかくいっち》で同盟締結《どうめいていけつ》を決定したことを、近衛首相《このえしゅしょう》が昭和天皇《てんのう》に報告《ほうこく》しました。天皇《てんのう》は近衛《このえ》に言いました。

「この条約《じょうやく》は非常《ひじょう》に重要な条約《じょうやく》で、このためアメリカは日本に対してすぐにも石油や鉄屑《てつくず》の輸出《ゆしゅつ》を停止《ていし》してくるかもしれない。そうなったら日本はどうなるか。この後長年月にわたって大変な苦境《くきょう》と暗黒のうちにおかれるかもしれない。その覚悟《かくご》がお前にあるかどうか」

昭和天皇《てんのう》はかなり先を見通していたんですね。そしてまたこう言いました。

「アメリカに対して、もう打つ手がないというなら致《いた》し方《かた》あるまい。しかしながら、万一にもアメリカとことを構《かま》える場合には、海軍はどうだろうか。海軍大学校の図上演習《ずじょうえんしゅう》では、日米海戦は思わしい成績《せいせき》がでない、と聞いているが大丈夫《だいじょうぶ》なのか」

海軍大学校では図上演習《ずじょうえんしゅう》規則《きそく》に基《もと》づいてアメリカと戦う場合の演習《えんしゅう》を図上《ずじょう》でやっているのですが、何十回やっても日本海軍は一遍《いっぺん》も勝ったことがなく、いつもこてんぱんにやられて日本艦隊《かんたい》は土佐《とさ》沖まで追《お》い詰《つ》められ、演習《えんしゅう》中止ということになっているんです。そのことは内《ない》緒《しょ》にしていたはずが、いつのまにか天皇《てんのう》の耳には入っていたようです。

ただ近衛《このえ》は松岡外相《まつおかがいしょう》から吹《ふ》き込《こ》まれていますから、「今後は日独伊《にちどくい》ソ四国同盟《どうめい》になり、それは日米戦争防止《ぼうし》に非常《ひじょう》に役立つのですから大丈夫《だいじょうぶ》です、同盟《どうめい》を締結《ていけつ》しないほうがかえって日米開戦の危険《きけん》は大きいのです」とかなんとか答えます。黙《だま》って聞いていた天皇《てんのう》はまた言います。

「しかしながら、ドイツやイタリアのごとき国家と、このような緊密《きんみつ》な同盟《どうめい》を結ばねばならぬことで、この国の前途《ぜんと》はやはり心配である。私《わたし》の代はよろしいが、私《わたし》の子孫の代が思いやられる。本当に大丈夫《だいじょうぶ》なのか」

これに近衛《このえ》さんは、伊藤博文《いとうひろぶみ》の話を思い出して答えました。

「日露《にちろ》戦争開戦が御前《ごぜん》会議で決まりました時、明治天皇《てんのう》は伊藤《いとう》公を別室に呼《よ》び、『もし敗《ま》けた時はどうするつもりか?』とたずねられました。伊藤《いとう》公は『万一にも敗《やぶ》れました場合には、臣は爵位勲等《しゃくいくんとう》すべてを拝辞《はいじ》し、単身にても戦場に赴《おもむ》いて討《う》ち死《じ》に致《いた》す覚悟《かくご》でございます』と奏《そう》上《じょう》されました。近衛《このえ》もまた同じ覚悟《かくご》でございます」

天皇《てんのう》はうなずいて言いました。

「日米戦争が起こり、万一のことがあった時には、近衛《このえ》は、私《わたし》と憂《うれ》いをともにせよ。三国同盟《どうめい》のこと、今日の場合はやむを得《え》まいと思う」

『昭和天皇独白録《てんのうどくはくろく》』に、三国同盟《どうめい》に関しては賛成《さんせい》ではなかったと書かれているのはこういうことなのです。

そしてこの日、山本五十六《やまもといそろく》はがっかりして東京を後にします。去る前に及川《おいかわ》海軍大臣に面会を求め、海軍中央としての将来《しょうらい》の見通しを問《と》い詰《つ》めました。及川《おいかわ》は答えます。

「あるいはドイツのために火中《かちゅう》の栗《くり》を拾うの危険《きけん》がないとはいえない、かもしれないが、アメリカはなかなか立つまいよ。まあ、たいてい大丈夫《だいじょうぶ》だと思っている」

さらに伏見宮《ふしみのみや》にも会いましたが、返ってきた答えは、

日独伊三国軍事同盟の締結。右から２人目が松岡洋右、軍服姿は東条英機

「こうなった以上は、やるところまでやるもやむを得《え》まい」

山本《やまもと》の胸中《きょうちゅう》には憮然《ぶぜん》とした思いだけが残ったようです。「倒閣《とうかく》の責任《せきにん》を取りたくない」とか「陸軍とこれ以上角《つの》を突《つ》き合《あ》わしたくない」とか「金が欲《ほ》しい」とかいった情《なさ》けない理由でこのような、国を亡国《ぼうこく》に導《みちび》くような同盟《どうめい》を結ぶとはいったい何なのか、と。東京駅まで見送りに来た親友の堀悌吉《ほりていきち》中将《ちゅうじょう》に、以下の言葉を残したそうです。

「内乱《ないらん》では国は滅《ほろ》びない。戦争では国が滅《ほろ》びる。内乱《ないらん》を避《さ》けるために、戦争に賭《か》けるとは、主客顚倒《しゅかくてんとう》もはなはだしい」

いずれにしても、アホな同盟《どうめい》を結んだものであります。これをもってアメリカは日本をはっきりと敵視《てきし》することになりますが、当時のグルー駐日《ちゅうにち》米大使が、誤伝《ごでん》も含《ふく》め、興味《きょうみ》あることを日記に書いています。

「きわめて権威《けんい》ある話として聞いたところでは、天皇《てんのう》と近衛《このえ》公は、二人とも三国同《どう》盟《めい》には絶対《ぜったい》反対だった（ここは誤伝《ごでん》ですね、近衛《このえ》さんは賛成《さんせい》でしたから）。しかし天皇《てんのう》が拒《きょ》絶《ぜつ》した場合、皇室《こうしつ》が危《あや》うくなるかもしれぬと告《つ》げるものがあり、天皇《てんのう》は、近衛《このえ》公に〝死なばもろともだね〟と話されたという。この話は皇族《こうぞく》の一人から間接的《かんせつてき》に伝わってきたものだ」

つまり天皇《てんのう》が「死なばもろともだね」と言った背景《はいけい》には、拒絶《きょぜつ》した場合に「あるいは」という思いがあったようです。そのような憂《うれ》いは『独白録《どくはくろく》』にこう書いています。

「三国同盟《どうめい》について私《わたし》は秩父宮《ちちぶのみや》と喧嘩《けんか》して終わった」

「私《わたし》がもし開戦の決定に対して〝ベトー〟（拒否《きょひ》）したとしよう。国内は必ず大内乱《ないらん》となり、私《わたし》の信頼《しんらい》する周囲《しゅうい》の者は殺《ころ》され、私《わたし》の生命も保証《ほしょう》できない、それはよいとしても結局狂暴《きょうぼう》な戦争は展開《てんかい》され……」

天皇《てんのう》の思いの中には、いざとなった時には内乱《ないらん》が起こり、自分は押《お》し込《こ》められ、代わりの者が天皇《てんのう》になって、それを操《あやつ》って軍部は思い通りの強硬政策《きょうこうせいさく》にもっていく、という怖《おそ》れがあったのではないでしょうか。三国同盟《どうめい》に、最後に天皇《てんのう》は「やむを得《え》ない」と了解《りょうかい》したのも、そんな危惧《きぐ》がはたして背後《はいご》にあったのかとも感じられるのです。これも二・二六事件《じけん》の大規模《だいきぼ》なテロの恐怖《きょうふ》がもたらしたものなのでしょうね。

ひとつ付け加えますと、九月十九日に日本では儀式的《ぎしきてき》な御前《ごぜん》会議が開かれ、三国同盟《どうめい》を国策《こくさく》として決定します。その二日前の九月十七日、ドイツでもヒトラーが重大決定をしています。

「B軍団《ぐんだん》は本日付をもって東方に移動《いどう》すべし」というものです。B軍団《ぐんだん》とはイギリス本土上陸作戦の先陣《せんじん》をきるはずの基幹《きかん》兵力すなわち最強力部隊です。つまりこの命令が出されたということは、英本土上陸作戦は完全に放棄《ほうき》され、次の目標は東方、ソビエト進攻《しんこう》だというわけです。これまた、皮肉といえばこれほど皮肉なこともありません。日本が夢《ゆめ》みた「日独伊《にちどくい》ソの四国協定によって、英米に対抗《たいこう》する」などという考えは、夢想《むそう》もいいところというのがこの瞬間《しゅんかん》はっきりします。ドイツは独《どく》ソ不可侵条約《ふかしんじょうやく》など放り投げて、東方進撃《しんげき》を開始するとこの時に決めているのですから。

　まったく違《ちが》う場所ではまったく違《ちが》うふうにことは動いているというのに、日本は依然《いぜん》としてドイツの英本土上陸、イギリスの降参《こうさん》、やがて結ばれる四国協定ゆえに手出しできずに呆然《ぼうぜん》とするアメリカ……という想像《そうぞう》上の図式にのんびりと浸《ひた》っていたわけで、日独伊《にちどくい》三国同盟《どうめい》を決定したその時、ヒトラーは、来《きた》るべきソビエト進攻《しんこう》のために「東に向かえ」という命令を下していたわけなんですね。おお、ミゼラブル（惨《みじ》めなことよ）と嘆《なげ》くほかはないようです。

＊1――ダンケルクの奇蹟《きせき》　一九四〇年五月二十七日から六月四日にかけ、ドイツ軍は猛攻《もうこう》により、ダンケルク付近から英仏海峡《えいふつかいきょう》越《ご》えに、連合軍三十三万八千人（うち十一万二千人はフランス兵）をイギリス本土に乗船撤退《てったい》させた。

第十章

# 独《どく》ソの政略《せいりゃく》に振《ふ》り回《まわ》されるなか、南進論《ろん》の大合唱

ドイツのソ連進攻《しんこう》

**この章の**

**ポイント**

三国同盟《どうめい》を結んだ日本は、米英の軍需物資《ぐんじゅぶっし》が中国に送られることを阻止《そし》するという目的を掲《かか》げて北部仏印《ふついん》（現在《げんざい》のベトナム）に進駐《しんちゅう》します。そして一九四一（昭和十六）年四月、松岡外相《まつおかがいしょう》がヒトラーとスターリンそれぞれと直接《ちょくせつ》会談。ソ連とは日ソ中立条約《じょうやく》を結びます。これで国内は南進論《ろん》一色となりますが、わずか二カ月後にドイツがソ連に侵攻《しんこう》。これにより日本は「南進して米英と戦うのか、北進してソ連と戦うのか」という決断《けつだん》を迫《せま》られるのです。

**キーワード**

北部仏印進駐《ふついんしんちゅう》／南進論《ろん》／紀元《きげん》二六〇〇年／大政翼賛会《たいせいよくさんかい》／治安維持《いじ》法／国家総動員法《そうどういんほう》／ヒトラー／スターリン／日ソ中立条約《じょうやく》／独《どく》ソ開戦（バルバロッサ作戦計画）

## ◆恥《は》ずべき北部仏印《ふついん》への武力進駐《ぶりょくしんちゅう》

日本は、ヨーロッパで大戦争を起こしているドイツと軍事同盟《どうめい》を結び、仮想敵《かそうてき》ではなく、英米を正真正銘《しょうしんしょうめい》の敵《てき》とするたいへんな決断《けつだん》をしました。それは前回に話しました。それに連動するように陸軍は、万一に備《そな》えて南方へ軍隊を進出させておく必要があることから、昭和十五年（一九四〇）九月二十三日、北部仏印《ふついん》（現在《げんざい》のベトナム）に進駐《しんちゅう》する大計画をたてます。そこは当時、ドイツに降伏《こうふく》後に樹立《じゅりつ》されたペタン元帥《げんすい》が指揮《しき》するフランスの傀儡政府《かいらいせいふ》の総督府《そうとくふ》がありましたが、本国はガタガタしていますからドイツのいいなりで、実際《じっさい》はこの政府《せいふ》には力はなかったのです。そこでチャンスと、日本はこの〝仮《かり》〟政府《せいふ》に交渉《こうしょう》し、北部仏印《ふついん》、現在《げんざい》のハノイ周辺に軍隊を送《おく》り込《こ》むこととしたのです。

私《わたし》たちの子供《こども》のころ、南方といえば「冒険《ぼうけん》ダン吉《きち》」や「わたしのラバさん酋長《しゅうちょう》の娘《むすめ》」*1の歌じゃないですけれど、マーシャル諸島《しょとう》やマリアナ諸島《しょとう》などのいわゆる内《うち》南洋しか知りませんでした。そこに南十字星、マンゴー、ゴム園、大油田などの、現在《げんざい》の東南アジアのイメージが、突然《とつぜん》、南方として大きく姿《すがた》を現《あらわ》したんです。

日本としては、いざという場合に備《そな》えても、仏印《ふついん》を通して米英の軍需物資《ぐんじゅぶっし》がどんどん中国に送られているのを遮断《しゃだん》する意味でもここを押《お》さえる必要がありました。が、一気に仏印《ふついん》南部まで軍隊が下がると問題が大きくなりますので、まず北部だけでもということで、軍と政府《せいふ》が一《いっ》

南洋地図

緒《しょ》になって仏印総督《ふついんそうとく》に交渉《こうしょう》をはじめました。自国が敗れているフランスの総督《そうとく》としては涙《なみだ》をのんで承諾《しょうだく》せざるをえません。

しかし、進駐《しんちゅう》はあくまで話し合いの結果ですから平和裡《り》に行なうはずだったのです。ところが、手続きの問題でごたごたして九月二十三日、進駐《しんちゅう》してきた日本軍は、守備《しゅび》にあたっていた仏印《ふついん》軍と銃火《じゅうか》を交えてしまいました。「武人《ぶじん》が敵地《てきち》に乗《の》り込《こ》むのにおめおめ両刀《りょうとう》を収《おさ》めて玄関《げんかん》から上がるのですか」と当時の陸軍の若《わか》い参謀《さんぼう》がいきまいたそうで、話し合いがスムースに進まないのに苛立《いらだ》って一気に仏印《ふついん》軍を撃破《げきは》してやろうと突入《とつにゅう》したのが無用の流血を強《し》いる結果となりました。平和進《しん》駐《ちゅう》のつもりが侵略《しんりゃく》というかたちになってしまい、これで日本は世界の非難《ひなん》を全面的に浴びることになります。平和進駐《しんちゅう》のために苦心して交渉《こうしょう》を続けていた現地《げんち》の責任者《せきにんしゃ》たちはあっけにとられ、二十六日に東京に打電《だでん》しました。「統帥乱《とうすいみだ》れて信《しん》を中外に失う」、この文句《もんく》は、歴史《れきし》に残る名言となってしまいました。

日本軍としては、とにかくこれでまず援蔣《えんしょう》ルート、つまり蔣介石《しょうかいせき》を助けるための輸送路《ゆそうろ》が押《お》さえられたので満足したものの、この銃火《じゅうか》をともなった上陸は、まことに軍としても日本としても世界的信用を失うみっともない出来事であったのです。

こうして日本は三国同盟《どうめい》を結び、北部仏印《ふついん》に進駐《しんちゅう》し、万が一に備《そな》える態勢《たいせい》をとったわけです。この半ば戦争を準備《じゅんび》した状況《じょうきょう》を目の当《ま》たりにして十月十四日、上京していた山本五十六《やまもといそろく》連合艦隊《かんたい》司令長官は、西園寺《さいおんじ》さんの秘書《ひしょ》の原田熊雄《はらだくまお》に、憂慮《ゆうりょ》と怒《いか》りをぶつけました。

「じつに言語道断《ごんごどうだん》だ。……自分の考えでは、アメリカと戦争をするということは、ほとんど世界を相手にするつもりでなければだめだ。しかしここまできた以上は、最善《さいぜん》を尽《つ》くして奮闘《ふんとう》せざるを得《え》ない。そしておれは戦艦長門《せんかんながと》（連合艦隊《かんたい》の旗艦《きかん》）の艦上《かんじょう》で討《う》ち死《じ》にするだろう。その間に、東京あたりは三度ぐらいまる焼けにされて、非常《ひじょう》なみじめな目にあうだろう。じつに困《こま》ったことだけれども、こうなったらやむを得《え》ない」

三国同盟《どうめい》や日本軍の無謀《むぼう》な仏印進駐《ふついんしんちゅう》は、いかなる障害《しょうがい》があろうと断乎《だんこ》として突破《とっぱ》するという日本軍の戦闘意識《せんとういしき》を世界的に感じさせたことになりました。

連合艦隊の旗艦・長門

前にふれましたが、前年の昭和十四年、日本はアメリカから日米通商航海《こうかい》条約《じょうやく》の廃棄《はいき》を通《つう》告《こく》され、翌《よく》十五年一月、アメリカはこれを実施《じっし》してきます。日本にとってはたいへん強硬《きょうこう》な経《けい》済《ざい》統制政策《とうせいせいさく》で、これに対する怒《いか》りと反発や恐《きょう》怖《ふ》が国民のなかに響《ひび》いてきていました。しかも九月には、この第一の行動として、アメリカは屑鉄《くずてつ》（再生《さいせい》して鉄材をつくる）を全面的に輸《ゆ》出禁止《しゅつきんし》としました。こうなると誰《だれ》が考えても次は石油です。

日本は石油を全面的にアメリカからの輸入《ゆにゅう》に依存《いぞん》していますから、これが禁輸《きんゆ》となって途《と》絶《だ》えればどうなるかは一目瞭然《いちもくりょうぜん》、戦慄《せんりつ》的な恐《きょう》怖《ふ》です。軍艦《ぐんかん》や飛行機がいくらあろうが動かないのですから。もし石油の輸出《ゆしゅつ》が全面的に禁止《きんし》されたら、その四、五カ月以内に南方の資源《しげん》地帯を押《お》さえなければ国家の防衛《ぼうえい》が不可能《ふかのう》になるのは、陸海軍にも政府《せいふ》にも明らかです。そこで万が一に備《そな》えて南方で作戦を展開《てんかい》しやすい地点にまで軍隊を送っておかなければと北部仏印《ふついん》に進駐《しんちゅう》したわけですが、さらにより南方に足をのばしてゴム、スズ、タングステンなど、アメリカとイギリスが自国で生産できない資源《しげん》を押《お》さえれば、資源面《しげんめん》で米英と対等になれるという公算もでてきます。ところが南方に手をつければ米英との全面戦争は必然と覚悟《かくご》せざるを得《え》ない、しかし現状《げんじょう》ではとてもその準備《じゅんび》は整っていない。もし戦争になればせいぜいがんばっても一年半、あまくみても二年もつかどうかで、長期戦など不可能《ふかのう》な状態《じょうたい》なんです。しかし戦争がいったんはじまってしまえば長期戦となる可能性《かのうせい》がすこぶる高い、そうなれば資源《しげん》が必要ゆえに……この堂々《どうどう》めぐりです。それは前回にも話したとおりです。

このジレンマにいちばん恐怖《きょうふ》をおぼえたのは海軍です。陸軍と違《ちが》って軍艦《ぐんかん》や飛行機といった大きな物を動かさなくてはならないのですから、なんとしても石油が必要です。備蓄《びちく》してある石油じゃ間に合わない。ですから昭和十五年秋ごろから、海軍中央（海軍省と軍令部）の中堅《ちゅうけん》クラスに、山本五十六《やまもといそろく》の言葉を借りれば、「バスに乗《の》り遅《おく》れるなの時流《じりゅう》に乗って、いまが南方作戦のしどきなり、と豪語《ごうご》する輩《やから》」が次第《しだい》に集まってきます。対米強硬派《きょうこうは》が天下をとった時代の潮流《ちょうりゅう》からきた結果です。対米協調派《きょうちょうは》が現場《げんば》の艦隊《かんたい》へ出されて、たとえば山本《やまもと》は、いわば「工場長」のような役割《やくわり》をさせられている一方、「本社」には対米強硬派《きょうこうは》の秀才《しゅうさい》連中が集められてきました。

## ◆戦争へ走り出した海軍中央

昭和十五年十月十五日、岡敬純少将《おかたかずみしょうしょう》が軍務《ぐんむ》局長に、富岡定俊《とみおかさだとし》大佐が作戦を担当《たんとう》する軍令部第一課長になります。さらに十一月十五日、高田利種《たかだとしたね》大佐が軍務《ぐんむ》第一課長に、石川信吾《いしかわしんご》大佐が軍務《ぐんむ》第二課長に就任《しゅうにん》します。石川《いしかわ》は、前に、アメリカと戦争するには超大戦艦《ちょうたいせんかん》をつくるべきだという意見書を出した人で、大和《やまと》が目下建造《もっかけんぞう》中でもありました。口八丁手八丁《くちはっちょうてはっちょう》の政治的《せいじてき》な軍人で、非常《ひじょう》によく動いて裏工作《うらこうさく》なども達者、しかも長州《ちょうしゅう》出身ですから陸軍の長州閥《ちょうしゅうばつ》や、同じく長州《ちょうしゅう》出身の松岡洋右外相《まつおかようすけがいしょう》とも仲がいい。海軍には珍《めずら》しい、どこへ飛んでいくかわからない弾《たま》のようだから「不規弾《ふきだん》」といわれるぐらい、軍の統制《とうせい》にも従《したが》わず、自分の思ったことをどんどん進める人でした。

そして十一月十五日、これらの強硬派《きょうこうは》が推進《すいしん》して海軍は出師準備《すいしじゅんび》を実施《じっし》します。海軍は、戦争がはじまる前に軍艦《ぐんかん》を戦場に近い場所まで運んでおかなくてはなりません――たとえばこのあと太平洋戦争はハワイの真珠湾《しんじゅわん》軍港に対する奇襲《きしゅう》ではじまりますが、それは事前に攻撃可能《こうげきかのう》なハワイ近海まで空母を運んでいたわけです。さらにその前の段階《だんかい》として、軍艦《ぐんかん》を整備《せいび》し、弾薬《だんやく》や食糧《しょくりょう》を載《の》せたりしておく必要もあります。それを相当早くからしておかねばならない事情《じじょう》から、及川海相《おいかわかいしょう》はいざという時すぐ出動できる準備《じゅんび》つまり出師準備《すいしじゅんび》の実施《じっし》を天皇《てんのう》に上奏《じょうそう》して許可《きょか》を得《え》、天皇《てんのう》の名においてこの日、全軍に対して準備《じゅんび》発動を命じたのです。

実際《じっさい》は、翌《よく》昭和十六年四月十日をもって、連合艦隊《かんたい》などの外戦《がいせん》部隊が、アメリカの全兵力に対して七割《わり》五分の比率《ひりつ》の戦備《せんび》を整えるという目的あってのことでした。これは日本海軍の当時のほとんど全戦力といっていいと思います。この出師準備《すいしじゅんび》発令は、日露《にちろ》戦争以来なかったことなのです。もうある種の戦争決意と言えましょうか。

十月二十八日、過激《かげき》な対米強硬派《きょうこうは》である軍令部作戦課先任《せんにん》部員の神重徳《かみしげのり》中佐は、陸軍参謀《さんぼう》本部作戦課の岡村誠之《おかむらまさゆき》少佐にこう言ったといいます。

「海軍は来年（昭和十六年）四月以降《いこう》に南方作戦を実行しないと、部内統制《とうせい》上も都合が悪くなる。それに四月になれば対米戦に自信がある。対米兵力比《へいりょくひ》が七割《わり》五分になるからである」

さらに参謀《さんぼう》本部作戦部長の田中新一少将《たなかしんいちしょうしょう》にもこう言いました。

「かりに蘭印《らんいん》（オランダ領《りょう》東インド、現在《げんざい》のインドネシア。ここに石油やゴム、スズなどの資源《しげん》が眠《ねむ》っています）をやり、英米を敵《てき》としても、十六年四月以降《いこう》ならば差《さ》し支《つか》えない。外戦《がいせん》部隊の七割《わり》の戦備《せんび》が十二月にほぼ終わり、一月中旬《ちゅうじゅん》に完整《かんせい》する。蘭印《らんいん》だけならこれでやれる。四月中旬《ちゅうじゅん》になれば、対米七割《わり》五分の戦備《せんび》が整う。十六年四、五月ころ、海軍としても対米戦争をやらねばならない。十六年暮《く》れになると、修理《しゅうり》を要する艦艇《かんてい》が多くなり、作戦がやりにくくなる」

海軍の作戦課の重要人物が、陸軍の作戦部長にこの豪語《ごうご》です。いつもはでかいことを言っているさすがの陸軍もこれには驚《おどろ》いたようです。つまり海軍はこの出師準備《すいしじゅんび》発動で七割《わり》以上の戦力を確保《かくほ》できると俄然《がぜん》、対米戦争への自信を胸《むね》の内に抱《いだ》いたのです。

　この中央の動きをもっとも憂《うれ》えたのが、何度も出てきますが、山本五十六《やまもといそろく》です。中央は何を考えているのか知らないが、とにかく日本を戦争へ、戦争へと引《ひ》っ張《ぱ》っていこうとしている、として十一月下旬《げじゅん》に及川海相《おいかわかいしょう》に会い、厳重《げんじゅう》に意見具申《ぐしん》をしました。

「たとえば軍務《ぐんむ》局第二課長の石川信吾《いしかわしんご》大佐のごときは、南部仏印進駐《ふついんしんちゅう》のゆゆしきことを豊田貞《とよださだ》次郎《じろう》次官に進言しているというではないか。あのまま放置しておけばたいへんなことになる」

　はやくクビにしたほうがいい、ということまで言ったようです。またこう進言します。

「三国同盟締結《どうめいていけつ》の前とは情勢《じょうせい》はまったく変わっているのだから、対米英戦争の危機《きき》を確実《かくじつ》に防止《ぼうし》するためには、生半可《なまはんか》な注意なんかではだめで、トップの思い切った、つまりあなたの決心が必要なんです。作戦部長や軍令部次長の首をかえたところで何もならない。不徹底《ふてってい》以外のなにものでもない。私見《しけん》を申せというならばあえて申し上げるが、軍令部総長《そうちょう》に（伏見宮《ふしみのみや》を辞めさせて）米内光政大将《よないみつまさたいしょう》、それが無理というなら吉田善吾大将《よしだぜんごたいしょう》あるいは古賀峯一大将《こがみねいちたいしょう》。そして福留繁中将《ふくとめしげるちゅうじょう》に次長として補佐《ほさ》させる。また、海軍次官には井上成美中将《いのうえしげよしちゅうじょう》がよい。これ以外にはない。いずれも無理な人事であろうが、これくらいのことを思い切って実行しなければ今の状態《じょうたい》を引きずって戦争に突入《とつにゅう》するばかりです。今はこの難事《なんじ》を敢行《かんこう》して、狂瀾《きょうらん》を既倒《きとう》に廻《めぐ》らさねばならない。ここまであえてやって頂《いただ》けるのならば、連合艦隊《かんたい》としては忍《しの》びがたいことながらどんな犠牲《ぎせい》を払《はら》ってもよい」

この人事構想《こうそう》には肝心要《かんじんかなめ》の海軍大臣が抜《ぬ》けています、それは自分がなる、ということでしょうね。ところが周りをすでに対米強硬派《きょうこうは》でがっちり取《と》り巻《ま》かれている及川《おいかわ》さんに、こんな人事ができるはずありません。ふだん山本《やまもと》は広島湾《わん》の柱島《はしらじま》（連合艦隊《かんたい》の根拠地《こんきょち》です）にいて、たまたま上京した時に意見を言ったとしても、すぐに柱島《はしらじま》へ戻《もど》ってしまうわけですから、遠くでいくら吠《ほ》えても中央は知ったこっちゃありません。

十二月十二日、及川海相《おいかわかいしょう》の認可《にんか》のもと、海軍中央に「海軍国防政策《こくぼうせいさく》委員会」ができました。後に井上成美《いのうえしげよし》中将《ちゅうじょう》が「百害《ひゃくがい》あって一利もなかった」と断《だん》じたほどひどいものですが、これには四つの委員会があり、第一委員会は政策《せいさく》、第二委員会が軍備《ぐんび》、第三委員会が国民指導《しどう》、第四委員会が情報《じょうほう》を担当《たんとう》します。うち第一委員会が国防政策《こくぼうせいさく》や戦争指導《しどう》の方針《ほうしん》を分担《ぶんたん》するのですが、海軍省から高田利種《たかだとしたね》軍務《ぐんむ》一課長、石川信吾《いしかわしんご》同二課長、軍令部から富岡定俊《とみおかさだとし》一課長、大野《おおの》竹《たけ》二《じ》戦争指導《しどう》部員の四大佐が委員となり、幹事役《かんじやく》に藤井茂《ふじいしげる》、柴勝男《しばかつお》、小野田捨次郎《おのだすてじろう》の三中佐が配属《はいぞく》されます。みんな、対米強硬派《きょうこうは》です。うちの一人、高田利種《たかだとしたね》大佐がのちに語っています。

「この委員会が発足《ほっそく》したのち、海軍の政策《せいさく》は、ほとんどこの委員会によって動いたとみてよい。海軍省内でも、重要な書類が回ってくると、上司から、この書類は第一委員会をパスしたものかどうかを聞かれ、パスしたものはよろしいと捺印《なついん》するといったぐあいに、相当重要視《じゅうようし》されていた」

「相当重要視《じゅうようし》」どころではありません。つまりこの委員会が、南方への進出などこれ以後の海軍国防政策《こくぼうせいさく》のすべてを牛耳《ぎゅうじ》ったのです。

こうして十二月終わり頃《ごろ》、海軍中央部は、岡《おか》、高田《たかだ》、石川《いしかわ》、富岡《とみおか》を中心に、南進論《ろん》の先駆者《せんくしゃ》といえる中原義正少将《なかはらよしまさしょうしょう》を人事局長にすえ、彼《かれ》らが相談して、情報《じょうほう》を担当《たんとう》する軍令部第三部長に前田稔少将《まえだみのるしょうしょう》、戦争指導《しどう》部員に大野竹二《おおのたけじ》大佐、軍令部第一課に神重徳《かみしげのり》中佐、山本祐二《やまもとゆうじ》中佐、軍務《ぐんむ》局第二課に柴勝男《しばかつお》中佐、藤井茂《ふじいしげる》中佐、木阪義胤《きさかよしたね》中佐、同じく第一課に小野田捨次郎《おのだすてじろう》中佐ら、対米強硬派《きょうこうは》を配置しました。じつは、これはみな薩摩《さつま》か長州《ちょうしゅう》出身の気心が知れた連中で、しかもヒトラー大好きのドイツ賛美《さんび》者でした。石川《いしかわ》大佐は言ったといいます。

「ナチスはほんのひと握《にぎ》りの同志《どうし》の結束で発足《ほっそく》したんだ。われわれだって志《こころざし》を同じくし、団《だん》結《けつ》しさえすれば、天下何事《なにごと》かならざらんや」

すると藤井《ふじい》中佐は、昂然《こうぜん》としてこう言うのを常《つね》としました。

「金と人（予算と人事）をもっておれば、このさき何でもできる。予算をにぎる軍務《ぐんむ》局が方針《ほうしん》を決めて押《お》し込《こ》めば、人事局がやってくれる。自分がこうしようとするとき、政策《せいさく》に適《てき》した同《どう》志《し》を必要なポストにつけられる」

また、かつて井上成美中将《いのうえしげよしちゅうじょう》に「三国同盟《どうめい》の元凶《げんきょう》だ」と叱責《しっせき》された柴《しば》中佐は言いました。

「理屈《りくつ》や理性《りせい》じゃないよ。ことを決するのは力だよ、力だけが世界を動かす」

というわけで、昭和十五年暮《くれ》、海軍中央は対米強硬《きょうこう》路線でぐんぐん走り出してゆきます。

遠く広島湾《わん》の山本五十六《やまもといそろく》連合艦隊《かんたい》司令長官が「対米英戦争はもはや避《さ》けられないのであろうか。やむを得《え》ん。いざとなったら真珠湾《しんじゅわん》を攻撃《こうげき》しよう」と考え出したのはこの時でした。言《い》い換《か》えれば「いざとなったら伝統《でんとう》の戦術《せんじゅつ》などかなぐり捨《す》てて、俺《おれ》流の乾坤一擲《けんこんいってき》の戦法でいく」ということです。戦争への道を突《つ》き進《すす》む海軍中央の動きを止める手段《しゅだん》がまったくないとみた彼《かれ》の苦悩《くのう》の選択《せんたく》ではなかったかと思えないでもありません。

## ◆紀元《きげん》は二六〇〇年……

その頃《ころ》国民は、生活状態《じょうたい》も押《お》し詰《つ》まってきて自由がきかず、心の中にはかなりの不満を抱《いだ》いていました。それをなんとか抑《おさ》えていられたのは、中国では勝てる戦争をやっている、そしてそれは正義《せいぎ》の戦いであり、決して間違《まちが》ったことをしているわけではない、という意識《いしき》がマスコミなどによって叩《たた》き込《こ》まれていたからです。ただ、泥沼《どろぬま》の戦争がえんえん続き、しかも報道《ほうどう》によればアメリカとイギリスが次々に蔣介石《しょうかいせき》に援助物資《えんじょぶっし》を送っている、おまけにアメリカは日本に強硬《きょうこう》な経済的圧迫《けいざいてきあっぱく》をますます強めてきている。ＡＢＣＤ包囲陣《ほういじん》（Ａがアメリカ、Ｂはブリティッシュ、Ｃはチャイナ、Ｄはダッチつまりオランダ）という言葉が、新聞紙上に躍《おど》りだし、そして「米英討《う》つべし」の声も聞こえはじめている……というので、なんとなしにもう一つドカーンとやればすべてが解決《かいけつ》するような、次の戦争を望むような、どちらかといえば好戦的な風潮《ふうちょう》が、国民の心のなかに生まれていたといってもいいと思います。日本の明日を脅《おびや》かす

宮城前広場で行なわれた紀元2600年記念式典に出席する天皇皇后

〝敵《てき》〟がすぐそこにいるのだ、それを叩《たた》かないことにはこの状態《じょうたい》がいつまでもだらだらと続いてゆくというやりきれない思いが国民の心理を揺《ゆ》さぶっていたのではないでしょうか。

その年がちょうど、前に話しました「紀元《きげん》二六〇〇年」にあたっていました。東京でオリンピックや万国博覧会《ばんこくはくらんかい》を開催《かいさい》する計画があり、そのために隅田川河口《すみだがわかこう》に勝《かち》どき橋《ばし》がつくられました――この橋は真ん中から割《わ》れて万《ばん》歳《ざい》をするような形になるので勝《かち》どき橋《ばし》と名付けられたと、私《わたし》も子供《こども》のころは思っていたのですが、そうじゃなくて、昔からあそこには勝《かち》どきの渡《わた》しがあって、単にそれをとって名付けられたらしいのですが。

しかしヨーロッパでは大戦が行なわれ、アジアでは日中が戦争をしているといった世界情勢《じょうせい》のため、オリンピックも万博《ばんぱく》も中止になりました。けれども、国民のなかに鬱屈《うっくつ》した思いがありますから、紀元《きげん》二六〇〇年のお祝いだけは盛大《せいだい》にして景気をつけようじゃないかということになり、十一月十日、宮城《きゅうじょう》前広場で大式典が催《もよお》されました。

この時、「金鵄《きんし》輝《かがや》く日本の、栄《は》えある光《ひかり》身に受けて〜」という歌が流行《はや》りましたが、僕《ぼく》らはすぐに替《か》え歌《うた》にして、「金鵄《きんし》上がって十五銭《せん》、映《は》えある光三十銭《せん》、鵬翼《ほうよく》高い五十銭《せん》、紀元《きげん》は二六〇〇年、ああ一億は困《こま》ってる〜」と歌いました。要するに金鵄《きんし》（ゴールデンバット）も光も鵬翼《ほうよく》も煙草《たばこ》の名前で、その値上《ねあ》げをもじった歌が流行《はや》ったんですね。

裏側《うらがわ》ではそんなふうに「お目出度《めでた》くもないよ」と毒《どく》づきながらも、表では盛大《せいだい》なお祝いに天《てん》皇皇后《のうこうごう》がお出ましになり、宮城《きゅうじょう》前広場に約五万人が集まって「君が代」を斉唱《せいしょう》し、総理《そうり》大臣近衛文麿《このえふみまろ》が寿詞《よごと》（お祝いの言葉）を申し上げ、ラジオが中継《ちゅうけい》で全国に放送しました。また花電車やイルミネーションで飾《かざ》られた電飾《でんしょく》市電が走り、もちろん提灯《ちょうちん》行列も華々《はなばな》しいものでした。新聞も大々的に報《ほう》じました。

「この日、聖典《せいてん》を祝福するがごとく、秋天爽《しゅうてんさわ》やかに澄《す》み渡《わた》り、宮極も太しき寝殿造《しんでんづく》りの式《しき》殿《でん》は瑞祥《ずいしょう》の気燦《あきらかな》るがごとく……」

まあ、要するにめでたくて賑《にぎ》やかだったということを新聞記者は美文《びぶん》で精一杯《せいいっぱい》に書いたんです。およそほとんどの人が理解《りかい》できなかった名文をですね。

また高松宮宣仁親王殿下《たかまつのみやのぶひとしんのうでんか》がしずしずと前へ進んで、天皇《てんのう》に奉祝《ほうしゅく》の詞《ことば》を奏上《そうじょう》した時、「臣《しん》、宣仁《のぶひと》」と言ったのがラジオで流れまして、「えっ、宮《みや》さまも天皇《てんのう》の家来《けらい》なんだ」と子供心《こどもごころ》にも思った記憶《きおく》があります。

いずれにしろ、これは太平洋戦争がはじまる前の昭和日本のもっとも輝《かがや》ける日であったと思います。そして式典が終わると、一斉《いっせい》に街頭にポスターが張《は》られました。

「祝いは終わった、さあ働こう」

まったくゲンキンなもので、政府《せいふ》はたちまち国民の尻《しり》をたたいているわけです。近衛首相《このえしゅしょう》にとっても一番栄光にみちみちた時だったでしょう。ちなみに近衛《このえ》さんはこのひと月前の十月十二日、大政翼賛《たいせいよくさん》会を発足《ほっそく》させています。彼《かれ》が総理《そうり》大臣になった時から口に出していた「新体制《しんたいせい》運動」の実践《じっせん》であり、民政党《みんせいとう》や政友会《せいゆうかい》など日本の過去《かこ》の政党《せいとう》がこの時すべて解散《かいさん》して翼賛《よくさん》会に吸収《きゅうしゅう》されてしまいました。その後の日本は、大政翼賛《たいせいよくさん》会を中心に政治《せいじ》が動いていくのですが、これも実際《じっさい》はたちまちに軍部と内政《ないせい》の中心たる内務省《ないむしょう》の支配下《しはいか》におかれ、どんどん戦争協力の御用《ごよう》機関になっていくのです。

だいたい何か賑《にぎ》やかなことをやる時は、当時の日本ではすぐ軍部と内務省《ないむしょう》が出てきて仕切るのです。大政翼賛《たいせいよくさん》会に入って、政治《せいじ》をもう少しなんとかしようとしていた心ある人もいたのでしょうが、内情《ないじょう》を知るにつけ、次々に脱落《だつらく》していきました。

式典の約半月後の十一月二十四日、元老《げんろう》の西園寺公望《さいおんじきんもち》が亡《な》くなります。戦前の二十一人の総《そう》理《り》大臣は、この人が昭和天皇《てんのう》に推薦《すいせん》し進言することによってつくられたという、重要な役割《やくわり》を果たした人でした。しかし前にも申しましたが、軍部があまりに強くなった頃《ころ》、これではだめだとへっぴり腰《ごし》になり、政治《せいじ》に口出しする気力を失って興津《おきつ》にこもったきりになってしまいました。三国同盟《どうめい》が結ばれた時には、側近に「これで日本は滅《ほろ》びるだろう。これでお前たちは畳《たたみ》の上で死ねないことになったよ。その覚悟《かくご》を今からしておけよ」としみじみ言ったそうです。事実、西園寺《さいおんじ》さんの言うような日本になるわけですが。享年《きょうねん》九十一でした。

## ◆松岡外相《まつおかがいしょう》のヨーロッパ旅行

その年の十二月頃《ごろ》、雑誌《ざっし》「文藝春秋《ぶんげいしゅんじゅう》」が「日米戦争は避《さ》けられるか」というアンケートをしました。掲載《けいさい》は翌年《よくねん》一月号で、回答は「避《さ》けられる」四百十二人、「避《さ》けられない」二百六十二人、「不明」十一人。この時すでに約三分の一の日本国民は、もはや戦争は避《さ》けられないと思っていたのですが、逆《ぎゃく》に三分の二の人はまだ避《さ》けられると考えていたわけです。ただ、雑誌《ざっし》がこんなことをやっていられたのもこの頃《ころ》までで、昭和十六年に入りますと統制《とうせい》は厳《きび》しさを増《ま》します。治安維持法《ちあんいじほう》、国家総動員法《こっかそうどういんほう》、言論出版集会結社等臨時取締法《げんろんしゅっぱんしゅうかいけっしゃとうりんじとりしまりほう》、軍機保護法《ぐんきほごほう》、不穏文書臨時取締法《ふおんぶんしょりんじとりしまりほう》、戦時刑事特別法《せんじけいじとくべつほう》など、マスコミはありとあらゆる法令によってがんじがらめとなり、息もつけないような状態《じょうたい》になるのです。

アメリカのルーズベルト大統領《だいとうりょう》が十二月二十九日、ラジオで「炉辺談話《ろへんだんわ》」を発表し、それが日本にも伝わりました。

「今日、アメリカ文明は最大の危機《きき》にさらされている。われわれはデモクラシー諸国《しょこく》の偉大《いだい》な兵器廠《しょう》たらねばならない」

さらに日独伊《にちどくい》三国同盟《どうめい》に真《ま》っ向《こう》から猛反対《もうはんたい》し、ナチス・ドイツと戦うイギリス国民を大いに支援《しえん》する、民主主義《しゅぎ》国家へは今後、物資《ぶっし》を送るなどどんどん援助《えんじょ》すると明言したのです。

それまでアメリカは「モンロー主義《しゅぎ》」*2といって中立を守っていたのですが、この放送は、そこから脱《だっ》すること、ヨーロッパ戦争への参戦を考えはじめた表明でもあるのです。これは日本にとっては大ショックでした。貿易統制《ぼうえきとうせい》の全権《ぜんけん》をもつ大統領《だいとうりょう》が三国同盟《どうめい》を批判《ひはん》し、ナチス・ドイツを倒《たお》せと言わんばかりですから、次はそのナチスと同盟《どうめい》した日本への石油の輸出禁止《ゆしゅつきんし》をうってくるに違《ちが》いない、ということを日本人は痛烈《つうれつ》に、かつ心寒く思わせられたのです。

こうして九月の三国同盟《どうめい》、北部仏印進駐《ふついんしんちゅう》の二つを中心に、日本が戦争への道を大きく踏《ふ》み出《だ》した昭和十五年が終わり、翌《よく》昭和十六年になりました。

喜劇俳優《きげきはいゆう》の古川《ふるかわ》ロッパさん（一九〇三―六一）が、正月の風景を日記に書いています。

「お屠蘇《とそ》も雑煮《ぞうに》も味が悪く、年賀状《ねんがじょう》というものも無し、年々歳々《ねんねんさいさい》正月の気分は薄《うす》らぐとはいえ、此《こ》の非常時《ひじょうじ》の正月は、みじんも正月の気分が無い」

比較的《ひかくてき》グルメでぜいたくな生活を好むロッパさんがこう嘆《なげ》くくらいですから、物資《ぶっし》が乏《とぼ》しいだけでなく、一般人《いっぱんじん》の生活は味気ない、殺伐《さつばつ》としたものだったのではないでしょうか。

さて、この時点では日本は一気に南方に進出するよりも、まだアメリカとの関係を外交交渉《こうしょう》によってなんとか丸く元に戻《もど》せないかと、多くの人が考えていたと思います。そこで間もなく日米交渉《こうしょう》がはじまるのですが、その前に、松岡洋右外務《まつおかようすけがいむ》大臣は、三国同盟《どうめい》を結んだのだから、これを基盤《きばん》にして自分が提唱《ていしょう》している「日独伊《にちどくい》ソ」四国協定にまで話をもっていくチャンスではないかと考えました。そして昭和十六年三月から四月にかけて、ヒトラーとスターリンに会うため、自らベルリンとモスクワを訪問《ほうもん》することにしました。その話を先にいたします。同盟《どうめい》を結んだ直後ですから、ヒトラーは大歓迎《だいかんげい》してくれるでしょうが、その帰りにモスクワに寄《よ》るといっても、スターリンが会ってくれるかどうかは大きな問題でした。しかし松岡外相《まつおかがいしょう》はあえてこの思い切った外遊《がいゆう》に踏《ふ》み切《き》ったのです。

私《わたし》も一九九〇年、東西ドイツが統一《とういつ》された翌々日《よくよくじつ》ぐらいにベルリンを訪問《ほうもん》しました。東ベルリンの飛行場に降《お》りましたら、ロシア語ばかりだった看板《かんばん》を英語のものに取《と》り換《か》えている最中でした。一週間ほど滞在《たいざい》しまして、ヒトラー・ドイツのもっとも盛《さか》んな時の遺跡《いせき》を見物したり、松岡外相《まつおかがいしょう》が訪独《ほうどく》した時のようすも探《さぐ》ったりしました。その際《さい》の歓迎《かんげい》ぶりは、まことにドイツ挙げての盛大《せいだい》なものだったようです。ベルリン駅頭《えきとう》に日の丸と旭日旗《きょくじつき》、そしてナチス・ドイツの鉤十字旗《かぎじゅうじき》がだーっと張《は》りめぐらされるなか、整列したヒトラー・ユーゲントが「ハイル・ヒトラー！」「ハイルハイル・マツオカ！」の歓声《かんせい》を飛ばす光景を駅前広場に立って想像《そうぞう》したのですが、松岡《まつおか》はそれはいい気分だったと思います。世界一美しいといわれるドイツの軍服姿《ぐんぷくすがた》の将《しょう》兵《へい》整列を閲兵《えっぺい》したあと、銅像《どうぞう》が並《なら》び立《た》つウンターデンリンデンの大通りをオープンカーで行進して宿舎《しゅくしゃ》に入る。まあ、私《わたし》はタクシーで通ったんですが、宿舎《しゅくしゃ》となった離宮《りきゅう》シュロッス・

ベレ・ビューも残っていました。なかなか立派《りっぱ》な、高価《たか》そうなホテルになっていました。

## ◆ヒトラーの悪魔的《あくまてき》な誘《さそ》い

さて三月二十七日と四月四日の二回、松岡《まつおか》は膝《ひざ》を突《つ》き合《あ》わせてヒトラーと会談します。その一回目、三月二十七日の会談で、ヒトラーが滔々《とうとう》と述《の》べました。

「日本にとって、歴史的《れきしてき》にこれ以上絶好《ぜっこう》の機会はない。若干《じゃっかん》の危険《きけん》は必然的に伴《ともな》うが、ロシアとイギリスが取《と》り除《のぞ》かれ（実際《じっさい》は、イギリスがドイツの空襲《くうしゅう》を受けているとはいえ、前回お話ししましたように様子はずいぶん変わっているのですが、もちろんヒトラーはそんなことは言いません。またロシアとは同盟《どうめい》を結んで仲良くしているから心配ないというわけです）、アメリカも戦備《せんび》が整っていない。そういう時には危険《きけん》など非常《ひじょう》に小さいものである。だから今こそチャンスで、日本は東洋におけるイギリスの牙城《がじょう》であるシンガポールを一日も早く攻撃《こうげき》すべきだ。この機会を逃《のが》せば、フランスとイギリスが二、三年中に戦力を回復《かいふく》してくる可能性《かのうせい》もある。この二国を応援《おうえん》しているアメリカが、フランス、イギリスと同盟《どうめい》を結べば、日本はいやでもこの三国と戦争することになってしまう。だからなおさら早くシンガポールを叩《たた》き、イギリスを完《かん》璧《ぺき》につぶしておかねばならない。いまのところ、日本がヨーロッパにほとんど利害関係をもたないのと同じように、ドイツもアジアに対してはほとんど利害関係がなく、お互《たが》いに好都合である。日本のアジア、ドイツのヨーロッパという新秩序《ちつじょ》をつくって協力をすることで、世界を支配《しはい》する最善《さいぜん》の基礎《きそ》がつくれるではないか」

この時、鼻《はな》っ柱《ぱしら》が強くて大言壮語《たいげんそうご》の好きな松岡外相《まつおかがいしょう》とはいえ、さすがに、「わかりました。シンガポールをやりましょう」とは言わなかったらしいのです。かろうじて抑《おさ》え、約束はしなかったようです。

「日本は非常《ひじょう》に世論《よろん》の微妙《びみょう》な国であって、私《わたし》は帰国後、この会談内容《ないよう》を政府《せいふ》や軍部や新聞に説明しなくてはなりません。その時、シンガポール攻撃《こうげき》が論議《ろんぎ》されたことは一応《いちおう》言わざるを得《え》ませんが、それは単に仮《かり》の話であったと報告《ほうこく》するほかはないのです。だから、この件《けん》について、ドイツから急いで特使を派遣《はけん》するようなことはしないでほしい」

というような、いずれやるつもりではあるがいまのところは……、みたいな言《い》い逃《のが》れをしたようです。しかしヒトラーはさらにたたみ掛《か》けます。

「アングロサクソン（アメリカとイギリス）というのは、協力したとしても決して真の提携《ていけい》ではない。一方が必ず他方に対して常《つね》に反目するという例を歴史《れきし》がたくさん示《しめ》している。イギリスはヨーロッパにおいて、ある一つの国が優位《ゆうい》になることを決して容認《ようにん》しない。同様にアジアにおいては、日本、中国、ロシアを相互《そうご》に反目させて、イギリス帝国《ていこく》の利益《りえき》のみを増《ふ》やそうとしている、そういう国なのだ。アメリカもまたイギリスと同じやり方を受《う》け継《つ》ぎ、イギリスの帝国主義《ていこくしゅぎ》にかわって、アメリカ式の帝国主義《ていこくしゅぎ》でこれから行動しようとしているのだ。日本はそういうイギリスを早くぶっ潰《つぶ》すためにも、シンガポールを……」

この時も、松岡《まつおか》さんはむにゃむにゃ言って、約束だけはしなかったようです。

そして二回目、四月四日の会談です。こんどは松岡《まつおか》が口を開きます。

「ルーズベルト以下アメリカの指導者《しどうしゃ》たちは、南方（東南アジア）からアメリカに向けて比較《ひかく》的《てき》アメリカに不足しているゴムやスズの輸送《ゆそう》の自由を日本が保証《ほしょう》しさえすれば、中国や東南アジアのために、日本に戦いを挑《いど》むようなことはしないのではないか。しかし、日本が大英帝国《ていこく》の没落《ぼつらく》を早めるためシンガポールを攻撃《こうげき》するようなことになれば、アメリカはただちに日本に開戦すると前々から宣言《せんげん》している。この声明は、イギリス文化に育《はぐく》まれた日本人には相当の効《こう》果《か》を発揮《はっき》していて、だからシンガポール攻撃《こうげき》に対しては大きな反対運動が起きるでしょう」

するとヒトラーはこれに厳《きび》しく批評《ひひょう》を加えます。

「そのようなアメリカの態度《たいど》というものは、イギリスが存在《そんざい》する限《かぎ》り、いつか手を組んで日本に一撃《いちげき》を加える野心の表明にほかならない。裏《うら》を返せば、イギリスが没落《ぼつらく》すれば仲間を失い、いきおいアメリカは孤立《こりつ》せざるを得《え》ないということだ。そうなるとドイツ、日本、イタリアを相手に戦争する気などまったく起こさないだろう」

まさにヒトラーの悪魔《あくま》のささやきです。このように誘《さそ》いをかけられても松岡《まつおか》が自制《じせい》し、シンガポール攻撃《こうげき》の約束だけはしなかったのは、一つにはそんな約束をして帰国し、ちらとでも昭和天皇《てんのう》の耳に入れれば、理由もないのにドイツの手助けのためイギリスを叩《たた》くなど、それこそイギリス贔屓《びいき》の天皇《てんのう》が激怒《げきど》するのが目に見えているからです。松岡《まつおか》は長州《ちょうしゅう》出身で、話が天皇《てんのう》のことに及《およ》ぶと涙《なみだ》がぽろぽろ出るというかなりの天皇《てんのう》好きで、ヒトラーの前でもスターリンの前でもそうだったといいますから、その天皇《てんのう》の叱責《しっせき》を浴びるということを考えれば、いくら有頂《うちょう》天《てん》になっていたとしても約束だけはできなかったのでしょう。

しかし、近頃《ちかごろ》の研究によれば、約束をしたのだけれど帰国してから言えなかった、松岡《まつおか》はドイツに日本を「売っていた」のだ、という説もあり、あまり人を悪く言わない天皇《てんのう》も、『昭和天《てん》皇独白録《のうどくはく》』で、かなりはっきりと松岡《まつおか》に不信を投げかけています。

「松岡《まつおか》は二月の末に独乙《ドイツ》に向い四月に帰って来たが、それからは別人の様に非常《ひじょう》な独逸《ドイツ》びいきになった、おそらくはヒトラーに買収《ばいしゅう》でもされてきたのではないかと思われる」

辛辣《しんらつ》もここに極《きわ》まれり、ですね。

## ◆ご機嫌《きげん》そのもののスターリン

こうして松岡《まつおか》は、ヒトラーと三国同盟《どうめい》を祝い、今後ドイツはヨーロッパで、日本はアジアで新秩序《ちつじょ》をつくるということを確認《かくにん》して鉄道に乗り、四月十三日にモスクワに到着《とうちゃく》しました。すると会ってくれないだろうと思っていたスターリンが、思いがけず会うというのです。ここでもまた膝《ひざ》を突《つ》き合《あ》わせた話し合いがもたれました。

その時、松岡《まつおか》のほうから、二人で「電撃《でんげき》外交」をやって全世界をあっと驚《おどろ》かせようじゃないか、と言い出したという話も残っています。いや、スターリンからともいわれていますが、いずれにせよスターリンがいかなる政戦略《せいせんりやく》を頭に描《えが》いていたのか、話がトントンと妙《みよう》に進んであっという間に四月十三日午後二時、その日のうちに世界じゅうの誰《だれ》もが予想していなかった日ソ中立条約《じようやく》が調印されてしまったのです。

日本に対してソ連が友好的な態度《たいど》をとることなど、およそ昭和はじまって以来、いえ日清《につしん》戦争以来なかったと思うのですが、ソ連側から提案《ていあん》して中立条約《じようやく》が結ばれるなどは驚天動地《きようてんどうち》で、昭和史《しようわし》最大の不思議の一つでありました。それだけに松岡《まつおか》にとっては大手柄でした。こうなると松岡《まつおか》はさらにいい気分になって、中立条約《じようやく》ではなく不可侵条約《ふかしんじようやく》にしてもらいたいと希望したのですが、さすがにソ連もこれには驚《おどろ》きました。不可侵条約《ふかしんじようやく》というのは、相互《そうご》の領土《りようど》を互《たが》いに攻撃《こうげき》することを絶対的《ぜつたいてき》に禁止《きんし》し、相互間《そうごかん》に侵略《しんりやく》は行なわない、という取り決めです。現在《げんざい》、北朝鮮《きたちようせん》がアメリカにしきりに不可侵条約《ふかしんじようやく》を結んでくれというのはまさにこれなんです。アメリカは結びたくないもんですからぐちゃぐちゃ言ってますが。この場合、ソ連側はさすがに戸《と》惑《まど》いつつも、モロトフ外務《がいむ》大臣は「日露《にちろ》戦争で失った樺太《からふと》（サハリン）などの返還《へんかん》を伴《ともな》わないなら世論《よろん》が許《ゆる》さないだろう、ついてはそこまで結びたいのであれば、南樺太《みなみからふと》と千島《ちしま》列島を返してくれないか」と言い出します。すると、松岡《まつおか》はでっかく答えるんです。

「小さい、小さい。世界地図をよくごらんなさい。南樺太《みなみからふと》と千島《ちしま》なんて言ってないで、ソ連はインドやアフガニスタンに出ていきなさい、日本は目をつぶっていますから」

この辺のところは虚々実々《きよきよじつじつ》といいますか、外交なんてのはまことにインチキ極《きわ》まりないなと思うところがあるのですが。ともかくここは、スターリンも出てきて、まあいいじゃないかというので中立条約《じょうやく》に落ち着きました。ただその第一条《じょう》には、一応《いちおう》、「両国の領土《りょうど》の保全《ほぜん》および不可侵《ふかしん》を尊重《そんちょう》する」という文言《もんごん》を入れています。不可侵《ふかしん》を「尊重《そんちょう》」する、というわけです。また第二条《じょう》は、「締結国《ていけつこく》の一方が、一または二以上の第三国よりの軍事行動の対象《たいしょう》となる場合、他方の締結国《ていけつこく》はその紛争《ふんそう》の全期間中、中立を守る」。もし日本がアメリカと戦争した場合、ソ連は中立を守ってくれる、そのかわりソ連がドイツと戦争する場合は、日本はドイツと軍事同《どう》盟《めい》を結んでいるけれども中立を守る、という約束です。

つまりスターリンの戦略構想《せんりゃくこうそう》のなかには、ソ連の優秀《ゆうしゅう》な諜報《ちょうほう》機関により、ドイツがやがて攻《せ》めてくることがわかっていて、万が一の事態《じたい》がすでに目前にある、という危機《きき》感があったことを意味するのではないでしょうか。そんな時に、後ろから日本にやられたら、ソ連はヨーロッパでもアジアでも戦うというたいへんな事態《じたい》になるわけで、うまい時に松岡外務《まつおかがいむ》大臣がやって来てくれたと考えたのでしょう、独《どく》ソ戦が起こっても中立を守るということを日本に約束させたわけです。この辺はまさに虚々実々《きょきょじつじつ》というところです。しかも五年間という珍《めずら》しいほど長い有効《ゆうこう》期間で調印されました。

松岡外相《まつおかがいしょう》はしかし、裏《うら》にどんなもくろみが、いかなる陰謀《いんぼう》や策略《さくりゃく》が渦巻《うずま》いているのかなど少しも考えず、十三日午後五時、いい気持ちでシベリア鉄道で帰国すべくモスクワを出発します。そのとき、駅頭《えきとう》にスターリンが見送りに来たというのですよ。そんなことはまずないので

モスクワ駅頭でスターリン（右）と談笑する松岡洋右（左）
昭和16年４月13日

すが、その時の写真が残っています。一層《いっそう》有頂天《ちょうてん》になった松岡《まつおか》に、スターリンは肩《かた》を抱《だ》きかかえるようにして言いました。

「お互《たが》いにアジア人だからなあ」

スターリンはたしかに、グルジア共和国というアジアの生まれです。そんな派手《はで》な演出《えんしゅつ》でもって、われわれはいつまでも友人だ、と甘《あま》い言葉をささやいたようですが、現在《げんざい》でも、この時モスクワ駅頭《えきとう》でスターリンがいったい何を考えていたのか、不思議なこととされています。また、調印後の小さなパーティの時も、スターリンは日本大使館付《づき》の海軍武官《ぶかん》に近づき、

「これで日本は安心して南進できますなあ」

と声をひそめて言ったといいます。南進したくてたまらない日本海軍の思惑《おもわく》をじつによく見《み》越《こ》したこれまた「悪魔《あくま》のささやき」でした。

松岡《まつおか》が帰国すると日本国民は大歓迎《だいかんげい》し、千駄ヶ谷《せんだがや》の松岡邸門前《まつおかていもんぜん》には東京市民がこもごも集まって万歳《ばんざい》三唱しました。もちろんソ連の魂胆《こんたん》など想像《そうぞう》する人はいません。唯一《ゆいいつ》いたとすれば、陸

軍参謀本部《さんぼう》でしょう。「スターリンはいったい何を考えているのか」。陸軍にとっては、これまで好意のこれっぽっちも見せなかったソ連が中立条約《じょうやく》を積極的に結んだのですから疑惑《ぎわく》の念を抱《いだ》きましたが、国内全般《ぜんぱん》としては「ソビエトの、北からの脅威《きょうい》が薄《うす》れた。さあ南進だ！」とマスコミが太鼓《たいこ》を叩《たた》き、日本は国をあげて南進論《ろん》一色に染《そ》め上《あ》げられていきました。そしてスターリンの言葉そのままに、「安心して」英米との正面衝突《しょうとつ》が確実《かくじつ》となる東南アジアへの進出がいよいよはじまります。おそらくスターリンの期待通りでしょう、ソ連にとってこれでアジアは「安心」でした。

ひとつ面白《おもしろ》いエピソードを付け加えれば、松岡外相《まつおかがいしょう》がモスクワにいた時、イギリス首相《しゅしょう》ウィンストン・チャーチルが、駐《ちゅう》ソ英国大使に松岡宛《まつおかあ》ての書簡《しょかん》を託《たく》しました（四月十二日付）。大使はそれをわざわざＷＣ（便所）で松岡《まつおか》に手渡《てわた》したそうで、つまりウィンストン・チャーチルの頭文字《かしらもじ》、しゃれてますよね。なかなかいい手紙なので、紹介《しょうかい》しますと、

「昭和十六年夏から秋において、ドイツは果たしてイギリスを征服《せいふく》できるのか。この問題が解決《かいけつ》するまで待つのが日本にとって有利ではありませんか」

つまり、あなた方はイギリスが負けると思っているでしょうが、そういうものでもありませんよ。よーく見届《みとど》けたほうがいいんじゃないですか、というわけです。このように、チャーチルはきちっと質問《しつもん》してくるんですね。

「独伊《どくい》軍事同盟《どうめい》への日本の加入はアメリカの参戦を容易《ようい》にしたのではないですか、あるいは

かえって困難《こんなん》にしたのでしょうか。アメリカがイギリスに味方し、日本が独伊枢軸《どくいすうじく》に参加するとして、英米の優秀《ゆうしゅう》な海軍はヨーロッパの枢軸国《すうじくこく》を処分《しょぶん》するとともに、日本をも処分《しょぶん》することを可能《かのう》にしたのではないですか」

要するに、イギリスとアメリカが手を組めば、独伊《どくい》など簡単《かんたん》につぶせるし、それと同時に日本も簡単《かんたん》につぶせるというのです。また、

「イタリアは、ドイツにとって力となるでしょうか、重荷となるでしょうか」

チャーチルという人の世界観、戦略《せんりゃく》観はじつにしっかりしてるんですね。

「一九四一年（昭和十六）には、アメリカの鋼鉄《こうてつ》の生産高は七千五百万トンになり、イギリスでは千二百五十万トンになり、合計しておよそ九千万トンになるというのは事実ではありませんか。万一ドイツが敗北すれば、日本の生産高七百万トンでは、日本単独《たんどく》の戦争には不充分《ふじゅうぶん》ではないのですか」

まさにその通りなんです。チャーチルは、日本が対米強硬《きょうこう》路線を突《つ》っ走《ぱし》るのは非常《ひじょう》に危険《きけん》であり、もう少し政策《せいさく》を緩《ゆる》やかにしてはどうか、と忠告《ちゅうこく》してくれたのですが、松岡《まつおか》さんはそうは受け取りません。むしろ侮辱《ぶじょく》ととり、帰国と同時に返事を書きました。

「日本の外交政策《せいさく》は、たえず偉大《いだい》な民族的目的と八紘一宇《はっこういちう》に具現《ぐげん》した状態《じょうたい》を地球上に終局的に具体化することを企図《きと》し、日本の直面する事態《じたい》のあらゆる要素《ようそ》をきわめて周到《しゅうとう》に考慮《こうりょ》して決められたものであるから、ご安心くだされたい。

また、一度決定された以上は、決然と、極度の慎重《しんちょう》さをもって遂行《すいこう》されることを、あえて申し上げる。敬具《けいぐ》」

簡単《かんたん》に言いますと、日本のやろうとしているのは偉大《いだい》なる八紘一宇《はっこういちう》の大目的であって、その実現《じつげん》のため、三国同盟《どうめい》にしろ日ソ中立条約《じょうやく》にしろ、すべていい加減《かげん》ではなくしっかり考えて決めたのだから、余計《よけい》なことは言わないでいただきたい、さよなら、というのです。

こうして昭和十六年の春から初夏にかけて、何度もいいますが、北のソ連は中立条約《じょうやく》で安心だ、これからは長期戦を戦える資源《しげん》を求めて東南アジアの資源《しげん》地帯へ、と日本は「決然と」して南への進出を国策《こくさく》として決めていきます。

ここで一つ、非常《ひじょう》に興味深《きょうみぶか》い話をつけ加えておきます。それはアメリカがこの中立条約締《じょうやくてい》結《けつ》までの日ソ両国の動きをどう見ていたか、なんです。言うまでもなく、当時からアメリカの諜報《ちょうほう》機関は優秀《ゆうしゅう》でした。ですから、あとでもう一度触《ふ》れることになりますが、得意《とくい》ともいえる暗号電報《でんぽう》の解読《かいどく》で、子細《しさい》な点までアメリカ政府《せいふ》の知るところとなっていたのです。ルーズベルト大統領《だいとうりょう》は、スターリンやモロトフ外相《がいしょう》と松岡《まつおか》との微妙《びみょう》なやりとりから、日本の南進政策《せいさく》が今や主流の考え方になっていることを再確認《さいかくにん》することができました。それだけではなく、ソ連が南樺太《みなみからふと》は当然のこととして千島《ちしま》列島にまで食指をのばしていることを、この時に察知することができたのですね。

そのお陰《かげ》でというと奇妙《きみょう》な言い方になりますが、後にソ連を対日参戦に誘《さそ》うための〝獲物《えもの》〟

として千島《ちしま》列島があることを、ルーズベルトがその意識下《いしきか》にしっかりおさめたのです。それは一九四五年（昭和二十）二月のヤルタ会談での折衝《せっしょう》なんですが、その時のルーズベルトとスターリンとの間で交《か》わされた秘密《ひみつ》の会話の前提《ぜんてい》が、この時の暗号解読《かいどく》にあったというわけです。いずれそのことについて語る時がきますが……。外交というものの恐《おそ》ろしいところが、この一事《いちじ》をもってもよくわかります。

## ◆英雄《えいゆう》は頭を転向する

ところで歴史《れきし》は日本の思った通りには動いてくれませんでした、というより、日本の思わない方向へさらに動いてゆくことになるのです。

なんと、一九四一年（昭和十六）六月二十二日、ナチス・ドイツがソ連に進攻《しんこう》を開始しました。バルバロッサ作戦計画といいます。日本政府《せいふ》へのあらかじめの知らせもなしに、です。三国同盟締結《どうめいていけつ》の時の目的であった「日独伊《にちどくい》ソの四国が提携《ていけい》して米英にあたる」などという日本の夢《ゆめ》は、まさにこの瞬間《しゅんかん》に雲散霧消《うんさんむしょう》し、いまやソ連は米英陣営《じんえい》の一員となったのです。

もしこの時、チャーチルがいうように、日本が本気で自国のことを真剣《しんけん》に慎重《しんちょう》に考え、全体を見極《みきわ》めていたら、ドイツが約束を破《やぶ》ったのを理由に日独伊《にちどくい》三国同盟《どうめい》から離脱《りだつ》して中立となり、戦争不参加を決《き》め込《こ》むこともできたのです。まさしく戦争に巻《ま》き込《こ》まれないためのチャンスが訪《おとず》れたのです。ところが日本はあえて三国同盟《どうめい》に固執《こしつ》しました。なぜでしょうか。ドイツの勝利を信じていたからです。英国を倒《たお》し、ソ連も叩《たた》きつぶす。そしてその後の新しい世界地図、アジア新秩序《ちつじょ》を日本がつくることを夢想《むそう》していたからでした。

蛇足《だそく》ですが、六月二十七日、ドイツのソ連進攻《しんこう》というゆゆしき事態《じたい》を受けて、大本営政府連絡《だいほんえいせいふれんらく》会議（この会議について次回にくわしく述《の》べます）が開かれます。この時、松岡外務大臣《まつおかがいむ》は突然《とつぜん》こう言い出します。

「断固《だんこ》としていま、ソ連を攻撃《こうげき》しよう」

二カ月ちょっと前に中立条約《じょうやく》を結んできた当事者のこの発言に周囲《しゅうい》は驚《おどろ》きますが、松岡《まつおか》はかまわず続けます。

「英雄《えいゆう》は頭を転向する。わが輩《はい》はさきに南進論《ろん》を主張《しゅちょう》してきたが、いまは北進論《ろん》に転向する」

さすがに皆《みな》、ア然としましたが、松岡《まつおか》は滔々《とうとう》とやりはじめます。

「時間がたてばソ連の抵抗力《ていこうりょく》が増《ま》し、日本は米英ソに包囲《ほうい》されることになる。日本が満洲《まんしゅう》から攻撃《こうげき》に出てスターリンをぶっ叩《たた》き、ヒトラーに勝たせる。その後にゆっくりと南方へ進出すれば、米英を押《お》さえることができる。ところが、さきに南方へ進出すれば、米英と衝突《しょうとつ》してアメリカのヨーロッパ参戦を招《まね》くことになり、ドイツが俄然《がぜん》、不利になる。おかげでソ連は生《い》き延《の》び、そのため日独《にちどく》はともに敗北するかもしれない」

なかなか先を見越《みこ》したことを言っているのですね。いまは南進してはいけない、北だ北だ、と。ですが無責任《むせきにん》な外務《がいむ》大臣ですね。いまになるとまことに滑稽《こっけい》としかいいようがないのですが、この後も論争《ろんそう》は続きます。松岡《まつおか》が言います。

「まず北をやり、次いで南をやるべし。虎穴《こけつ》に入《い》らずんば虎児《こじ》を得《え》ず。よろしくソビエト攻撃《こうげき》を断行《だんこう》すべし。それが正義《せいぎ》というものだ」

平沼騏一郎内務大臣《ひらぬまきいちろうないむ》が言います。

「国策《こくさく》として、ただちにソ連と開戦せよというわけだね」

「然《しか》り」

「その前に、まず準備《じゅんび》が必要じゃないのか」

これに杉山参謀総長《すぎやまさんぼうそうちょう》が答えます。

「なるほど正義《せいぎ》はまことに結構《けっこう》ですが、実際《じっさい》はただちにはできません。陸軍統帥部《とうすいぶ》としては、まず準備《じゅんび》を整える、やるやらないはそれから決める」

松岡《まつおか》はがんばります。

「では、とにかくソ連を討《う》つということだけは決めてほしい」

――なんともおかしな話で幕《まく》が閉《と》じられます。そしてこの六月二十七日の大本営政府連絡会議《だいほんえいせいふれんらく》の結果をもって、昭和十六年の四回の御前《ごぜん》会議のうちの、第一回目が開かれることになるのです。その会議で「南進すべきか北進すべきか」が中心議題とされるのです。

次回は日米交渉《こうしょう》とそれにともなう四回の御前《ごぜん》会議ということになります。

＊1――「冒険《ぼうけん》ダン吉《きち》」 昭和八年（一九三三）から六年間にわたって講談社《こうだんしゃ》「少年倶楽部《くらぶ》」に連載《れんさい》された島田啓三《しまだけいぞう》作の冒険漫画《ぼうけんまんが》。主人公のダン吉《きち》とねずみのカリ公が漂着《ひょうちゃく》した南洋の島で繰《く》り広《ひろ》げる波瀾万丈《はらんばんじょう》の物語。／「わたしのラバさん酋長《しゅうちょう》の娘《むすめ》」 石田一松《いしだいちまつ》作詞《さくし》作曲の流行歌「酋長《しゅうちょう》の娘《むすめ》」（大正十五年）。「わたしのラバさん酋長《しゅうちょう》の娘《むすめ》 色は黒いが南洋じゃ美人」ではじまる。

＊2――モンロー主義《しゅぎ》 一八二三年のアメリカ第五代大統領《だいとうりょう》J・モンローによる宣言《せんげん》をもとにした、欧《おう》米《べい》両大陸の相互《そうご》不干渉《ふかんしょう》を主張《しゅちょう》する外交政策《せいさく》の原則《げんそく》。

第十一章

# 四つの御前《ごぜん》会議、かくて戦争は決断《けつだん》された

太平洋戦争開戦前夜

この章の

ポイント

一九四一（昭和十六）年に開催《かいさい》された四回の御前《ごぜん》会議は、まさに太平洋戦争開戦へのカウントダウンでした。第一回の決定に基《もと》づいて、日本は北部仏印《ふついん》で留《とど》まっていた軍隊を進め、南部仏印《ふついん》に上陸。これにより太平洋を挟《はさ》んだ日米両国の激《はげ》しい対立がはじまります。第二回、第三回の決定を基《もと》に日米交渉《こうしょう》が行なわれますが、すでに日本の外交暗号を解読《かいどく》していたアメリカは、最終的にハル・ノートを突《つ》きつけ、第四回でついに開戦が決定してしまいました。

キーワード

野村吉三郎《のむらきちさぶろう》／グルー／日米諒解案《りょうかいあん》／大本営政府連絡会議《だいほんえいせいふれんらく》／御前《ごぜん》会議／関特演《かんとくえん》／南部仏印《ふついん》上陸／ハル・ノート／ニイタカヤマノボレ

## ◆外務省《がいむしょう》内の対米英強硬派《きょうこうは》

今回はいよいよ対米英開戦ですが、その前に、長い日米交渉《こうしょう》の時間があって、それを踏《ふ》まえながら四回の御前《ごぜん》会議が開かれ、ついに対米英戦に突入《とつにゅう》するのです。そこで、また少し時計の針《はり》を逆《ぎゃく》に回して、昭和十五年（一九四〇）十一月末頃《まつごろ》に話を戻《もど》します。

ちょうどその頃《ころ》アメリカから、ウォルシュとドラウトという二人の神父が日本にやって来ます。どうして来ることになったか経緯《けいい》は少しややこしいので略《りゃく》しますが、その二人がまず産業組合中央金庫[*1]の井川忠雄《いがわただお》理事に会い、また井川《いがわ》さんを介《かい》して十一月末、近衛首相《このえしゅしょう》にも会うことになります。なぜ、二人の神父が近衛《このえ》さんにまで会うことになったか、それは彼《かれ》らが「日米国交打開策《だかいさく》」を携《たずさ》えてきたからです。近衛《このえ》さんはそれに乗り気となって、十二月のはじめ、両神父は陸海軍の首脳《しゅのう》にも会うことになるのです。

その案は、「ルーズベルト大統領《だいとうりょう》と近衛首相《このえしゅしょう》とが、太平洋沿岸《えんがん》のアラスカまたはハワイで会見し、日米両国間の懸案《けんあん》を一挙《いっきょ》に調整する」ことをうたったものでした。その前提条件《ぜんていじょうけん》として、ヨーロッパ戦争に対する日米両国の態度《たいど》、日支《にっし》事変つまり日中戦争の解決策《かいけつさく》、そして日米通商問題――アメリカから通商航海条約《こうかいじょうやく》を打ち切ってきたことについての再検討《さいけんとう》――などが挙げられており、要するに日米が敵対《てきたい》関係になっている基本的《きほんてき》な問題について両国が意見をぶつけ合い、引くところは引いてお互《たが》いに調整しようという内容《ないよう》でした。

海軍大将時代の野村吉三郎
(1877 - 1964)

日本陸海軍としても政府《せいふ》としても、日米通商航海条《こうかいじょう》約《やく》の廃棄《はいき》で太平洋の波が荒立《あらだ》っているわけですから、これが元通りになるならそれに越《こ》したことはありません。特に陸軍軍務局長の武藤章《むとうあきら》少将《しょうしょう》は俄然《がぜん》、乗り気になります。そこで政府《せいふ》はこの日米国交打開策《だかいさく》をそのまま生かし、問題を一気に解決《かいけつ》しようと、交渉《こうしょう》を開始するため、当時欠員だった駐米《ちゅうべい》日本大使を急ぎ補充《ほじゅう》して海軍大《たい》将《しょう》野村吉三郎《のむらきちさぶろう》を選びます。これは近来にない名人事《めいじんじ》といわれました。というのは野村《のむら》さんはアメリカ勤務《きんむ》の経験《けいけん》もあり、現地《げんち》に友人も多く、信頼《しんらい》も築《きず》いていたからです。

しかし歴史《れきし》というのは困《こま》ったもので、これを名人事と思わない連中もいました――外務省《がいむしょう》の人たちです。というのも、時間をさらにさかのぼって昭和十四年九月、阿部信行内閣《あべのぶゆきないかく》ができた時に、外務《がいむ》大臣となった野村《のむら》さんがやったのが外務省《がいむしょう》の大改革《だいかいかく》だったからです。

当時は外務省《がいむしょう》もまた、対米英強硬派《きょうこうは》が主流となっていました。そこへ乗《の》り込《こ》んだ野村《のむら》さんは、人事異動《いどう》を強行します。次官には、対米英に柔軟《じゅうなん》といいますか、むしろ協調派《きょうちょうは》といえる谷正之《たにまさゆき》を据《す》え、野村《のむら》・谷《たに》コンビでいわゆる「革新派《かくしんは》」すなわち対米英強硬派《きょうこうは》を外へ転出させようと考え、実行しました。

たとえばアジア局長の栗原正《くりはらただし》をスイス公使に、情報《じょうほう》部長の河相達夫《かわいたつお》をオーストリア公使に、親ドイツの元凶《げんきょう》である駐独《ちゅうどく》大使の大島浩《おおしまひろし》と駐伊《ちゅうい》大使の白鳥敏夫《しらとりとしお》をただちに日本に呼《よ》び戻《もど》して、後任《こうにん》にドイツは来栖三郎《くるすさぶろう》、イタリアは天羽英二《あもうえいじ》といった、どちらかといえば「中間派《ちゅうかんは》」の人たちを送《おく》り込《こ》んだのです。

これが外務省《がいむしょう》のエリートたちのものすごい反発を招《まね》きました。ところが彼《かれ》らはそのへんは上手で、いきなり大臣と次官に刃向《はむ》かうことはせず、いつか復讐《ふくしゅう》してやろうと追い落としの機会を狙《ねら》ったわけです。そのワナに入ったかのように、阿部内閣《あべないかく》が「貿易省《ぼうえきしょう》」をつくるという構想《こうそう》を発表します。「待ってました」とばかりに外務省《がいむしょう》の全部局がそれに猛反対《もうはんたい》し、昭和十四年十一月、課長以下の有資格者《ゆうしかくしゃ》つまりキャリア百三十人が全員、谷《たに》次官に辞表を提出《ていしゅつ》し、外務省《がいむしょう》はじまって以来の大騒動《おおそうどう》になってしまいました。

これにはさすがの野村《のむら》さんも閉口《へいこう》し、「参った」となります。まあ、たしかに「貿易省《ぼうえきしょう》」という構想《こうそう》自体に少々無理がありまして、もう少しきちんと根回ししてからやればよかったのでしょうが、政府筋《せいふすじ》はそんなことを考えずに発表したためにこういう事態《じたい》になってしまったのです。阿部首相《あべしゅしょう》もあきらめて、原案を撤回《てっかい》しました。

これで一応《いちおう》、騒動《そうどう》はおさまったものの、外務《がいむ》大臣野村吉三郎《のむらきちさぶろう》がやろうとする改革《かいかく》路線は完全に出鼻をくじかれ、野村《のむら》反対のエリートたちが、より結束を固める結果となりました。ちょうどアメリカが通商航海条約《つうしょうこうかいじょうやく》の廃棄《はいき》をちらつかせながら日本に脅《おど》しをかけていた頃《ころ》ですから、なんとか条約《じょうやく》の延長《えんちょう》をはかろうと野村《のむら》さんがグルー駐日《ちゅうにち》米大使と交渉《こうしょう》していたのにも、外務《がいむ》省《しょう》の連中はそっぽを向き、「アメリカ何するものぞ」と鼻息も荒《あら》く固まっていきます。二人の交渉《こうしょう》がうまくいくはずもなく、前にも話しました通り、昭和十五年一月、アメリカは正式に日米通商航海条約《こうかいじょうやく》を廃棄《はいき》してきたのです。

——といういきさつが過去《かこ》にあったんですね。海軍軍人の野村《のむら》さんは外務官僚《がいむかんりょう》にとって目の敵《かたき》といってもいい。その人が駐米《ちゅうべい》大使になるなど許《ゆる》すべからざる人事だったと思います。しかし官僚《かんりょう》というのはそういうことは口に出しません。代わりにサボタージュでもってこれを迎《むか》える。日米交渉《こうしょう》がスムースにいかないわけです。

ちなみに主な外務官僚《がいむかんりょう》を分けてみます。

〈米英協調派《きょうちょうは》〉幣原喜重郎《しではらきじゅうろう》、佐分利貞男《さぶりさだお》、重光葵《しげみつまもる》、堀内謙介《ほりのうちけんすけ》、芦田均《あしだひとし》、藤村信雄《ふじむらのぶお》、福島《ふくしま》慎太郎《しんたろう》、平沢和重《ひらさわかずしげ》——ただし藤村《ふじむら》、福島《ふくしま》、平沢《ひらさわ》はのちに対米英強硬派《きょうこうは》に鞍替《くらが》えしたようです。

〈アジア派《は》〉有田八郎《ありたはちろう》、斎藤博《さいとうひろし》、谷正之《たにまさゆき》——これは、中国進出は宿命ではあるが、ただし米英協調の枠《わく》のなかでやるべきだと唱えていた人たちです。

〈大陸派《は》〉松岡洋右《まつおかようすけ》、斎藤良衛《さいとうりょうえい》、吉田茂《よしだしげる》——中国での日本の権益《けんえき》は守るが、ただしそれはなんとか外交手段《しゅだん》でと主張《しゅちょう》した人たちです。うち吉田《よしだ》さんは後に親米英派《は》に転じます。

〈対米英強硬派《きょうこうは》〉本多熊太郎《ほんだくまたろう》、白鳥敏夫《しらとりとしお》、栗原正《くりはらただし》、松宮順《まつみやはじめ》、重松宣雄《しげまつのぶお》、仁宮武夫《にのみやたけお》

そして、

〈ドイツ傾斜派《けいしゃは》〉東光武三《とうこうたけぞう》、三原英次郎《みはらえいじろう》、中川融《なかがわとおる》、牛場信彦《うしばのぶひこ》、青木盛夫《あおきもりお》、甲斐文比古《かいふみひこ》、高瀬《たかせ》

侍郎《じろう》、高木公一《たかぎこういち》――この人たちの名前は戦後、外務省《がいむしょう》内の相当偉《えら》いところに並《なら》びます。まあ、こういう具合に、外務省《がいむしょう》のなかで外相《がいしょう》時代の野村《のむら》さんは浮《う》いていたのですが、ともかくその人がアメリカに赴任《ふにん》します。それが昭和十六年四月一日のことでした。

## ◆雲散霧消《うんさんむしょう》した日米諒解《りょうかい》案

野村《のむら》さんはワシントンに着き、大使館員を集めてあいさつをし、日米関係をなんとか元に戻《もど》し、荒立《あらだ》っている太平洋の波をしずめたいと言って聞かせました。

また初の会見の時、コーデル・ハル国務《こくむ》長官は、野村《のむら》大使に提案《ていあん》しました。

「今日《こんにち》のように険悪《けんあく》な状態《じょうたい》のときに、日米両国のどちらかが、国交調整の主導権《イニシアチブ》をとることは適当《てきとう》でない。ところが、ここに幸いにも三人の愛国者（ウォルシュ、ドラウト両神父と日本陸軍の岩畔豪雄《いわくろひでお》中佐を指します）によって作成せられた試案がある。日米両国はこれを基礎《きそ》として交渉《こうしょう》をはじめてはどうだろうか」

こうして両神父がもってきた「日米国交打開策《だかいさく》」を原案とし、ただちに日米双方《そうほう》の担当者《たんとうしゃ》が話し合いを進め、四月五日には、「日米諒解《りょうかい》案」の第一案ができあがります。ルーズベルト大《だい》統領《とうりょう》と近衛首相《このえしゅしょう》が太平洋沿岸《えんがん》のどこかでサミットを行ない、こじれている問題点を解決《かいけつ》するという内容《ないよう》で、ワシントンでの交渉《こうしょう》では日米双方《そうほう》ともこれに異論《いろん》なく、さらに討議《とうぎ》を重ね、四月十六日には最終案がまとまります。

野村《のむら》大使はハルに言いました。この日米諒解《りょうかい》案の最終案を本国に通達する、と。ハル長官も、なるべく早く日本政府《せいふ》の正式な意見を承《うけたまわ》りたい、と好意的でした。そこで野村《のむら》さんは晴れやかな気分で、四月十七日に最終案を日本へ送り、翌《よく》十八日に届《とど》きました。

こんなにも早く、と言ってもいいと思いますが、これを受け取った日本政府《せいふ》は狂喜《きょうき》しました。特に当時、モスクワ旅行中の松岡洋右《まつおかようすけ》にかわって外務《がいむ》大臣を兼任《けんにん》していた近衛首相《このえしゅしょう》は、結構《けっこう》なことだと大歓迎《だいかんげい》し、さらに陸軍大臣も海軍大臣も参謀総長《さんぼうそうちょう》も軍令部総長《そうちょう》も賛成《さんせい》、細部の問題はともかく、ほとんど全員が諒解《りょうかい》案の趣旨《しゅし》に同意したのです。すぐにでも野村《のむら》大使に「日本政府《せいふ》は同意」と返事を出そうという意見が大半でした。

さてここで、残念な話になってしまうのです。近衛《このえ》さんが本当にリーダーとしての決断《けつだん》ができればよかったのですが、それができない人だった。さながらどこかの首相《しゅしょう》のように「丸投げ」がお好きな方でしたから、「松岡外相《まつおかがいしょう》がまもなく帰ってくる。したがって、松岡《まつおか》君の意見も聞いたほうがいいのではないか」とくだらないことを言い出したのです。そのため、すぐに返事をという強い意見も「トップがそう言うなら」と引き下がりました。四月十九日、二十日あたりのことです。

そこへ松岡外務《まつおかがいむ》大臣が、独伊《どくい》との三国同盟《どうめい》の締結《ていけつ》、さらには日ソ中立条約《じょうやく》という、ものすごいお土産《みやげ》をもって、おのれの手柄《てがら》に酔《よ》っ払《ぱら》ったような顔で四月二十二日、立川《たちかわ》の飛行場に着陸あそばしました。これがもう十日も遅《おそ》けりゃあなんでもなかったんですが、折りも折り、日米諒解《りょうかい》案への同意をアメリカに伝えようという直前に帰ってきてしまったんですね。

近衛《このえ》さんは、松岡《まつおか》の同意をとりつけるつもりでわざわざ立川《たちかわ》の飛行場まで迎《むか》えに行きましたが、有頂天《うちょうてん》の松岡《まつおか》は、「そんなこと聞いている暇《ひま》はありません。これから日比谷《ひびや》で行なわれる私《わたし》の歓迎《かんげい》国民大会に出席しますから、後でうかがいます」と言うので、近衛《このえ》さんも仕方なく、移動《いどう》の車内で丁寧《ていねい》に説明させるよう、大橋忠一外務《おおはしちゅういちがいむ》次官を松岡《まつおか》の車に同乗させました。

大橋《おおはし》から説明を聞いた松岡外相《まつおかがいしょう》は、「そんな二人の神父がもってきたような、正常《せいじょう》なルートでもない案をどうして信用するのか。愚劣《ぐれつ》にもほどがある。これは陸軍の陰謀《いんぼう》だ。わが外務省《がいむしょう》はこのようなくだらない案に乗ることはできない、だめ！」と突《つ》っぱねたんです。こうしてせっかくの日米諒解《りょうかい》案は、松岡《まつおか》の猛反対《もうはんたい》によって、すっ飛んでしまいました。実は、松岡《まつおか》の胸《きょう》中《ちゅう》は、俺《おれ》が乗り出していってドイツ、ソ連と同様に、アメリカとの交渉《こうしょう》もうまくやってみせる、その自負にみちみちていたんです。他の者が余計《よけい》なことをするな、というわけです。

ですが、ワシントンの野村《のむら》大使は、日米諒解《りょうかい》案とは別にハル長官との交渉《こうしょう》をはじめていましたので、内容《ないよう》は徐々《じょじょ》に絞《しぼ》られてくるわけです。

後に出てきますが、アメリカの態度《たいど》は非常《ひじょう》にはっきりしていて、とにかく「日独伊《にちどくい》三国同盟《どうめい》から日本は外《はず》れろ」「中国および北部仏印《ふついん》の軍隊を速《すみ》やかに撤退《てったい》せよ」「満洲《まんしゅう》国も日本だけが押《お》さえている形にせず、アメリカにも機会均等《きかいきんとう》にせよ」などという原則的《げんそくてき》な要求を強く押《お》し出《だ》してくる。交渉《こうしょう》はスムースに進まず、難航《なんこう》しかけていました。

そんな時、前回話しましたが、突然《とつぜん》、ドイツがソ連に進攻《しんこう》をはじめ、世界情勢《じょうせい》が一気に変わってしまいました。そこで、前回にお話しましたが、この新しい事態《じたい》に向かって日本はいかに進むべきかというので「大本営政府連絡会議《だいほんえいせいふれんらくかいぎ》」が開かれます。

後の昭和十九年七月から「最高戦争指導《しどう》会議」という名に変わるこの会議は、昭和十二年、第一次近衛内閣《このえないかく》の時、政府《せいふ》と軍部のやろうとしていることがちぐはぐなので、指導力《しどうりょく》を発揮《はっき》したいと考えた近衛《このえ》さんが、陸海軍の統帥部《とうすいぶ》のお偉方《えらがた》と、政府《せいふ》の責任者《せきにんしゃ》が時々会って話し合おうじゃないかと提案《ていあん》し、まあ軍部も特に嫌《きら》う理由もないのでと設置《せっち》されたものです。つまり国務《こくむ》と統帥《とうすい》、内政《ないせい》外交と軍事の相互《そうご》調整を目的に設《もう》けられた会議です。

しかし法制《ほうせい》上の根拠《こんきょ》はありませんし、単に国政《こくせい》と統帥《とうすい》の双方《そうほう》の話し合いの会ですから、なんら結論《けつろん》は出ません。結論《けつろん》は、国務《こくむ》については改めて閣議《かくぎ》で正式決定するという手続きが必要でした。ですから、日中戦争の時にはじめたものの、近衛《このえ》さんが内閣《ないかく》を辞《や》めた途端《とたん》に自然休会、平沼騏一郎内閣《ひらぬまきいちろうないかく》の時は、例の「五相《ごしょう》会議」が取って代わり、阿部《あべ》、米内《よない》内閣の時はまったく開かれませんでした。それが、近衛《このえ》さんが第二次内閣《ないかく》をつくった時に、もう一度やりましょうという話になって再開《さいかい》したわけです。

出席するのは原則《げんそく》として総理《そうり》大臣、陸軍大臣、海軍大臣、外務《がいむ》大臣——これが政府側《せいふがわ》です——軍部からは参謀総長《さんぼうそうちょう》、軍令部総長《そうちょう》の計六人でした。また内閣《ないかく》書記官長、陸軍省軍務《ぐんむ》局長、海軍省軍務《ぐんむ》局長が陪席《ばいせき》で加わり、議題によっては内務《ないむ》大臣あるいは大蔵《おおくら》大臣が出席することもありました。

この会議を建前《たてまえ》としたために、じつは、これからの話がややこしくなるのです。というのは、天皇陛下《てんのうへいか》は、天皇陛下《てんのうへいか》であると同時に大元帥陛下《だいげんすいへいか》であって、二つを使い分けていました。ところが大本営政府連絡《だいほんえいせいふれんらく》会議では、内閣《ないかく》と統帥部《とうすいぶ》が話し合いをしてしまうわけです。したがって、ここで決められたことは、なんとなしに内閣《ないかく》で決めたことのようになってしまう。つまり天皇《てんのう》陛下《へいか》と大元帥陛下《だいげんすいへいか》を一つにしてしまう傾向《けいこう》が生み出されたのです。つまり国政《こくせい》と統帥《とうすい》の両方の「決定にノーと言わない天皇《てんのう》」ということです。いずれにしろ第二次近衛内閣《このえないかく》以降は、この日本のトップだけの会議がこれからしばしば行なわれます。

まず、ドイツがソ連に進攻《しんこう》するバルバロッサ作戦を開始した後に開かれた大本営政府連絡《だいほんえいせいふれんらく》会議では、前回に申しましたが、日ソ不可侵条約《ふかしんじょうやく》を自ら決めてきたばかりの松岡外務《まつおかがいむ》大臣が、その舌《した》の根も乾《かわ》かないうちに「直《ただ》ちにソ連を攻撃《こうげき》せよ」と言って周囲《しゅうい》を驚《おどろ》かせ、反発も受けましたが、構《かま》わず松岡《まつおか》は会議のたびに主張《しゅちょう》し続けました。

同時に、これをチャンスとみた軍部も、「北の脅威《きょうい》がなくなったのだから、今こそ南へ進出しよう」と盛《さか》んに唱えだします。ここに木戸幸一《きどこういち》の手記があります。

「この世界の急激《きゅうげき》なる大変動に際会《さいかい》し、我《わ》が国《くに》がひとり拱手傍観《きょうしゅぼうかん》し居《お》る能《あた》わざるは当然であって、資源《しげん》の貧弱《ひんじゃく》なる我《わ》が国《くに》が南方の石油、ゴム、鉄を入手する為《ため》の施策《しさく》をなすは、何ら差《さ》し支《つか》えなきところであるが、これはあくまでも平和的に行なわれるべきものであって……」

これが当時の日本人の、おそらく一番代表的な考え方であると思います。南方の資源《しげん》を入手するための政策《せいさく》を日本がとることは、何ら差《さ》し支《つか》えない——そんなわけないんですが、平和的にやれば構《かま》わないと思っている辺りが、じつに世界情勢《じょうせい》を知らないといえばそれまでですが、事実そうなんですね。その時の天皇《てんのう》の発言が、同じ木戸《きど》日記にあります。

「わが国は、歴史《れきし》にあるフリードリヒ大王や、ナポレオンのような行動、極端《きょくたん》にいえば、マキャベリズムのようなことはしたくないね。神代《かみよ》からの御方針《ごほうしん》である八紘一宇《はっこういちう》の真精神《しんせいしん》を忘《わす》れないようにしたいものだね」

このように、昭和天皇《てんのう》その人もまた、平和的に行なわれるならいいんじゃないかというふうに思っていたことがわかります。

## ◆「対米英決戦を辞《じ》せず」

というわけで、大本営政府連絡会議《だいほんえいせいふれんらく》ではいささか揉《も》めましたが、じゃあ両方の意見をとるということで合意して、昭和十六年七月二日、この年の第一回の御前会議《ごぜん》が開かれました。

御前《ごぜん》会議というのは、天皇《てんのう》の前で内閣《ないかく》と軍部が一緒《いっしょ》になって、日本の国がとるべき大方針《だいほうしん》を決める国家最高の会議です。天皇陛下《てんのうへいか》は（天皇陛下《てんのうへいか》と大元帥陛下《だいげんすいへいか》の両方の役割《やくわり》をもって出席しますが）ひとことも発言しません。意見を聞くだけで、それを嘉納《かのう》あらせられる、つまり承知《しょうち》するという、建前《たてまえ》なんです。そのために、政府《せいふ》も軍部も前もって、大本営政府連絡《だいほんえいせいふれんらく》会議で決めたことを天皇陛下《てんのうへいか》に報告《ほうこく》し、了承《りょうしょう》をとっておくという手続きをとります。その時には天皇《てんのう》もいくつか発言し、意見を述《の》べ、それを加味して内容《ないよう》が少しは訂正《ていせい》されることもありますが、ほとんどはそのまま御前《ごぜん》会議に持《も》ち込《こ》まれます。したがって御前《ごぜん》会議は一種の儀式《ぎしき》なんですね。

　昭和十六年のその御前《ごぜん》会議は、七月二日の第一回に続いて、第二回が九月六日、第三回が十一月五日、第四回が十二月一日に開かれますが、その出席者は表の通りです。

――こう見ますと第一回は、内閣《ないかく》側は農林大臣や厚生《こうせい》大臣などは出ていないんですね。ただし、最後の、対米英戦争を決定する時の会議にはあらゆる大臣が出席しています。

　つまり、その時によってメンバーは変わりますが、政府《せいふ》と軍部のお偉方《えらがた》はほとんど全員が出席するという会議です。何遍《なんべん》も言いますが、ある程度《ていど》の成案を前もって報告《ほうこく》されてい

**太平洋戦争開戦を決めた御前会議の出席者**

**〈第一回〉** 近衛首相　平沼内相　松岡外相　東条陸相
及川海相　河田蔵相　鈴木企画院総裁(以上政府側)
杉山参謀総長　永野軍令部総長　塚田参謀次長
近藤軍令部次長　原枢密院議長　武藤陸軍軍務局長
岡海軍軍務局長　富田書記官長

**〈第二回〉** 近衛首相　田辺内相　豊田(貞)外相
東条陸相　及川海相　小倉蔵相　鈴木総裁
杉山参謀総長　永野軍令部総長　塚田参謀次長
伊藤軍令部次長　原枢相　武藤局長　岡局長
富田書記官長

**〈第三回〉** 東条首相兼陸相　東郷外相　嶋田海相
賀屋蔵相　鈴木総裁　杉山　永野　塚田　伊藤　原
武藤　岡　星野書記官長

**〈第四回〉** 東条　東郷　嶋田　賀屋　岩村法相
橋田文相　井野農相　岸商工相　寺島逓相　小泉厚相
鈴木総裁　杉山　永野　田辺参謀次長　伊藤　原
武藤　岡　星野

る天皇陛下《てんのうへいか》は、それを黙《だま》って聞くだけで承認《しょうにん》する。つまり政府《せいふ》が決めてきたことは拒否《きょひ》しない、立憲君主制《りっけんくんしゅせい》の原則《げんそく》のもと、法的な責任《せきにん》は取らせない、それをきちんと守るというわけです。

議事の経過《けいか》は語るほどのことではないので省きますが、さて七月二日の第一回御前《ごぜん》会議において、日本は何を決めたのか。それが重大事です。

「帝国《ていこく》は大東亜《だいとうあ》共栄圏《きょうえいけん》を建設《けんせつ》し……支那《しな》事変処理《しょり》に邁進《まいしん》し、自存自衛《じそんじえい》の基礎《きそ》を確立《かくりつ》するため、南方進出の歩《ほ》をすすめ、また情勢《じょうせい》の推移《すいい》に応《おう》じ、北方問題を解決《かいけつ》す」

簡単《かんたん》にいいますと、日中戦争の処理《しょり》はどんどん進めていく、自存自衛《じそんじえい》の基礎《きそ》を固めるために南方に進出し、同時にドイツの攻撃《こうげき》によって生じる情勢如何《じょうせいいかん》によっては北方の、ソビエトの問題も解決《かいけつ》する――要するに、松岡外相《まつおかがいしょう》の強硬《きょうこう》な主張《しゅちょう》に乗っかりながら南へは進出する、北も都合によってはやろうじゃないか、というのです。そして肝腎《かんじん》なのは次です。

「本目的達成のため対英米戦を辞《じ》せず」

国家として戦争決意を公式なものとした、運命的な決定であったと思います。

ただし、この頃《ころ》、アメリカは前にも述《の》べたとおり、日本の外交暗号の解読《かいどく》に成功していました。「パープル（紫《むらさき》）」と呼《よ》んだ外交暗号をアメリカが解読《かいどく》しはじめたのは、現在《げんざい》では、前年の昭和十五年十月頃《ごろ》といわれています。なんと、日本の外務省《がいむしょう》が使う九七式欧文《おうぶん》印字機とそっくり同じような暗号変換機《へんかんき》を八台もつくって解読《かいどく》に励《はげ》んでいたのに、日本政府《せいふ》はそれに全然、気付いていませんでした。今さら悔《くや》しがっても「喧嘩過《けんかす》ぎての棒《ぼう》ちぎれ」ですが。とにかく日本がドイツやイタリア、ワシントンの大使館に打電《だでん》した秘密電報《ひみつでんぽう》はすべて傍受解読《ぼうじゅかいどく》されていたことになります。したがって七月二日の御前《ごぜん》会議での決定も、外務省《がいむしょう》がワシントンに知らせた途端《とたん》に「なに？　日本は対英米戦を辞《じ》せずと？」という具合でした。

そんなこととは知らない日本は、この御前《ごぜん》会議の決定に基《もと》づいて「いよいよ南進だ」と、七月二十三日、北部仏印進駐《ふついんしんちゅう》でとどまっていた軍隊を、南のサイゴンおよびその近辺に移動《いどう》させる、あるいは船で海から上陸させることを決定します。それと同時といってもいいくらいの七月二十五日、アメリカは、日本の在米資産《ざいべいしさん》（日本がアメリカに持っている資産《しさん》）をすべて凍結《とうけつ》すると発表します。ただちにイギリス、フィリピン、ニュージーランド、オランダもこれに続き、各国にある日本の資産《しさん》は凍結《とうけつ》され、運用できなくなりました。完全な包囲網《ほういもう》が敷《し》かれたわけです。しかしそれにも一切構《いっさいかま》わず日本は予定通り七月二十八日、南部仏印《ふついん》上陸を開始する。

その途端《とたん》です。八月一日、アメリカは石油の対日輸出《ゆしゅつ》の全面禁止《きんし》を通告《つうこく》してきました。これ以降《いこう》、日本はアメリカから石油が一滴《てき》も入らなくなるという緊急事態《きんきゅうじたい》に直面したわけです。「えっ、まさかそこまでやってくるとは」と海軍の何人かは言ったそうですが、やる気のアメリカはすでに屑鉄《くずてつ》の輸出《ゆしゅつ》を禁止《きんし》し、在米資産《ざいべいしさん》を凍結《とうけつ》しているわけですから、戦争政策《せいさく》をもって日本に対抗《たいこう》してくるのはわかっていたはずです。政府《せいふ》も軍部も迂闊《うかつ》というのかアメリカを甘《あま》く考えていたというのか、驚《おどろ》いたきり声もなかったようです。

八月七日の木戸《きど》日記にあります。

「油は海軍が二年量としても戦争をすれば一年半しか無いという（石油は今後入ってこなくても二年はなんとかなるだろうが、戦争がはじまれば一年半しかもたないということです）、陸軍は一年くらいとのことだ。そこで結論《けつろん》からいえば、右が事実なりとすれば、到底《とうてい》米国に対して必勝の戦いをなすことはできないというほかはない」

軍人でもない、内大臣の木戸《きど》さんがこう書いているのですから、軍部がひっくり返っているのは明らかです。山本五十六《やまもといそろく》が上京し、中央に厳重《げんじゅう》な抗議《こうぎ》をしました。

「こんな重大なことを艦隊《かんたい》長官の考えも聞かずに簡単《かんたん》に決め、万一戦争になって、さあやれといわれたって勝てません」

これに対する永野修身《ながのおさみ》軍令部総長《そうちょう》の返事は無責任《むせきにん》きわまるもので、

「政府《せいふ》がそう決めたんだから仕方がないだろう」

軍部の頭領《とうりょう》ですよ、その人がこんなことを言っているんです。そればかりじゃありません。

永野総長《ながのそうちょう》は七月二十九日、天皇《てんのう》にこう言ったというのです。

「物がなくなり、逐次貧《ちくじまず》しくなるので、どうせいかぬなら早いほうがよいと思います」

つまり石油の輸入禁止《ゆにゅうきんし》で日本はどんどん貧《まず》しくなる、どうせうまくいかないのなら、早く戦争をしたほうがいいのではないかというわけです。天皇陛下《てんのうへいか》は驚《おどろ》いて聞きました。

「戦争となった場合、（日露《にちろ》戦争の時の）日本海海戦のような大勝は困難《こんなん》だろう」

永野《ながの》はしゃあしゃあとして答えます。

「日本海海戦のごとき大勝はもちろん、勝ちうるかどうかもおぼつきません」

海軍の全作戦を統轄《とうかつ》する人がこう言うのです。要するに、繰《く》り返《かえ》しますが、日本は戦争をするには資源《しげん》調達のため南部仏印《ふついん》に進駐《しんちゅう》しないとだめなんですね、しかしそうすればアメリカとイギリスがカンカンに怒《おこ》って戦闘行為《せんとうこうい》で報《むく》いてくるのはわかっているわけです。それでも、もしかしたらそうならないんじゃないかという楽観《らっかん》のもとに、こういう決定をしたということなんです。これで戦争への道から障害《しょうがい》は突《つ》き破《やぶ》られました。例の石川信吾《いしかわしんご》大佐はこう言いました、「石油を止められれば戦争だよ」と。日米諒解《りょうかい》案なんて吹《ふ》っ飛《と》ぶと同時に、野村《のむら》とハルの地道な交渉《こうしょう》もこの瞬間《しゅんかん》に吹《ふ》っ飛《と》び、日米交渉《こうしょう》もしばらくは中止ということになりました。

## ◆やる気満々であった「関特演《かんとくえん》」

七月二日の決定でわかりますように、日本は南へ出ると同時に、もし情勢《じょうせい》がよければ北もやるということになっていますが、北はもちろん陸軍の担当《たんとう》です。では陸軍はどうだったか。彼《かれ》らもまた、可能《かのう》ならばソ連を攻撃《こうげき》するつもりでした。その証拠《しょうこ》に、参謀《さんぼう》本部の作戦課が用意した「対ソ作戦計画」が現在《げんざい》残っているのです。

「動員開始　七月十三日／集中輸送《ゆそう》始め　七月二十日／開戦決意　八月十日／第一段《だん》集中完了《かんりょう》　八月二十四日／開戦　八月二十九日／第二段《だん》集中完了《かんりょう》　九月五日／作戦終了《しゅうりょう》　十月中旬《ちゅうじゅん》」（集中というのは国境線《こっきょうせん》に兵力を集めることで、第二段《だん》は増援《ぞうえん》部隊のことです）

戦時体制が強化され、徴兵される人もどんどん増えていった

こんなのは絵に描《か》いた餅《もち》なんですよ、ソ連がそう簡単《かんたん》に降参《こうさん》するわけないのです。それでも「関《かん》東軍特種大演習《とうぐんとくしゅだいえんしゅう》」（「関特演《かんとくえん》」）の名のもとに、いざという時に備《そな》えて無茶苦茶《むちゃくちゃ》に兵隊を集め、満《まん》洲《しゅう》に送ったのです。陸軍はかなり本気になっていたことになります。この時は三十歳《さい》を過《す》ぎた人も召集《しょうしゅう》され、たとえば慶應《けいおう》大学教授《きょうじゅ》の池田弥三《いけだやさぶ》郎《ろう》さん[*2]に令状《れいじょう》が届《とど》き、「え？　おれみたいなロートル（年寄《としよ》り）が？」とびっくりしたことを書いたものも残っています。いずれにしろ大勢《おおぜい》の人たちが召集《しょうしゅう》されて「いざ鎌倉《かまくら》」となったわけです。

ところが、実際《じっさい》はうまくいかなかったことは戦後、元大本営参謀《だいほんえいさんぼう》の瀬島龍三《せじまりゅうぞう》が未刊行《みかんこう》の手記『北方《ほっぽう》戦備《せんび》』に書いています。ソビエト軍に対する武力《ぶりょく》行使の場合の作戦構想《こうそう》として、

「武力《ぶりょく》行使は、極東ソ連軍の戦力が半減《はんげん》し、在満鮮（満洲《まんしゅう》と朝鮮《ちょうせん》の日本軍の）十六箇師《こし》団《だん》（新たに増派《ぞうは》せる二師団《しだん》を加えた）をもって攻勢《こうせい》の初動《しょどう》を切り、後続《こうぞく》四箇師団《こしだん》を逐次《ちくじ》加入し、約二十師団基幹《しだんきかん》をもって（を基本《きほん》兵力にして）第一年度の作戦を遂行《すいこう》し得《う》る場合で

あること。ただし大本営《だいほんえい》としては総予備《そうよび》としてさらに約五箇師団《こしだん》を準備《じゅんび》し、これを満洲《まんしゅう》に推進《すいしん》する如《ご》く腹案《ふくあん》す」

つまり、ソ連を攻《せ》めるとして、日本が二十個師団《こしだん》約四十万人、戦争ですから多くみて約五十万人の兵隊さんを集中すれば大丈夫《だいじょうぶ》、ただしその場合でも国境《こっきょう》を守っているソ連軍の戦力が半分になっている時でなければならないと。その場合、大本営《だいほんえい》としては総予備《そうよび》としてさらに五個師団《こしだん》を用意する、という攻撃《こうげき》計画を立てて召集《しょうしゅう》したわけです。

ところが結果的には予想に反しまして、ソ連はドイツとの戦いに訓練十分の部隊をヨーロッパにどんどん送った一方で、さらにそれに相当する戦力を満洲《まんしゅう》との国境《こっきょう》にも送《おく》り込《こ》んできて、ソ満国境《こっきょう》は従来《じゅうらい》通りの兵力がだーっと展開《てんかい》したのです。こうして武力《ぶりょく》行使の一条件《じょうけん》である「極東ソ連軍の半減《はんげん》」が成立せず北方作戦は中止、関特演《かんとくえん》はあくまで「演習《えんしゅう》」の名のもとに兵隊さんが国境線《こっきょうせん》に集まってエッサエッサと訓練だけやって終わり、となったのです。もっとも、こんな時に北で戦争を起こしたらどうなるか。南でアメリカ、イギリスと敵対《てきたい》しながら北でソ連とやったりしたらもう大変なことなのですが、幸いなことに、まあこういうぶざまな結果となりました。日本には「北も南も」と両天秤《りょうてんびん》をかけるほど国力があるはずはなかったのです。

さて、こうして第一回目の御前《ごぜん》会議の結果、ゆゆしき事態《じたい》となりました。どうしていいのかわからないような状態《じょうたい》です。本当ならここで内閣総辞職《ないかくそうじしょく》なんですが、粘《ねば》り強《づよ》い近衛《このえ》さん、なんとかなるんじゃないかと楽観《らっかん》的に考えます。なにしろ公家《くげ》さんですからね。そもそもあの松

第３次近衛内閣発足

岡《おか》という男が一番いかん、あれを追い出さないとまた何があるかわからない、ということになる。『昭和天皇独白《てんのうどくはく》録』には「……国際信義《こくさいしんぎ》を無視《むし》するもので、こんな大臣は困《こま》るから私《わたし》は近衛《このえ》に松岡《まつおか》を罷《や》める様《よう》にと云《い》ったが、……」と驚《おどろ》くようなことが記されている。というわけで、七月十七日、松岡外相《まつおかがいしょう》をクビにするための内閣《ないかく》総辞職《そうじしょく》に踏《ふ》み切《き》ります。松岡《まつおか》だけというわけにもいかず、陸海軍相《ぐんしょう》など半分ほどは元の通りの陣容《じんよう》で第三次近衛内閣《このえないかく》ができあがるのです。

総辞職《そうじしょく》の翌日《よくじつ》、永井荷風《ながいかふう》は日記でこれを「初《はじ》より計画したる八百長《やおちょう》」と笑い、こんなことばかりやっていると「以後軍部の専横《せんおう》益《ますます》甚《はなはだ》しく世間一層暗鬱《いっそうあんうつ》に陥《おちい》るなるべし」と書いています。まあ誰《だれ》にでも八百長《やおちょう》とわかるような総辞職《そうじしょく》でしたが、いずれにしても近衛《このえ》さんはまだ頂上会談《サミット》を開くことでアメリカとうまくやれるんじゃないかと自信たっぷりでいたことがわかるのです。

天皇陛下《てんのうへいか》はこの事態《じたい》に心底から参っていました。そこで近衛《このえ》に真意を問いただすと、「ルーズベルトとの直接《ちょくせつ》会談を行なうことによって問題解決《かいけつ》を図《はか》る決意です」と明言したため、さらに八月七日、「この際《さい》、米大統領《だいとうりょう》との会談は急いだほうがよいだろう」と督促《とくそく》します――天皇《てんのう》は、まだ近衛《このえ》さんに全般的《ぜんぱんてき》な信頼《しんらい》を置いていたんですね。私《わたし》などは調べれば調べるほど、近衛《このえ》はこりゃだめな宰相《さいしょう》だと思うのですが、昭和天皇《てんのう》はそうじゃなかったんですねえ。とにかく、どこかの総理《そうり》大臣と同じように、近衛《このえ》さんは言うことだけは国民受けするほど立派《りっぱ》ですが、積極的には動かないお方のようで、何もしないままでべんべんと月日がたっていくわけです。

八月十五日、山本《やまもと》連合艦隊《かんたい》司令長官は、全艦隊《かんたい》に電報《でんぽう》命令を発しました。

「連合艦隊《かんたい》は……すみやかに戦備《せんび》を完了《かんりょう》し、時局《じきょく》の急変《きゅうへん》に備《そな》えんとす」

ここまできた以上、もはや戦争への道を避《さ》けることはできない、戦わざるをえないと思ったはずです。ただ山本《やまもと》はこの時、もしどうしても戦争をやれというならば、俺《おれ》は俺《おれ》流のやり方をすると、真珠湾攻撃《しんじゅわんこうげき》作戦を本気で考えています。ここから後は若干《じゃっかん》、そのハワイ作戦と関連させながらお話することになります。

## ◆戦争を辞《じ》せざる決意をする

南部仏印進駐《ふついんしんちゅう》によって、太平洋は一気《いっき》に波立ちました。日米両国は太平洋を挟《はさ》んで厳《きび》しく対立し、アメリカは中国大陸に飛行機とアメリカ人飛行士《ひこうし》をどんどん送《おく》り込《こ》みます。そして仏《ふつ》印進駐《いんしんちゅう》と同時に、極東アメリカ陸軍を創設《そうせつ》し、ダグラス・マッカーサー中将《ちゅうじょう》（のち元帥《げんすい》）を総司令官《そうしれいかん》に任命《にんめい》しました。さらにフィリピン人部隊を派遣《はけん》米陸軍の指揮《しき》下《か》に入れます。つまりフィリピンはアメリカのアジア戦略《せんりやく》の一大基地《きち》となったのです。「やるなら来い」の覚悟《かくご》を定めたことを示《しめ》したわけです。

さすがに政府《せいふ》や軍も、緊迫《きんぱく》する日米関係に直面し、もうだめだ、戦争を覚悟《かくご》せざるを得《え》ないということから、九月六日、第二回御前《ごぜん》会議を開くことになります。その前日の九月五日、大《だい》本営政府連絡《ほんえいせいふれんらく》会議で次のようなことが決定されます。

一、米英に対して戦争準備《じゅんび》をする

二、これと併行《へいこう》して日米交渉《こうしょう》を進める

三、十月上旬《じょうじゅん》になっても日米交渉《こうしょう》成立の〈目途《もくと》なき場合は〉英米に対し戦争を辞《じ》せざる決意をする

なんとか戦争を避《さ》けようとしても、会議を開くとたちまちこういうことになってしまうんですね。この際《さい》はしばらくの間は臥薪嘗胆《がしんしょうたん》で、という意見がたくさんあっても、会議となると国《こく》策《さく》の第一番に「戦争の準備《じゅんび》」が挙げられるのです。まあ、軍部としては、いざという時に準《じゅん》備《び》もなしに急には戦えませんから、準備《じゅんび》を整えるためにもやるなら一刻《いっこく》も早く決めてもらわないと困《こま》るし、やらないのなら本当にそうしてほしい、という事情《じじょう》もあるわけです。

さてその決議を携《たずさ》えて近衛《このえ》さんが宮中にやってきて、明日の御前《ごぜん》会議ではこれこれこういうことになりますと報告《ほうこく》します。おったまげたのは天皇《てんのう》です。戦争などということは考えず、なんとか平和に解決《かいけつ》したいという強い考えをもっていましたから、

「これを見ると、まず第一に戦争準備《じゅんび》を記し、二番目に外交交渉《こうしょう》を掲《かか》げているではないか。なんだか戦争が主で、外交が従《じゅう》であるが如《ごと》く感じられる。これじゃあいかんのでは」

と問《と》い詰《つ》めます。すると近衛《このえ》はぬけぬけと答えます。

「一、二の順序《じゅんじょ》は必ずしも軽重《けいちょう》を示《しめ》すものではありません。政府《せいふ》としてはあくまでアメリカとの外交交渉《こうしょう》を行ない、どうしてもまとまらない場合には戦争準備《じゅんび》にとりかかるという趣旨《しゅし》であります」

毎度のことなので、天皇《てんのう》は近衛《このえ》のあやふやな答弁《とうべん》に納得《なっとく》せず、杉山参謀総長《すぎやまさんぼうそうちょう》、永野《ながの》軍令部総《そう》長《ちょう》を宮中に呼《よ》び出《だ》しました。陪席《ばいせき》していた近衛《このえ》さんが、その時のやりとりを詳《くわ》しく手記に残しています。有名なくだりですので、重要なところをわかりやすくしてみます。

天皇《てんのう》「日米に事が起これば、陸軍としてはどれくらいの期間で片付《かたづ》ける確信《かくしん》があるのか？」

杉山《すぎやま》「南方方面だけは三カ月で片付《かたづ》けるつもりであります」

天皇《てんのう》「杉山《すぎやま》は支那《しな》事変勃発《ぼっぱつ》当時の陸軍大臣だぞ。あの時、陸軍大臣として、事変は一カ月くらいにて片付《かたづ》く、と言ったように私《わたし》は記憶《きおく》している。しかしながら四カ年の長きにわたり、まだ片付《かたづ》いていないではないか」

杉山《すぎやま》「支那《しな》は奥地《おくち》が開けており、予定通り作戦がうまくゆかなかったのであります」

天皇《てんのう》「なに？　支那《しな》の奥地《おくち》が広いというなら、太平洋はもっと広いではないか。いかなる確《かく》信《しん》があって三カ月と申すのか」

これには杉山《すぎやま》はすっかり弱ってしまい、頭を下げたままで答えられませんでした。見かねた永野《ながの》が助け船を出します。

「統帥部《とうすいぶ》として大局《たいきょく》より申し上げます。今日《こんにち》の日米関係を病人にたとえれば、手術《しゅじゅつ》するかしないかの瀬戸際《せとぎわ》にきております。手術《しゅじゅつ》をしないでこのままにしておけば、だんだんに衰弱《すいじゃく》してしまうおそれがあります。手術《しゅじゅつ》をすれば、非常《ひじょう》な危険《きけん》があるが、助かる望みもないではない。……統帥部《とうすいぶ》としては、あくまで外交交渉《こうしょう》の成立を希望しますが、不成立の場合は、思い切って手術《しゅじゅつ》をしなければならんと存《ぞん》じます……」

永野《ながの》という人は七月二十九日、開戦となった場合「日本海海戦のような大勝はもちろん、勝《か》ち得《う》るか否《いな》かもおぼつかない」と天皇《てんのう》に言った男なんですよ、それが今や「手術《しゅじゅつ》のほうが大事なんだ」というような言い方をしているわけです。

天皇《てんのう》はここで納得《なっとく》しちゃいけなかったんですよねえ、ほんとうは。怒《おこ》って、何を言っているのか、と二人をもっと問《と》い詰《つ》めなきゃいけないんですが、話し合ううちに永野《ながの》にだまされたのか、杉山《すぎやま》をとっちめるのが気《き》の毒《どく》と思ったのか、質疑《しつぎ》はこれにて終わり。その日の「大本営《だいほんえい》機密日誌《みっにっし》」という陸軍が毎日つけている日記にはこう書いてあります。

「……南方戦争に関し種々御下問《しゅじゅごかもん》二時間にわたり、両総長《そうちょう》は退下《たいげ》した。一時は参謀《さんぼう》本部内の空気は（天皇《てんのう》が猛反対《もうはんたい》していると聞いて）サッと緊張《きんちょう》したが、御前《ごぜん》会議は、両総長《そうちょう》の奉答《ほうとう》により御嘉納《ごかのう》あったようで、一同安堵《あんど》した」

つまり、「明日の御前《ごぜん》会議を開いてよろしい」と天皇《てんのう》が許可《きょか》したということのようです。

そして九月六日、皇居《こうきょ》の千種《ちぐさ》の間《ま》で第二回目の御前《ごぜん》会議が開かれます。

それは「戦争を辞《じ》せざる決意のもとに」もういっぺん対米交渉《こうしょう》をやり直し、「十月上旬頃《じょうじゅんころ》に至《いた》るもなお我《わ》が要求を貫徹《かんてつ》し得《う》る目途《もくと》なき場合においては、ただちに対米（英蘭《らん》）開戦を決意す」るというものです。中断《ちゅうだん》していたワシントンでの日米交渉《こうしょう》を再開《さいかい》するが、十月上旬頃《じょうじゅんころ》になってもアカン、となればもう戦争だ、と決めたわけです。どうですか、これ。九月六日ですよ。十月上旬《じょうじゅん》といえばひと月しかないんです。今まで揉《も》めに揉《も》めてきている問題が一挙《いっきょ》に解決《かいけつ》するはずはないではありませんか。この辺のところはじつにインチキなものです。体裁《ていさい》だけつけてごまかしている。

そしてすべては大本営政府《だいほんえいせいふ》連絡《れんらく》会議で決定ずみですから、御前《ごぜん》会議においては例によって天《てん》皇《のう》は無言のままであったということになります……が、ここで有名な話がひとつ加わるのです。すべての説明を聞き、統帥部《とうすいぶ》の発言も終わった後、天皇《てんのう》は突然《とつぜん》、懐《ふところ》から明治天皇《てんのう》の御製《ぎょせい》（和歌）を出して朗々《ろうろう》と詠《よ》みあげたのです。

よもの海みなはらからと思ふ世に
　など波風の立ちさわぐらむ

世界が平和であれと願っているのに、どうして波風が立ちさわぐのであろう——天皇《てんのう》が御前《ごぜん》会議において発言をされたというのはこの時だけです。では天皇《てんのう》ももう諦《あきら》めていたのかということになるのですが、そうでなくて、対米交渉《こうしょう》をなんとか頑張《がんば》って妥結《だけつ》にもっていってほしいという気持ちがまだあったかと思います。そのことを閣僚《かくりょう》にも軍部にも言いたかった。それがこの歌というわけです。

そしてこの頃《ころ》、海軍では、山本五十六《やまもといそろく》の真珠湾攻撃案《しんじゅわんこうげき》をめぐり、「何を考えているのか」と反対意見が噴出《ふんしゅつ》しまして、大激論《だいげきろん》がはじまっていました。こんな無鉄砲《むてっぽう》な作戦は博打《ばくち》にすぎない、山本《やまもと》は好きな博打《ばくち》を戦争にまで持《も》ち込《こ》んでいる、けしからん、というわけです。事実、そういうところもあるんですね。もしはるばる出かけて行って真珠湾《しんじゅわん》にアメリカの艦隊《かんたい》がいなかったらどうするのか、もし作戦をはじめた途端《とたん》に反撃《はんげき》を食って日本の虎《とら》の子の航空母艦《こうくうぼかん》が全滅《ぜんめつ》したらどうするのか、さらにハワイまで艦隊《かんたい》を持っていくのに燃料補給《ねんりょうほきゅう》はどうするのか、またその間、無線を封止《ふうし》して航海《こうかい》し途中《とちゅう》でアメリカの船舶《せんぱく》にぶつかったらどうするのか……と問題が多過《す》ぎて、とうてい成功は望めない。そんな作戦を許《ゆる》すことはできないと、作戦総本山《そうほんざん》の軍令部は猛反対《もうはんたい》していました。

## ◆桶狭間《おけはざま》とひよどり越《ご》えと川中島《かわなかじま》

さて、天皇陛下《てんのうへいか》から「十月上旬《じょうじゅん》までになんとか外交交渉《こうしょう》でまとめてほしい」と仰《おお》せつかった近衛《このえ》さんは、少しずつながら動きだします。最初の日米諒解案《りょうかいあん》にあったように、ルーズベルト・近衛《このえ》サミットで一気《いっき》に問題を解決《かいけつ》したいと、ワシントンの野村《のむら》大使に電報《でんぽう》を打ちます。とところが、ここまできて今さらサミットをやってもどうにもならないことに近衛《このえ》さんは気付いてないんですね。松岡外相《まつおかがいしょう》がいなかったあの時にやってしまえば事態《じたい》は別のほうへ進んだかもしれませんが、すでにアメリカは石油輸出《ゆしゅつ》を禁止《きんし》し、フィリピンや中国や太平洋の島々での戦争準備《じゅんび》を固めているんですから。ワシントンで野村《のむら》大使が懸命《けんめい》に頼《たの》んでもいい返事は返ってきません。闇夜《やみよ》に鉄砲《てっぽう》を射《う》ち込《こ》んでいるようなものです。

ついにはルーズベルトから「サミットなどとんでもない、お断《ことわ》り申し上げる」と言ってきました。すると途端《とたん》に「やーめた」と十月十六日、近衛内閣《このえないかく》はひっくり返ってしまいます、というより、自ら御前《ごぜん》会議で決めた期限《きげん》である十月上旬《じょうじゅん》を過《す》ぎ、事態《じたい》が進まないことを閣議《かくぎ》で問《と》い詰《つ》められたのです。とくに陸軍大臣東条英機《とうじょうひでき》中将《ちゅうじょう》がガンガン言いました。

「いいですか、アメリカがしきりに要求している中国からの撤兵《てっぺい》は、陸軍にとっては、それを実行することは、人間でいう心臓《しんぞう》が止まるような話です。アメリカの主張《しゅちょう》をそのままのめば、これまで四年間戦ってきた支那《しな》事変の成果はまったくゼロになり、満洲国《まんしゅうこく》そのものも危《あや》うくする。朝鮮《ちょうせん》を国防《こくぼう》の最前線とすることも不可能《ふかのう》となる。撤兵《てっぺい》を交渉《こうしょう》の看板《かんばん》にするなどということとは絶対《ぜったい》いけません。撤兵《てっぺい》は退却《たいきゃく》そのものです、撤兵《てっぺい》は心臓停止《しんぞうていし》です。主張《しゅちょう》すべきは主張《しゅちょう》すべきです。譲歩《じょうほ》に譲歩《じょうほ》を加え、その上で基本《きほん》をなす心臓《しんぞう》まで止める必要がどこにありますか。それは外交ではありません、降伏《こうふく》です」

すると近衛《このえ》さんは、さようでござるか、では海軍大臣はどう思うかと尋《たず》ねましたが、及川海《おいかわかい》相《しょう》からは、「よくわかりませんので、首相《しゅしょう》にご一任《いちにん》申し上げます」と情《なさ》けない答えしか返ってきませんでした。海軍はここで敢然《かんぜん》として和を主張《しゅちょう》すべきと思いますが、「一任《いちにん》する」と重い責任《せきにん》から逃《に》げ出《だ》したわけですね。かくて、陸海軍の不一致《ふいっち》を理由に、近衛首相《このえしゅしょう》は辞表提出《ていしゅつ》となったのです。国家存亡《そんぼう》の危機《きき》に直面して、誰《だれ》も彼《かれ》も、ほんとうに無責任《むせきにん》そのものなんですね。右も左も不忠《ふちゅう》の臣《しん》ばかり、哀《あわ》れというもなかなか愚《おろ》かなり、というわけです。

そして二日後の十月十八日に、なんと東条英機《とうじょうひでき》内閣《ないかく》が成立したのです。近衛《このえ》さんに断乎《だんこ》として開戦を迫《せま》った当人を総理《そうり》大臣に推挙《すいきょ》したのは、内大臣の木戸幸一《きどこういち》です。この時、昭和天皇《てんのう》は言ったといいます。

「虎穴《こけつ》に入《い》らずんば虎児《こじ》を得《え》ず、だね」

天皇《てんのう》はかなりわかっていたんですね。東条《とうじょう》はなるほどガンガン言う人ですが、天皇陛下《てんのうへいか》に対しては非常《ひじょう》に忠節《ちゅうせつ》なる軍人でした。そこで木戸《きど》はない知恵《ちえ》をしぼったのです。よく考えてみれば九月六日の第二回御前《ごぜん》会議の決定――十月上旬《じょうじゅん》までに交渉《こうしょう》がまとまらなければ開戦する――はまずかった、これをなかったことにしてもういっぺん、果たして戦争をするべきか、というより戦争となって勝てるのかどうかを改めて、根本のところから研究させてみよう、そのためには、むしろ忠節《ちゅうせつ》なる軍人である東条《とうじょう》が最適《さいてき》ではないか、そう天皇《てんのう》と木戸《きど》さんが話し合って決めたようです。つまり宮廷《きゅうてい》グループのリモートコントロールが一番きくのが東条《とうじょう》だと考えたのではないか、と思うのですよ。

それにしても、最大の主戦論者《しゅせんろんしゃ》を首相《しゅしょう》に選ぶとは、いかなることか――。

東条内閣《とうじょうないかく》成立翌日《よくじつ》の十月十九日、連合艦隊《かんたい》から黒島亀人《くろしまかめと》参謀《さんぼう》が東京に乗《の》り込《こ》んできました。ハワイ作戦に猛反対《もうはんたい》する軍令部を前に「どうしてもやらせろ」とねじ込《こ》むためにです。作戦部長の福留繁《ふくとめしげる》少将《しょうしょう》も同課長の富岡定俊《とみおかさだとし》大佐も、絶対承認《ぜったいしょうにん》できないと突《つ》っぱねます。交渉《こうしょう》の余《よ》地《ち》はない、連合艦隊《かんたい》は軍令部の指示《しじ》に従《したが》うのが当然とばかりに聞く耳持たずの態度《たいど》でした。

「ハワイ作戦は戦理《せんり》に反している。危険《きけん》きわまりない」

「いや、戦理《せんり》を超《こ》えた作戦ゆえに、敵《てき》の想像《そうぞう》をも超《こ》えている。それゆえ成功の算《さん》は大きい」

「それは違《ちが》う、失敗の算《さん》のほうが大きい。要するに大博打《おおばくち》だ」

そう言われた黒島《くろしま》は、顔を真っ赤にしてこう切り出します。

「軍令部は、ハワイ作戦を放棄《ほうき》せよということなのですか。それならば山本《やまもと》長官は辞職《じしょく》すると言っておられる。われわれ幕僚《ばくりょう》も全員辞職《じしょく》します」

これはあり得《え》ないことなんです。幕僚《ばくりょう》はともかく、山本五十六《やまもといそろく》は天皇《てんのう》の勅命《ちょくめい》によって長官になっていますから、それを無視《むし》して自ら辞職《じしょく》することなどできないのです。それを黒島《くろしま》は勢《いきお》いに乗って言っちゃったんですね。これにはさすがに福留《ふくとめ》も富岡《とみおか》もびっくりして、軍令部総《そう》長《ちょう》の永野修身《ながのおさみ》に意見を聞こうということで、ぞろぞろと説明しに出かけました。

そこで永野《ながの》はこう言ったというのです。

「山本《やまもと》にそんなに自信があるというのなら、希望通りやらせてやろうじゃないか」

いいですか、これは国家の運命を賭《と》する大事な作戦であって、下手《へた》すると一発で負けてしまうんですよ。それがこういう情《じよう》にからんだようないきさつで、十月十九日にハワイ作戦が正式に決定したのです。

山本五十六《やまもといそろく》がなぜハワイ作戦に固執《こしつ》したかを伝える手紙が、戦後になって発見されました。以下はその内容《ないよう》です。要旨《ようし》を述《の》べます。

……いくら大本営《だいほんえい》のいうようにやったとしても、南方作戦での味方の損害《そんがい》が大きくて、海軍兵力がいっぱいに伸《の》びきるおそれなしとしない。しかも航空《こうくう》兵力の補充能力《ほじゆうのうりよく》がはなはだ貧弱《ひんじやく》な現状《げんじよう》である。そののちにハワイから一挙《いつきよ》にやってくる敵《てき》の大部隊を迎《むか》え撃《う》って太平洋で一大決戦をやれといわれても、勝つのは至難《しなん》というほかはない。それゆえに、

「種々考慮《しゆじゆこうりよ》研究の上、結局開戦劈頭《へきとう》有力なる航空《こうくう》兵力をもって敵本営《てきほんえい》に斬込《きりこ》み、彼《かれ》をして物心《ぶつしん》共に当分、起《た》ち難《がた》きまでの痛撃《つうげき》を加うるの外《ほか》なしと考うるに立《た》ち至《いた》り候《そうろう》次第《しだい》に御座《ござ》候《そうろう》」

要するに、やれば負ける戦争であって、とても軍令部のいうように敵《てき》の艦隊《かんたい》を日本近海に待ち受け、大艦巨砲《たいかんきよほう》による一大決戦に持《も》ち込《こ》んで勝とうなんてことはあり得《え》ない、日中戦争がはじまって以来四年間、わが国力は疲弊《ひへい》しきっている。そんな時に強大なアメリカ、そして必ず出てくるイギリスを相手に戦うのに、それこそ持久《じきゆう》作戦などあり得《え》ない、一気《いつき》にケリをつけて早く講和《こうわ》を考えたほうがいい——それが山本《やまもと》のハワイ作戦だったのです。どうしてもやれとい

う大勢《たいせい》に押《お》されて立ち上がらざるを得《え》ないとするならば、艦隊《かんたい》の責任者《せきにんしゃ》としては到底《とうてい》、尋常一《じんじょういち》様《よう》の作戦では見込《みこ》みが立たない。ここから先は、山本《やまもと》の言葉そのままです。

「結局、桶狭間《おけはざま》とひよどり越《ごえ》と川中島《かわなかじま》とを併《あわ》せ行《おこな》うの已《や》むを得《え》ざる羽目《はめ》に、追込《おいこ》まるる次《し》第《だい》に御座《ござ》候《そうろう》」

つまり彼《かれ》はここで、桶狭間《おけはざま》の合戦、ひよどり越《ご》えの戦い、川中島《かわなかじま》の合戦[*3]の三つをあわせたような無鉄砲《むてっぽう》というか、万難《ばんなん》を排《はい》して遮二無二《しゃにむに》突撃《とつげき》するというふうにやらざるを得《え》ないと言い切っているわけです。山本《やまもと》の頭の中には、この作戦がもし成功すればパーッと早いこと講和《こうわ》に持《も》ち込《こ》み、惨敗《ざんぱい》すればただちに戦争を中止、腹《はら》を斬《き》って死ぬだけだ、という考えがあったのだと思います。つまり戦争を早くやめるための攻撃《こうげき》作戦なんです。

## ◆「戦機はあとには来ない！」

ここで、なぜ海軍がそういう状態《じょうたい》にありながら、戦争に「ノー」と言わなかったかについて、ひとことだけ述《の》べておきます。

海軍が明治四十年（一九〇七）以来、ずっと考えてきた対米戦争（イギリスを含《ふく》まず）は、さまざまな研究や海上演習《えんしゅう》の結果、アメリカに対して七割《わり》の海軍力があればなんとか頑張《がんば》れるとされていました。ワシントン、ロンドンの軍縮《ぐんしゅく》条約《じょうやく》を破棄《はき》して、いわゆる「naval holiday」が終わり、軍艦《ぐんかん》をばんばん造《つく》りだしますと、アメリカの建造《けんぞう》力は日本の十倍以上も強大ですから、日本の対米比率《ひりつ》がどんどん不利になっていくことは目に見えています。一方、日本も懸命《けんめい》に造《つく》っていますから、では対米比率《ひりつ》が七割《わり》になるのはいつかということになります。それが昭和十六年十二月なんですね。この時、日本海軍の対米現有《げんゆう》兵力が七割《わり》になる計算なのです。

詳《くわ》しく言いますと、戦艦《せんかん》は日本十隻《せき》、アメリカ十七隻《せき》、航空母艦《こうくうぼかん》は日本十隻《せき》、アメリカ八隻《せき》、重巡洋艦《じゅうじゅんようかん》は日本十八隻《せき》、アメリカ十八隻《せき》、軽巡洋艦《けいじゅんようかん》は日本二十隻《せき》、アメリカ十九隻《せき》、駆逐《くちく》艦《かん》は日本百十二隻《せき》、アメリカ百七十二隻《せき》、潜水艦《せんすいかん》は日本六十五隻《せき》、アメリカ百十一隻《せき》、ただしアメリカは大西洋艦隊《かんたい》も含《ふく》んでいますから、これがすべて日本に向かってくるわけではありません。としても、総計《そうけい》すると日本海軍の艦艇《かんてい》数二百三十五隻《せき》、総《そう》トン数《すう》九十七万五千七百九十三トンに対して、アメリカは三百四十五隻《せき》、百三十八万二千二十六トン、つまり日本の対米比《ひ》率《りつ》は七〇・六パーセントです。

また飛行機は、日本三千八百機（うち実際《じっさい》の戦争に使える「展開《てんかい》兵力」は千六百六十九機）、アメリカ五千五百機（うち日本に使える「対日正面《たいにちしょうめん》」は二千六百機）。これもまた七割《わり》です。つまり七割《わり》の海軍兵力を日本が保《たも》ち得《う》るのは昭和十六年十二月末なのです。これを越《こ》して昭和十七年、十八年になれば、もう戦わずして六割《わり》、五割《わり》となってしまいます。それに海軍部内には対米戦宿命論《しゅくめいろん》という考えが以前からありました。いずれ戦わねばならない。そうであるなら、機先《きせん》を制《せい》して攻撃《こうげき》をかけ、相手国の戦力を叩《たた》きつぶして侵攻《しんこう》の危険《きけん》を排除《はいじょ》する、軍事的に世界共通に主張《しゅちょう》されている「予防戦術論《よぼうせんじゅつろん》」が有効《ゆうこう》であろう。劣勢《れっせい》にあるものが、優勢《ゆうせい》のものと対決する場合、こっちのいちばんいい機会を捉《とら》えて立たねばならない。それは〝今〟なのだ、というわけです。対米戦宿命論《しゅくめいろん》と予防戦術論《よぼうせんじゅつろん》に頭を支配《しはい》されている日本海軍にとっては、「戦うなら今だ」というわけです。それゆえに海軍は戦争に「ノー」と言わなかったのです。

かくて東条内閣《とうじょうないかく》ができ上がり、天皇陛下《てんのうへいか》に九月六日の御前《ごぜん》会議の決定を撤回《てっかい》して――「白紙還元《はくしかんげん》の御諚《ごじょう》」といいます――ほんとうに戦いをはじめて日本は勝てるのか、大丈夫《だいじょうぶ》なのかということの検討《けんとう》がはじまります。東条《とうじょう》さんは忠節《ちゅうせつ》なる軍人ですから、毎日のように部下を督促《とくそく》し、約十日間にわたって連日会議を開いて戦備《せんび》を計算しました。

さて、当時の国内の情況《じょうきょう》です。たとえば、十月二十六日の東京日日新聞（現在《げんざい》の毎日新聞）の社説にはこう書かれています。

「戦わずして日本の国力を消耗《しょうもう》せしめるというのが、ルーズベルト政権《せいけん》の対日政策《せいさく》、対東亜政策《とうあせいさく》の根幹《こんかん》であると断《だん》じて差支《さしつか》えない時期に、今や到達《とうたつ》している。われらは見る。日本及《およ》び日本国民は、ルーズベルト政権《せいけん》のかかる策謀《さくぼう》に乗せられてはならない。われらは東条《とうじょう》内閣《ないかく》が毅然《きぜん》としてかかる情勢《じょうせい》に善処《ぜんしょ》し、事変完遂《かんすい》と大東亜共栄圏《だいとうあきょうえいけん》を建設《けんせつ》すべき最短距離《きょり》を邁進《まいしん》せんことを、国民と共に希求《ききゅう》してやまないのである」

「最短距離《きょり》」とは戦争をやれということですね。歴史《れきし》の流れはもう滔々《とうとう》として、誰《だれ》も止めることのできない激流《げきりゅう》となっているのです。個々人《ここじん》の反対はたくさんあったと思います――たとえば山本五十六《やまもといそろく》などもそうです――が、海軍大将《たいしょう》米内光政《よないみつまさ》が言うように、ナイアガラの滝《たき》に逆《ぎゃっ》行《こう》して、孤独《こどく》な舟《ふね》を漕《こ》ぐような、それほどはかないものであったということです。

さて、東条内閣《とうじょうないかく》が戦力を再検討《さいけんとう》し、ようやく結論《けつろん》が出ました。とにかく戦備《せんび》を整えることを続けながら、日米交渉《こうしょう》も続ける。しかしながら、十一月二十九日までに外交手段《しゅだん》による交渉《こうしょう》が不成立の場合は開戦を決意する、その際《さい》の武力《ぶりょく》発動は十二月初頭とする、というものでした。したがって、交渉《こうしょう》が成立したならば、作戦は即座《そくざ》に中止することになります。

十一月二日、この東条内閣《とうじょうないかく》の結論《けつろん》をもって、大本営政府《だいほんえいせいふ》連絡《れんらく》会議が開かれました。そのクライマックスの問答は次のようなものでした。賀屋興宣蔵相《かやおきのりぞうしょう》が言います。

「私《わたし》はアメリカが戦争をしかけてくる公算は少ないと判断《はんだん》する。結論《けつろん》として、戦争を決意することがよいとは思われない」

続いて、東郷茂徳外相《とうごうしげのりがいしょう》も反対論《はんたいろん》を述《の》べます。

「私《わたし》も米艦隊《かんたい》が攻勢《こうせい》に来るとは思わない。今、戦争をする必要はないと思う」

これに永野修身《ながのおさみ》軍令部総長《そうちょう》が答えました。

「来たらざるを恃《たの》むことなかれ、という言葉もある。先のことは一切《いっさい》不明だ、安心はできないのだ。三年たてば南の防備《ぼうび》（南方の米英蘭《らん》の防備《ぼうび》）は強くなる。敵艦《てきかん》も増《ふ》える」

賀屋興宣《かやおきのり》は再《ふたた》び言います。

「ならば、いつ戦争をしたら勝てるのか」

「今！　戦機は後には来ない。今がチャンスだ」

永野《ながの》はこう答えたといいます。そんな軍部の強い意志《いし》に押《お》され、大日本帝国《ていこく》は自存自衛《じそんじえい》をまっとうし、大東亜《だいとうあ》の秩序《ちつじょ》を建設《けんせつ》するため、対英米戦争を決意することとなりました。

## ◆対米開戦を決意する

天皇陛下《てんのうへいか》はこの結論《けつろん》の報告《ほうこく》を聞くと、たいへん悲痛《ひつう》な表情《ひょうじょう》で、首相《しゅしょう》と陸海軍総長《そうちょう》に念を押《お》すように言いました。

「日米交渉《こうしょう》を極力続けて目的が達しえられない場合は、米英と開戦しなければならないのかね」

さらに重ねて切言《せつげん》しました。

「事態《じたい》が今日のようになれば、作戦準備《じゅんび》をさらに進めることはやむをえないとしても、なんとか極力日米交渉《こうしょう》の打開をはかってもらいたい」

陸海軍総長《そうちょう》はア然として天皇《てんのう》の顔を見ていたようですが、東条《とうじょう》さんは、ひたすら恐縮《きょうしゅく》しながら深く頭を下げて聞いていたといいます。

こうして十一月五日、皇居《こうきょ》一の間でこの年三回目の御前《ごぜん》会議が開かれました。事実上、太平洋戦争の開戦を決定づける会議となります。東条首相《とうじょうしゅしょう》、東郷外相《とうごうがいしょう》、鈴木貞一《すずきていいち》企画院総裁《きかくいんそうさい》、それに賀屋蔵相《かやぞうしょう》、陸海軍総長《そうちょう》がこもごも説明し、つづいて原嘉道枢密院議長《はらよしみちすうみついん》が天皇《てんのう》のかわりに質問《しつもん》をし、儀式《ぎしき》通りに答えが返ってきます。ひとことで言うと、どなたの発言をみても、すでに日米交渉《こうしょう》の不成立を確信《かくしん》しているようなのです。外交による打開など、言葉だけであって、実際《じっさい》はあり得《え》ないといった感じが否《いな》めないのです。

こうして質疑《しつぎ》が終わり、原枢密院《はらすうみついん》議長が結論《けつろん》を出します。

「今を措《お》いて戦機を逸《いっ》しては、米国の頤使《いし》（アゴで使われる）に屈《くっ》するも已《や》むないことになる。従《したが》って米に対し開戦の決意をするも已《や》むなきものと認《みと》む。初期作戦はよいのであるが、先《さ》きになると困難《こんなん》を増《ま》すが、何とか見込《みこ》みありと（軍部が）云《い》うので、之《これ》に信頼《しんらい》す」

こういう話は全部、アメリカにツーツーカーカーで読まれているわけです。野村《のむら》大使に送られた電報《でんぽう》には、なんとか日米交渉《こうしょう》を妥結《だけつ》せよ、その期限《きげん》は十一月いっぱいだぞとあり、その訓《くん》電《でん》は傍受《ぼうじゅ》されていました。コーデル・ハルは『回想録』に書いています。

「ついに傍受電報《ぼうじゅでんぽう》に交渉《こうしょう》の期限《きげん》が明記されるにいたった。……この訓電《くんでん》の意味するところは明白であった。日本はすでに戦争機械の車輪を回しはじめているのであり、十一月二十五日までにわれわれが日本の要求に応《おう》じない場合には、アメリカとの戦争も敢《あ》えて辞さないことを決めているのだ」

そして、日本は最後の日米交渉《こうしょう》に、強硬《きょうこう》な、たとえば中国派遣《はけん》の日本軍は二十五年を目途《めど》として撤退《てったい》する、といった「甲《こう》案」と、やや引き下がった「乙《おつ》案」、「仏印《ふついん》から日本軍は撤兵《てっぺい》する、その代わり米国は日本に石油を供給《きょうきゅう》する」、つまり日米関係を昭和十六年七月以前の状《じょう》態《たい》に戻《もど》すことを骨子《こっし》とした案をつくり、これでなんとか妥結《だけつ》せよとの指令を野村《のむら》さんに送りました。そこで野村《のむら》さんはさっそく、ワシントン時間の十一月七日にまず甲《こう》案を出します。アメリカもずるいんです、どうせ月末まで交渉《こうしょう》を続けていれば戦争だと知っていますから、ずるずる引《ひ》き延《の》ばします。仕方なく野村《のむら》さんが返事を催促《さいそく》しますと、ハルは十四日までに回答すると言ってきて、その日、そんな案は認《みと》められない、と全面拒否《きょひ》で突《つ》き返《かえ》してきました。そこで野《の》村《むら》さんは、乙《おつ》案を出すことになります。

ところで、なぜ開戦を十二月初頭としたのかといいますと、一つは石油の備蓄《びちく》の関係から、どう節約してもそれまでに開戦を決めねばならなかったこと。二番目に、もしかするとソ連がアメリカと一緒《いっしょ》になって満洲《まんしゅう》に攻撃《こうげき》をしかけてくるかもしれないが、冬の間はそれも不可能《ふかのう》だろう、ならば早く南方作戦を終了《しゅうりょう》させておき、いざとなったらソ連と戦う準備《じゅんび》をしておかなければならない。三カ月で南方を押《お》さえるとすれば、十二月の開戦が最適《さいてき》ということ。三つ目に、フィリピンやマレー方面の米英の戦備《せんび》がどんどん増大《ぞうだい》しており、とにかく早いほうがよいということ。四つ目に、マレー方面の気候情況《じょうきょう》からすると、一月二月は波が荒《あら》く上陸作戦に不適《ふてき》なので、十二月中にやるべきであること。よって十二月初旬《しょじゅん》に開戦しないとアカン、というので、必然的に外交交渉《こうしょう》は十一月いっぱいとなったわけです。

そして日本時間の十三日、山本《やまもと》連合艦隊《かんたい》司令長官は、各艦隊《かんたい》の長官と参謀長《さんぼうちょう》ら主要な幕僚《ばくりょう》を岩国《いわくに》の海軍航空隊《こうくうたい》に集め、最終の作戦打ち合わせを行ないます。全部隊はこの日をもってそれぞれ出撃《しゅつげき》の予定錨地《びょうち》へと出て行くのです。この時の記念写真が今も残っています。その最後の会議が終わった時、山本《やまもと》は指揮官《しきかん》全員を再度《さいど》集めて次のように言いました。

「十二月X日をもって、米英に対して戦端《せんたん》をひらく。X日は今のところ十二月八日の予定である。しかしながら十二月八日までにワシントンでの交渉《こうしょう》が成立した場合、前日の午前一時までに、出動全部隊にただちに引き返せという命令を送る。それを受領《じゅりょう》した時には、何があろうと即座《そくざ》に作戦を中止して反転、日本に帰ってもらいたい」

これを聞いた機動部隊の司令長官南雲忠一《なぐもちゅういち》中将《ちゅうじょう》が、反対の声をあげます。

「それは無理です。敵《てき》を目の前にして帰るなんてできません。士気《しき》にも影響《えいきょう》します」

これには二、三の指揮官《しきかん》も「同感です」と同調し、中には「出かかった小便《しょうべん》は止められない」と言った者もあったとか。すると山本五十六《やまもといそろく》は一瞬《いっしゅん》キッとなりました。

「百年兵を養うのは何のためだと思っているのか。国家の平和を護《まも》らんがためである。もしこの命令を受けて帰ってこられないと思う指揮官《しきかん》があるのなら、今より出動を禁止《きんし》する。即刻《そっこく》辞表を出せ」

山本《やまもと》は最後の最後まで、交渉《こうしょう》の妥結《だけつ》を願っていたのです。しかしながら、ハル国務《こくむ》長官のほうは、返事を引き延《ひの》ばして、提出《ていしゅつ》された乙《おつ》案を読みもしない。アメリカ外交の現在《げんざい》にも通じる頑固《がんこ》さです。自分が正しいとして、それを押し通《おしとお》し、柔軟性《じゅうなんせい》の「ジュ」の字も示《しめ》さない。

そして十一月十五日、戦争になった場合の見通しについて大本営政府連絡会議《だいほんえいせいふれんらく》はさらに討議《とうぎ》を重ねました。結論《けつろん》として、アメリカを全面的に屈服《くっぷく》させることは、さすがの無敵《むてき》の陸海軍もできないということになる。ではどうやったら戦争を終結できるのか。

一、初期作戦が成功し、自給の途《みち》を確保《かくほ》し、長期戦に耐《た》えることができた時

二、敏速《びんそく》積極的な行動で重慶《じゅうけい》の蔣介石《しょうかいせき》が屈服《くっぷく》した時

三、独《どく》ソ戦がドイツの勝利で終わった時

四、ドイツのイギリス上陸が成功し、イギリスが和《わ》を請《こ》うた時

——おわかりのように、とにかくドイツが勝つことをあてにしているんです。ドイツがソ連を叩《たた》きつぶし、イギリスが降参《こうさん》したら、さすがのアメリカも戦意を失うだろう、したがって講《こう》和《わ》に持《も》ち込《こ》むチャンスが出てくる。だからそれまではつらいだろうが長期戦になろうと頑張《がんば》ろうじゃないかという結論《けつろん》でした。

当時の議会の話を少しだけしておきます。十一月十五日から五日間、臨時《りんじ》国会が開かれ、追加の軍事予算三十八億円がまともに審議《しんぎ》されることもなく成立しました。質問《しつもん》に立った小川郷《おがわごう》太郎《たろう》議員が叫《さけ》びました。

「私《わたし》はもはや決戦に移行《いこう》すべき時であると主張《しゅちょう》したい」

これに呼応《こおう》して、島田俊雄《しまだとしお》議員も大声を上げます。

「ここまでくれば、やるっきゃないというのが全国民の気持ちである」

東条英機《とうじょうひでき》もそれに答えて獅子吼《ししく》します。

「帝国《ていこく》は百年の大計《たいけい》を決すべき重大な時局《じきょく》に立っている」

これを受けて新聞は、それぞれ勇ましい論陣《ろんじん》を張《は》ります。「一億総進軍《そうしんぐん》の発足《ほっそく》」（東京日日新聞）、「国民の覚悟《かくご》に加えて、諸般《しょはん》の国内体制《たいせい》の完備《かんび》に総力《そうりょく》を集中すべき時」（朝日新聞）。どこもかしこも対米英強硬《きょうこう》の笛や太鼓《たいこ》を鳴らし続けていたわけです。

議会の討論《とうろん》を聞いていたグルー駐日《ちゅうにち》米大使の日記にあります。

「東条《とうじょう》の演説《えんぜつ》が終わると米海軍武官《ぶかん》は書記官のほうへ身を乗り出し、『やれやれ宣戦布告《せんせんふこく》じゃなくてよかったね』とささやいた」

そのくらい、空気は緊迫《きんぱく》し、険悪《けんあく》だったわけです。

## ◆ニイタカヤマノボレ 一二〇八

ワシントン時間の十一月二十日、野村《のむら》大使はハルに乙《おつ》案を提出《ていしゅつ》します。日本では十一月二十五日、寺内寿一大将《てらうちひさいちたいしょう》（のち元帥《げんすい》）――ずいぶん前に紹介《しょうかい》した永井荷風《ながいかふう》と中学が同級であった人です――が南方軍総司令官《そうしれいかん》に任命《にんめい》され、すでに台湾《たいわん》の台北《たいほく》に向けて東京を発《た》っていました。総司令部《そうしれいぶ》はのちサイゴンにまで進める予定になっています。この寺内大将《てらうちたいしょう》の麾下《きか》（部下）に、フィリピン攻略《こうりゃく》の第十四軍（長・本間雅晴中将《ほんままさはるちゅうじょう》。この人は天津事件《てんしんじけん》の時に登場しました）、タイ国進駐《しんちゅう》の第十五軍（長・飯田祥二郎中将《いいだしょうじろうちゅうじょう》）、蘭印攻略《らんいんこうりゃく》の第十六軍（長・今村均中将《いまむらひとしちゅうじょう》）、そしてマレー半島からシンガポール攻略《こうりゃく》の第二十五軍（長・山下奉文中将《やましたともゆきちゅうじょう》、二・二六事件《じけん》で活躍《かつやく》しましたね）が南方作戦部隊として勢《せい》ぞろいし、それぞれ予定出撃《しゅつげき》地点へと進出していきました。総勢《そうぜい》三十九万四千人という大部隊ですが、それでも陸軍兵力の二割《わり》に過《す》ぎません。つまり開戦直前の陸軍は南方軍のほかにも中国に、満洲《まんしゅう》に、朝鮮《ちょうせん》に、そして内地にと、二百二十八万という兵力を擁《よう》し、必勝を期していたのです。

一方海軍は、ハワイに向かう機動部隊のほか、南方作戦支援《しえん》の第二艦隊《かんたい》（長・近藤信竹《こんどうのぶたけ》中《ちゅう》将《じょう》）、フィリピン攻略《こうりゃく》部隊支援《しえん》の第三艦隊《かんたい》（長・高橋伊望中将《たかはしいぼうちゅうじょう》）など、主要軍艦《ぐんかん》二百五十八隻《せき》、百万トンが予定海域《かいいき》にまで進出、待機につくことになります。なかでも南雲中将《なぐもちゅうじょう》指揮《しき》の機動部隊は十一月二十六日午前六時、千島単冠湾《ちしまヒトカップわん》よりハワイに向けて出撃《しゅつげき》しました。その二十数時間後のワシントン時間二十六日午後五時、ハルが乙《おつ》案をあっさり拒否《きょひ》し、かわりにハル・ノートを提出《ていしゅつ》しました。これがアメリカの最終的返事である、といって出されたその内容《ないよう》は、

一、中国およびインドシナ（仏印《ふついん》＝ベトナム）からの日本軍および警察《けいさつ》の完全撤退《てったい》
二、日米両国政府《せいふ》は中国において重慶《じゅうけい》（蔣介石《しょうかいせき》）政権《せいけん》以外の政権《せいけん》を認《みと》めない
三、日米両国政府《せいふ》は中国における一切《いっさい》の治外法権《ちがいほうけん》を放棄《ほうき》する
四、第三国と締結《ていけつ》した協定を、太平洋地域《ちいき》の平和保持《ほじ》に衝突《しょうとつ》する方向に発動しない

つまり、一は中国や仏印《ふついん》など日本占領地《せんりょうち》を放棄《ほうき》せよということ、また二は中国での汪兆銘《おうちょうめい》政権《せいけん》を否定《ひてい》し、満洲《まんしゅう》国（溥儀政権《ふぎせいけん》）を解消《かいしょう》せよということ、そして三は中国から出て行けということ、四は日独伊《にちどくい》三国同盟《どうめい》を余計《よけい》なことで守らない、すなわち有名無実化《ゆうめいむじつか》しろということ

です。要するに昭和六年（一九三一）の満洲《まんしゆう》事変以前の日本に戻《もど》れというものすごい要求です。それまでの日本の営々《えいえい》たる努力の全否定《ひてい》です。この段階《だんかい》でこんな強硬《きようこう》な要求をつきつけるなんて、外交の常識《じようしき》に反しています。これをのむくらいなら、日本は今まで何のために交渉《こうしよう》を続けてきたかわかりません。とうてい受け入れられないことは目に見えています。アメリカは日本と話をつける気などなかったんですね。これを提出《ていしゆつ》した後、ハル長官はスチムソン陸軍長官に、「おい、これからは陸海軍の番だぞ」と言ったといいます。

十二月一日、これを受けて第四回御前《ごぜん》会議が開かれます。もはやあらゆる望みは失われました。交渉決裂《こうしようけつれつ》、戦争を行なうだけである、という決定をします。午後二時に開会し、一時間ほどであっという間に終了《しゆうりよう》しました。今さら何も論《ろん》ずることはなかったのです。

木戸内府《きどないふ》は、開戦の決定を、「運命というほかはない」と日記に書きました。

この決定を受けて十二月二日、山本《やまもと》連合艦隊《かんたい》司令長官は全軍に暗号による命令を発します。

「ニイタカヤマノボレ　一二〇八」――開戦、Xデーは十二月八日と決定しました。

さて、なんと日本が開戦を決定したその翌々日《よくよくじつ》くらいの十二月五日、日本が心の底より勝利をあてにしていたドイツの国防軍《こくぼうぐん》は、モスクワまでわずか三十キロまで攻《せ》め入っていたにもかかわらず、ソ連軍の猛烈《もうれつ》な反撃《はんげき》を受けて退却《たいきやく》を開始したのです。吹雪《ふぶき》の中を追い立てられて、後退《こうたい》に後退《こうたい》をはじめたわけです。ドイツがソ連を倒《たお》すなどという芽はまったくなくなっていました。その時に、そんなこととも知らず、十二月八日に日本は戦争に突入《とつにゆう》したのです。

　ひとつだけ付け加えておきますと、十二月一日の御前《ごぜん》会議が開かれる前、昭和天皇《てんのう》が最後の最後まで手続きに沿《そ》ってことを決めたいということで、十一月二十九日、過去《かこ》の総理《そうり》大臣経験《けいけん》者《しゃ》すべてを集めた「重臣《じゅうしん》会議」を開いて戦争突入《とつにゅう》を報告《ほうこく》し、意見を聞いています。この時に反対意見を述《の》べたのは若槻礼次郎《わかつきれいじろう》、岡田啓介《おかだけいすけ》、米内光政《よないみつまさ》の三重臣《じゅうしん》でした。とくに、若槻《わかつき》さんと東条《とうじょう》さんの論戦《ろんせん》は歴史《れきし》に残るものだと思います。若槻《わかつき》さんが言います。

「自存自衛《じそんじえい》ならともかく、戦争目的にある八紘一宇《はっこういちう》といった理想に目をくらましてはならぬ」

　東条《とうじょう》さんは反発して答えました。

「理想を追うて現実《げんじつ》を離《はな》れるようなことはしない。が、理想をもつことは必要だ」

「理想のために国を滅《ほろ》ぼしてはならない」

　若槻《わかつき》さんは、満洲《まんしゅう》事変の時、「もう（朝鮮《ちょうせん》からの援軍《えんぐん》が）出てしまったものは仕方がない」と言って昭和史《しょうわし》の方向を最初に間違《まちが》えさせた当の首相《しゅしょう》なのですが、その人が最後になって正《せい》論《ろん》を吐《は》き、そして実際《じっさい》、日本はその言葉通り「理想のため国を滅《ほろ》ぼす」ことになるのです。

　岡田《おかだ》さんは二・二六事件《じけん》の時の首相《しゅしょう》で九死《きゅうし》に一生《いっしょう》を得《え》た人です。米内光政《よないみつまさ》はご存《ぞん》じのように、海軍の良識《りょうしき》ある提督《ていとく》でした。この時の米内光政《よないみつまさ》の発言は、有名な「ジリ貧《ひん》を避《さ》けてドカ貧《ひん》になったらどうするか」というものでありました。

＊1――産業組合中央金庫　農林漁業者の団体《だんたい》を構成員《こうせいいん》とする農林系統金融《けいとうきんゆう》の中央機関。大正十二年

（一九二三）に設立《せつりつ》され、昭和十八年（一九四三）に農林中央金庫と改称《かいしょう》。

＊2——池田弥三郎《いけだやさぶろう》　一九一四—八二、国文学者。折口信夫《おりくちしのぶ》に師事《しじ》。『芸能《げいのう》』『文学と民俗学《みんぞくがく》』などの著書《ちょしょ》がある。

＊3——桶狭間《おけはざま》の合戦　永禄《えいろく》三年（一五六〇）、織田信長《おだのぶなが》が今川義元《いまがわよしもと》を尾張国桶狭間《おわりのくにおけはざま》村（名古屋《なごや》市緑《みどり》区有松町《ありまつちょう》）・大脇《おおわき》村（豊明《とよあけ》市）一帯の起伏《きふく》の激《はげ》しい丘陵《きゅうりょう》地帯で迂回奇襲《うかいきしゅう》し敗死させた戦い。／ひよどり越《ご》えの戦い　播磨《はりま》・摂津《せっつ》の境《さかい》の一ノ谷《いちのたに》（兵庫県神戸《こうべ》市須磨浦《すまうら》の西）で元暦《げんりゃく》元年（一一八四）二月、一ノ谷《いちのたに》に陣《じん》を構《かま》えた平氏を討《う》つため山上《さんじょう》に出た源義経《みなもとのよしつね》は、急坂《きゅうはん》で〈馬も人もよもかよひ候《そうろう》はじ〉と言われた断崖《だんがい》をシカが通るとの話を聞いて、〈鹿の通程《ほど》の道、馬の通はぬ事あるべからず〉と、ここを一気《いっき》に駆《か》け下《くだ》って平氏の背後《はいご》をつき源氏《げんじ》軍を勝利に導《みちび》いた。／川中島《かわなかじま》の合戦　戦国期に甲斐《かい》の武田信玄《たけだしんげん》と越後《えちご》の上杉謙信《うえすぎけんしん》が、北信濃《きたしなの》の領有《りょうゆう》をめぐって信濃《しなの》国水内郡《くにみのち》川中島《かわなかじま》で天文二十二年（一五五三）から永禄《えいろく》七年（一五六四）にわたって対戦した合戦の総称《そうしょう》。

第十二章

# 栄光から悲惨《ひさん》へ、その逆転《ぎゃくてん》はあまりにも早かった

つかの間の「連勝」

この章の

ポイント

一九四一（昭和十六）年十二月八日、日本海軍の連合艦隊《かんたい》機動部隊が、ハワイ真珠湾《しんじゅわん》にてアメリカ太平洋艦隊《かんたい》を奇襲《きしゅう》し、大勝利をおさめました。ここからはじまる連戦連勝に日本中が沸《わ》きに沸《わ》き、有頂天《うちょうてん》になってしまいます。しかし一九四二（昭和十七）年六月、アメリカの航空母艦《こうくうぼかん》を誘《さそ》い出《だ》して一気に叩《たた》こうとミッドウェー作戦が実施《じっし》されると、日本は空母四隻《せき》が全滅《ぜんめつ》するという大敗を喫《きっ》してしまいました。以降《いこう》日本は、敗戦への悲惨《ひさん》な道をたどっていくことになります。

キーワード

真珠湾攻撃《しんじゅわんこうげき》／ルーズベルト／開戦の詔書《しょうしょ》／汚辱《おじょく》の日／マレー沖海戦／太平洋戦争／大東亜新秩序《だいとうあちつじょ》／辻政信《つじまさのぶ》／戦艦大和《せんかんやまと》／ミッドウェー作戦

## ◆開戦通告《つうこく》は必ずやられたし

昭和十六年（一九四一）十一月二十七日、ハル・ノートが届《とど》き、政府《せいふ》も軍部も脳天《のうてん》を棍棒《こんぼう》で打たれたように大ショックを受けました。それまで戦争に反対であった東郷茂徳《とうごうしげのり》外務《がいむ》大臣も賀《か》屋《や》興宣《おきのり》大蔵《おおくら》大臣も、このようなアメリカの強硬《きょうこう》な要求を受ければやむを得《え》ない、とあきらめ、大本営《だいほんえい》政府《せいふ》連絡《れんらく》会議も閣議《かくぎ》も一致《いっち》して、対米英戦争を決意したわけです。

問題は、前回申しましたが、すでに日本の機動部隊が密《ひそ》かに千島《ちしま》のヒトカップ湾《わん》を出てハワイの方に向かっていたことです。これは海軍にとって乾坤一擲《けんこんいってき》の大勝負といいますか、イチかバチかの賭《か》けであったわけです。もしこれがバレて、敵《てき》が攻撃《こうげき》をかけてきて、全滅《ぜんめつ》とはいかなくても大半が撃破《げきは》されるようなことがあれば、もう戦争の前途《ぜんと》はない。なんとかこれを隠《かく》したい、極秘《ごくひ》のうちにいわゆる「奇襲《きしゅう》」をかけたい、ですから軍部としては、宣戦布告《せんせんふこく》をしないですむのならやりたくない――というのが本音であったようです。

ところで一九〇七年といいますから明治四十年、オランダのハーグで国際的《こくさいてき》に「開戦に関する条約《じょうやく》」が決められていて、そこにはこうあります。

「締約国《ていやくこく》は、理由を付《ふ》したる開戦宣言《せんげん》の形式、または条件付《じょうけんつ》き開戦宣言《せんげん》を含《ふく》む最後通牒《つうちょう》の形式を有する明瞭《めいりょう》かつ事前の通告《つうこく》なくして、その相互間《そうごかん》に戦争を開始すべからざることを承認《しょうにん》す」（定訳《ていやく》）

日本は明治四十四年（一九一一）にこれを批准《ひじゅん》していますから、明らかな宣戦布告《せんせんふこく》、あるいは宣戦布告《せんせんふこく》だとわかるような何らかの「明瞭《めいりょう》かつ事前の通告《つうこく》」をしなくてはならないわけです。それで、「いつ」「いかにして」通告《つうこく》するべきかが大問題となりました。

一方で実際《じっさい》問題としては、下世話《げせわ》にいえば、通告《つうこく》せずに、左手で通告文《つうこくぶん》を渡《わた》しながら右手でぼかんと殴《なぐ》るぐらいのことをやりたいというのが軍部の本音です。

しかし、東郷外相《とうごうがいしょう》が「それでは国際的《こくさいてき》に日本の立場が非常《ひじょう》に悪くなるから、やっぱり通告《つうこく》したほうがいいんじゃないか」とその方向に傾《かたむ》いたものの、軍部はさらに強く意見を押《お》し通《とお》します。実は十一月十五日、宣戦布告《せんせんふこく》をせずになんとか戦争に入る方法を研究しようという意見が多数になり、二十二日には「宣戦《せんせん》の詔勅《しょうちょく》に関連し、宣戦布告《せんせんふこく》をなすや否《いな》やに関して、その方法とともに法制的《ほうせいてき》にも実際的《じっさいてき》にも研究することに申し合わせり」（参謀総長杉山元《さんぼうそうちょうすぎやまはじめ》の『杉山《すぎやま》メモ』）とあるように、ハル・ノートがくる前からそういった研究をはじめていたからです。

その結果、ハル・ノートが届《とど》いた二十七日に「開戦の翌日《よくじつ》に宣戦《せんせん》を布告《ふこく》する、宣戦《せんせん》の布告《ふこく》は宣戦《せんせん》の詔書《しょうしょ》により公布《こうふ》する」と研究会は決議します。ということは、日本は、実際《じっさい》にドカーンとやった一日後に宣戦布告《せんせんふこく》をする、それも直接布告文《ちょくせつふこくぶん》を手渡《てわた》すのではなく、国内の宣戦布告《せんせんふこく》の天皇《てんのう》の詔書《しょうしょ》をもって、世界に知らせることに決めたのです。

東郷外相《とうごうがいしょう》はこれに強く反対しながらも、自身、ハル・ノートがきた途端《とたん》に気落ちしていて抵《てい》抗《こう》も弱く、押《お》し切《き》られてしまいます。また世界史《せかいし》上これまでにも、敵《てき》が強引《ごういん》に押《お》さえつけてきてどうにもならない時、国家の自存自衛《じそんじえい》のためには宣戦布告《せんせんふこく》をせずに戦闘《せんとう》を開始した例が多くあり、当のアメリカもやっているのです。それが東郷《とうごう》さんの頭の中にあって、今回は自存自衛《じそんじえい》のための戦《いくさ》であるから通告《つうこく》しないですむかもしれない、といったんはおのれを納得《なっとく》させる理論《りろん》づけをしたようです。

ところがその後、大本営政府連絡会議《だいほんえいせいふれんらくかいぎ》で軍部が「交渉《こうしょう》はしかし続けてほしい」と盛《さか》んに念を押《お》してきました。もはや無駄《むだ》ではないかと聞いても、反応《はんのう》はあいまいです。東郷《とうごう》さんは、おかしいなと思いながら十一月二十九日――最終的に開戦を決定した日ですが――まだ外交交渉《こうしょう》をやる余裕《よゆう》があるのかと尋《たず》ねてみました。東郷《とうごう》さんは、開戦日はアメリカの日曜日とする、という軍部の主張《しゅちょう》に、それなら日本の十二月一日だなと考えていました。すると永野修身《ながのおさみ》軍令部総《そう》長《ちょう》が「まだ余裕《よゆう》があるのだ」と答えたのでびっくりして、

「いったい軍部は何日に開戦するつもりなのか。十二月一日ではないのか」

そう聞きますと、永野総長《ながのそうちょう》は杉山元参謀総長《すぎやまはじめさんぼうそうちょう》と顔を見合わせて口ごもりながらも、

「それでは言う。開戦は十二月八日だ。だからまだ余裕《よゆう》があるのだ。戦《いくさ》に勝つのに都合のいいように外交を進めておいてくれ」

東郷《とうごう》さんは呆気《あっけ》にとられながらも、それなら宣戦布告《せんせんふこく》をする余裕《よゆう》はまだある、と思い直します。その時、まさに時間を合わせたように十二月一日の最後の御前《ごぜん》会議が終わった後、東条英機《とうじょうひでき》首相《しゅしょう》兼《けん》陸軍大臣を昭和天皇《てんのう》が呼《よ》び出《だ》して言いました。

「攻撃《こうげき》開始の前に、きちんと最後通牒《つうちょう》を手渡《てわた》すように」

驚《おどろ》いた東条《とうじょう》さんは、さっそく思い直して「宣戦布告《せんせんふこく》をすることになった」と東郷《とうごう》さんに伝え、最後通告《つうこく》をいかなるかたちでやるかを新たな議題として政府内《せいふない》の討議《とうぎ》がはじまります。

この通告《つうこく》問題については、東京裁判《さいばん》の前、検事団《けんじだん》が来日した時にしつこく東条《とうじょう》さんを尋問《じんもん》しています。その時、東条《とうじょう》さんははっきりこう答えています。

「天皇《てんのう》は最高関係に関することについては絶《た》えず私《わたし》に注意を与《あた》えていました。しかし最後通牒《つうちょう》の手交《しゅこう》（手渡《てわた》すこと）について陛下《へいか》が私《わたし》に注意を与《あた》えられた最初の時は、昭和十六年十二月一日のことでありました」

最後通牒《つうちょう》の手交《しゅこう》前に実際《じっさい》の攻撃《こうげき》が行なわれはしまいかを天皇《てんのう》が懸念《けねん》していたかどうか、と検事団《けんじだん》に聞かれた時も、東条《とうじょう》さんはこう証言《しょうげん》しています。

「陛下《へいか》はそのことをずっと懸念《けねん》しておられた。そういうことが起こらないよう気をつけるように私《わたし》に言われた」

さらにその頃《ころ》、東京に呼《よ》び出《だ》されていた連合艦隊《かんたい》司令長官山本大将《やまもとたいしょう》が軍令部や海軍省に姿《すがた》を現《あらわ》して、非常《ひじょう》に重々しい口調で申し出ました。

「手切れの事前通告《つうこく》はかならず、かつ確実《かくじつ》にやってもらいたい」

これでさすがに軍令部も「それならば」と、やっと通告《つうこく》について考えはじめました。

こうして「交渉《こうしょう》打ち切り」の通告《つうこく》をすることが十二月四日の連絡《れんらく》会議で決まり、外務省《がいむしょう》は、懸命《けんめい》の努力で文案を作成してワシントンの野村《のむら》大使に送る計画をたてました。そして最後通牒《つうちょう》は日本時間十二月八日午前二時半、ワシントンでアメリカ政府《せいふ》に手渡《てわた》しすることが決まります。これはワシントン時間で十二月七日午後零時《れいじ》半、ハワイ時間では七日午前七時。日本の機動部隊のハワイ攻撃《こうげき》は午前八時（ハワイ時間）の予定ですから、攻撃《こうげき》一時間前です。――実はこの後、軍令部から「午前二時半を午前三時にしてくれ」との要望があり、三十分繰《く》り下《さ》げられ、結局、攻撃《こうげき》三十分前には最後通牒《つうちょう》が手渡《てわた》されることになったのです。

## ◆「だまし討《う》ち」の永遠《えいえん》の汚名《おめい》

そうして通告文《つうこくぶん》はさっそくに作成され、暗号文が組まれ、ワシントンにどんどん送られました。しかしその後に判明《はんめい》した事実が示《しめ》す通り、大使館の外交官どもの怠慢《たいまん》というか無神経《むしんけい》が災《わざわ》いし、結果的に通告《つうこく》が一時間遅《おく》れたという、歴史《れきし》にあってはならない破廉恥《はれんち》な事態《じたい》になったことはご存《ぞん》じかと思います。これは前回申しました、野村《のむら》大使に対する外務省《がいむしょう》エリートたちの反感、不信、不協力の態勢《たいせい》がなしたことでしょう。向こうで一所懸命頑張《いっしょけんめいがんば》っている野村《のむら》さんはまったく恥《は》ずかしい思いをしたのです。

今になりますと、なぜそんなことが起きたかについていろんな議論《ぎろん》がありまして、さまざまな言《い》い訳《わけ》めいた理由づけがなされています。最後通牒《つうちょう》とは思えなかった、だからのんびりしていた、と言う人もいるようです。いや、外務省《がいむしょう》の不手際《ふてぎわ》でワシントン着信が遅《おく》れたという説もあります。いや、陸軍があえて遅《おく》らせる工作をしたという説もある。しかし結局のところ、あまり問題にしなくてもいいといえるのではないでしょうか。なんとなれば、日本からの通告文《つうこくぶん》をアメリカはどんどん解読《かいどく》していて、ワシントン時間十二月七日朝には届《とど》いていた最終の通告《つうこく》の解読《かいどく》に目を通したルーズベルト大統領《だいとうりょう》は、「This means war」（これは戦争ということだね）と側近《そっきん》のホプキンスに言っているのです。つまり相手はとうの昔に受け取っていて、これが正式に開戦の通告《つうこく》であると認識《にんしき》していたのですから。甲《こう》案、乙《おつ》案そしてハル・ノートを含《ふく》め、この辺のところは拙著《せっちょ》『「真珠湾《しんじゅわん》」の日』[*1]にくわしく書いておきました。

そして残念なことに、真珠湾《しんじゅわん》でまさに日本の海軍機がハワイの太平洋艦隊《かんたい》主力に魚雷《ぎょらい》や爆弾《ばくだん》による攻撃《こうげき》を開始してから一時間後に通告《つうこく》が手交《しゅこう》されたことは紛《まぎ》れもない事実なのです。

このために、その後、アメリカ国民が日本に猛烈《もうれつ》な怒《いか》りと反感をもち、一致《いっち》結束して戦争に当たるようになったといわれています。ただし、「リメンバー・パールハーバー」という言葉は当初に言われたのではありません。むしろ昭和十七年夏から秋にかけてのガダルカナル島をめぐる攻防《こうぼう》の時に海兵隊将兵《しょうへい》の口から言われはじめ、それが本国へ戻《もど》り、アメリカ国民もまた盛《さか》んに言い出したのです。では最初は何と言っていたのか。十二月八日（ワシントン時間）、ルーズベルト大統領《だいとうりょう》が上下両院で演説《えんぜつ》をしています。少し長いのですが、読んでみます。

「十二月七日は汚辱《おじょく》（恥辱《ちじょく》）の中に生きる日（the day of infamy）であります（これが、アメリカ人が最初に心に刻《きざ》み込《こ》んだ言葉でした）。アメリカは突如《とつじょ》、計画的に、日本帝国《ていこく》により海空から攻撃《こうげき》されました。アメリカは日本と平和交渉《こうしょう》の最中であり、日本の懇請《こんせい》により太平洋の平和維持《いじ》のため、日本政府《せいふ》や天皇《てんのう》との間に対話を進めておりました。事実、日本の航空隊《こうくうたい》がオアフ島を爆撃《ばくげき》してから一時間後に、日本大使（野村吉三郎《のむらきちさぶろう》大使）とその同僚《どうりょう》（応援《おうえん》の来栖三郎《くるすさぶろう》特命全権《ぜんけん》大使）は、最近のわが提案《ていあん》への公式回答をもって国務《こくむ》長官を訪問《ほうもん》したのであります。……日本とハワイ間の距離《きょり》を考えると、日本の攻撃《こうげき》が何日も、いや何週間も前から計画されたことは明らかです。日本政府《せいふ》は、謀計《ぼうけい》によりアメリカをだましたのであります」

つまり「汚辱《おじょく》の日」「だまし討《う》ち」（treacherous attack）、それが最初の合言葉でした。アメリカ国民はこれを信じ、世界もこれを聞いて日本がアメリカをだましたと承知《しょうち》したようです。日本にとっては、まことに情《なさ》けない限《かぎ》りです。結果、上院では賛成《さんせい》八十二対反対〇、下院では三百八十八対一――一票が反対です――の圧倒的《あっとうてき》多数によって、アメリカは対日戦争を決意し、宣戦布告《せんせんふこく》となるのです。

ただし「謀計《ぼうけい》」「謀略《ぼうりゃく》」によってだましたというのはあり得《え》ないのであって、というのも、さきほど申しました通り、日本からの交渉《こうしょう》打ち切り通告《つうこく》を読んだルーズベルトが「This means war」と言ったように、アメリカ政府《せいふ》や軍部は日本の攻撃《こうげき》開始を十分に承知《しょうち》していて、早く一《いち》撃《げき》を打たせたいという気持ちがあったのは明らかなのです。とくにルーズベルト大統領《だいとうりょう》です。なぜかと言いますと、アメリカ政府《せいふ》と軍部は、なんとかイギリスを助けてヨーロッパ戦争に参加し、ヒトラーのドイツを倒《たお》したくてしょうがないのですが、宣戦布告《せんせんふこく》するための名目がありい

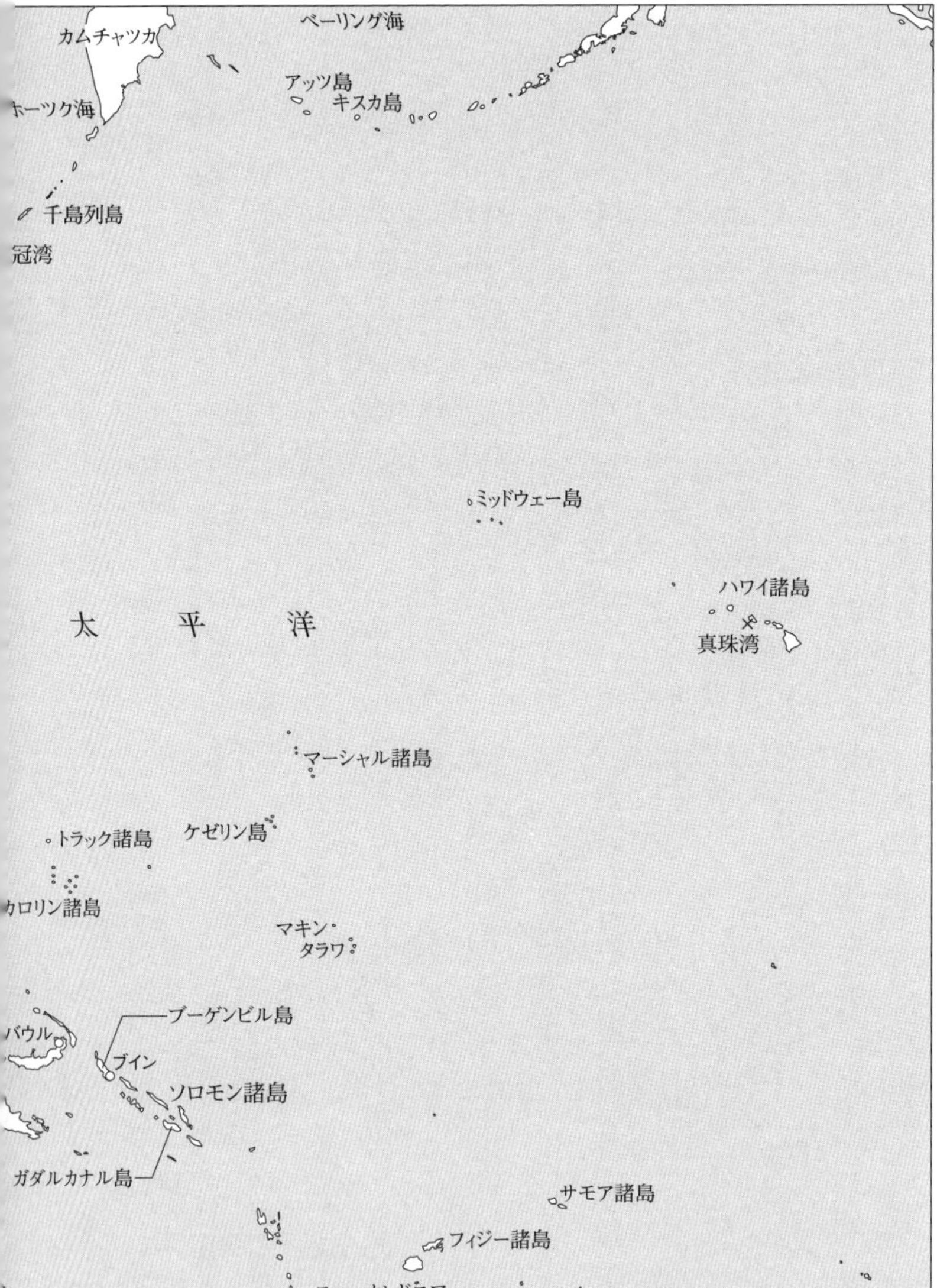

カムチャツカ
ベーリング海
アッツ島
キスカ島
ホーツク海
千島列島
冠湾
ミッドウェー島
ハワイ諸島
太　平　洋
真珠湾
マーシャル諸島
トラック諸島
ケゼリン島
カロリン諸島
マキン
タラワ
ブーゲンビル島
バウル
ブイン
ソロモン諸島
ガダルカナル島
サモア諸島
フィジー諸島
ニューカレドニア

シベリア
ソビエト連邦
モンゴル
満洲国
新京
北京
延安
中国
南京
上海
漢口
重慶
日本
小笠原諸島
沖縄
硫黄
台湾
インパール
騰越
インド
ビルマ
ハノイ
仏領インドシナ
タイ
バンコク
サイゴン
南シナ海
ルソン島
マニラ
フィリピン
レイテ島
ミンダナオ島
ペリリュー
マリアナ諸島
サイパン島
グアム島
テニアン島
マラッカ海峡
マレー
シンガポール
スマトラ島
ボルネオ島
セレベス島
インド洋
蘭領東インド
ニューギニア
ジャワ島
ポートモレスビー
オーストラリア
樺

太平洋戦争図

ません。そこで日本をして先に一発打たせれば、日独伊《にちどくい》三国同盟《どうめい》の結果、ドイツも必ず宣戦布《せんせんふ》告《こく》してくるに違《ちが》いないからです。事実ドイツは、日本より少し遅《おく》れてアメリカに宣戦布告《せんせんふこく》をします。これでアメリカは大義名分《たいぎめいぶん》を得《え》て、堂々《どうどう》と第二次世界大戦に加入できたわけです。

さて真珠湾攻撃《しんじゆわんこうげき》のことは、くわしくお話しなくてもよろしいかと思います。衆知《しゆうち》のことですから。日本の機動部隊から飛び立った飛行機三百五十三機の完全奇襲《きしゆう》となり、敵《てき》の太平洋艦《かん》隊《たい》の戦艦《せんかん》群をほぼ全滅《ぜんめつ》させる大戦果を上げました。残念ながら、航空母艦《こうくうぼかん》だけは真珠湾《しんじゆわん》にいなくて取《と》り逃《に》がしたのですが、とにかく世界戦史上冠《しじようかん》たるといってもいいくらいの大勝利を得《え》ました。

私《わたし》はまだ子供《こども》でしたが、朝まだき「本日未明、西太平洋方面において戦闘状態《せんとうじようたい》に入れり」という放送があった時、この日は非常《ひじよう》に寒かったのですが、東京の空はきれいに晴《は》れ渡《わた》っていて、その澄《す》んだ空のように、なにかこう頭の上を覆《おお》っていた雲がぱあーっと消えたような、晴れ晴れとした気持ちをもったことを覚えています。日本人ほとんどがそう感じたと思います。

この日のことを後に多くの人が回想していますが、戦後に書かれたものはあてにならないところがあります。なんとなしに「自分は戦争に反対であったが」と条件《じようけん》つきのようなかたちで報告《ほうこく》していますが、当時に書かれたものを見ますと、たいていが万歳万歳《ばんざいばんざい》の叫《さけ》び声《ごえ》をあげています。雄叫《おたけ》びといったらいいでしょう。とくに小説家や評論家《ひようろんか》など、文学者が何をしゃべったかを『「真珠湾《しんじゆわん》」の日』にたくさん書いておきましたので、興味《きようみ》のある方はそちらを読んでい

ただくとして、ここでは五人ばかりご紹介《しょうかい》しておきます。まず評論家《ひょうろんか》の中島健蔵《なかじまけんぞう》（一九〇三—七九）は、

「（これは）ヨーロッパ文化というものに対する一つの戦争だと思う」

同じく評論家《ひょうろんか》の本多顕彰《ほんだあきら》（一八九八—一九七八）は、

「対米英宣戦《せんせん》が布告《ふこく》されて、からっとした気持ちです。……聖戦《せいせん》という意味も、これではっきりしますし、戦争目的も簡単明瞭《かんたんめいりょう》となり、新しい勇気も出て来たし、万事《ばんじ》やりよくなりました」

小林秀雄《こばやしひでお》（一九〇二—八三）も、戦争を肯定《こうてい》しています。

「大戦争がちょうどいい時にはじまってくれたという気持ちなのだ。戦争は思想のいろいろな無駄《むだ》なものを一挙《いっきょ》になくしてくれた。無駄《むだ》なものがいろいろあればこそ無駄《むだ》な口をきかねばならなかった」

亀井勝一郎《かめいかついちろう》（一九〇七—六六）は、もっとはっきりと言っています。

「勝利は、日本民族にとって実に長いあいだの夢《ゆめ》であったと思う。即《すなわ》ち嘗《かつ》てペルリによって武力《ぶりょく》的に開国を迫《せま》られた我《わ》が国《くに》の、これこそ最初にして最大の苛烈極《かれつきわ》まる返答であり、復讐《ふくしゅう》だったのである。維新《いしん》以来我《われ》ら祖先《そせん》の抱《いだ》いた無念の思いを、一挙《いっきょ》にして晴《はら》すべきときが来たのである」

作家の横光利一《よこみつりいち》（一八九八—一九四七）も、日記に躍動《やくどう》の文字をしたためています。

「戦いはついに始まった。そして大勝した。先祖《せんぞ》を神だと信じた民族が勝ったのだ。自分は不思議以上のものを感じた。出るものが出たのだ。それはもっとも自然なことだ。自分がパリにいるとき、毎夜念じて伊勢《いせ》の大廟《たいびよう》を拝《はい》したことが、ついに顕《あらわ》れてしまったのである」

この頃《ころ》の横光《よこみつ》さんは超《ちよう》ナショナリストになっていましたけれど、それにしても、わが日本は神国であり、先祖《せんぞ》を神と思う民族が勝ったのだと大喜《おおよろこ》びしているのです。

とにかく国民は真珠湾攻撃《しんじゆわんこうげき》の大勝利に一気に沸《わ》きました。結果として山本五十六《やまもといそろく》の腹《はら》の底にあった、真珠湾攻撃《しんじゆわんこうげき》をもって敵《てき》を完膚《かんぷ》なきまでにたたき、それを機に講和《こうわ》へ持《も》ち込《こ》もうという意図など一気に吹《ふ》っ飛《と》んじゃったわけです。こんな時に講和《こうわ》なんていうバカはどこにもいないというくらい、日本じゅうが沸《わ》きに沸《わ》いたのです。有頂天《うちようてん》になったのです。

## ◆ひたすら大勝利に酔《よ》った日本国民

ただここでひとつだけ注意しておかなければならないのは、その日に「開戦の詔書《しようしよ》」が発布《はつぷ》され――これはもちろん急に出来上がったものではなく、きちんと討議《とうぎ》し、学者も参画《さんかく》して文法的に誤《あやま》りのないように前々から準備《じゆんび》してあるもので、堂々《どうどう》と完成した文章として出たものなんですが――そこにはなぜか大事なことが削《けず》り落とされていたのです。

書き出しは、日清《につしん》戦争、日露《にちろ》戦争、第一次世界大戦の時とほぼ同じ文章です。

「天佑《てんゆう》ヲ保有《ほゆう》シ、万世一系《ばんせいいっけい》ノ皇祚《こうそ》ヲ践《ふ》メル大日本（帝《てい》）国皇帝《こうてい》（天皇《てんのう》）ハ……」

そして、日清《にっしん》戦争ではこうなっています。

「苟《いやしく》モ国際法《こくさいほう》ニ戻《もと》ラサル限《かぎ》リ、各々《おのおの》権能《けんのう》ニ応《おう》シテ一切《いっさい》ノ手段《しゅだん》ヲ尽《つく》スニ於《おい》テ、必ス遺漏《いろう》ナカラムコトヲ期セヨ」

日露《にちろ》戦争と第一次世界大戦はほぼ同じで、

「凡《およ》ソ国際条規《こくさいじょうき》ノ範囲《はんい》ニ於《おい》テ一切《いっさい》ノ手段《しゅだん》ヲ尽《つく》シ、遺算《いさん》ナカラムコトヲ期セヨ」

つまり、今まで日本が経験《けいけん》した三つの大戦争ではすべて、「国際法《こくさいほう》、国際条規《こくさいじょうき》というものを守る限《かぎ》りにおいて最大の努力を尽《つ》くせ」と記してあるのですが、それが今回の「開戦の詔書《しょうしょ》」にはないのです。削《けず》り取《と》ったのです。

一つには、今まで真珠湾攻撃《しんじゅわんこうげき》のことばかり話しましたが、実は開戦の布告《ふこく》前に陸軍はマレー半島に上陸していて、それにはどうしてもタイ国の領土《りょうど》から侵入《しんにゅう》する必要があったのです。ところがタイは中立国です。そこへ開戦の意図を秘《ひ》すためには、いきなり軍隊を送《おく》り込《こ》んで、その後に交渉《こうしょう》せざるを得《え》ない。作戦計画上やむを得《え》ない。はじめから国際法違反《こくさいほういはん》を承知《しょうち》なんです。つまり「国際法《こくさいほう》を守れ」となると、そもそも当初の作戦自体がだめだということになる、それで東条《とうじょう》さんが削《けず》れと言ったという説があるのです――こんなことで、指導者《しどうしゃ》たちが一番大切な文句《もんく》を削《けず》ったのです。どうも最初から国際法《こくさいほう》を守らなくていい戦争だという感覚をもってしまったわけで、このことは後に、意識《いしき》の上でまことに大きな問題を残す結果になります。

ちなみに、私《わたし》はいま「対米英戦争」と言っていますが、これを「太平洋戦争」と呼《よ》ぶべきか、「大東亜《だいとうあ》戦争」と呼《よ》ぶべきか、しばしば議論《ぎろん》となります。戦争が起きた時に何と名称《めいしょう》をつけるか、陸海軍も政府《せいふ》も議論《ぎろん》をしました。海軍は太平洋を舞台《ぶたい》とする戦争だから「太平洋戦争」でいいだろう、また政府筋《せいふすじ》には「日清《にっしん》戦争」「日露《にちろ》戦争」のように相手国との戦争という意味で「対米英戦争」でいいのでは、という意見もありました。ところが陸軍は、強硬《きょうこう》に「大東亜《だいとうあ》戦争」を主張《しゅちょう》します。理由は、

「今次《こんじ》の対米英戦は支那《しな》事変をも含《ふく》めて大東亜《だいとうあ》戦争と呼称《こしょう》す。即《すなわ》ち大東亜《だいとうあ》戦争と称《しょう》する所以《ゆえん》は、大東亜《だいとうあ》新秩序建設《ちつじょけんせつ》を目的とする戦争なることを意味するものにして、戦争地域《ちいき》を大東亜《だいとうあ》のみに限定《げんてい》する意味に非《あら》ず」

つまり、これまではノモンハン事件《じけん》も、盧溝橋《ろこうきょう》事件《じけん》も、起こった場所による「地域《ちいき》戦争」であることを意味するのですが、今回の戦争はあくまでも「大東亜《だいとうあ》新秩序《ちつじょ》」をつくることが目的なのだと強調したかったんですね。ただし、開戦の詔勅《しょうちょく》にはそんなことは一言もありません。「自存自衛《じそんじえい》のためにやむを得《え》ずして立ち上がる」です。「大東亜《だいとうあ》新秩序建設《ちつじょけんせつ》のため」などとは書かれていません。この名称《めいしょう》は開戦後の十二月十二日の閣議《かくぎ》で決められたことであって、いわば後から飾《かざ》りつけた戦争目的でした。まあ、それというのも、とにかく最初に日本が勝ち過《す》ぎたためでしょう。ガンガン勝ち続けてしまうものですから、大東亜《だいとうあ》新秩序《ちつじょ》でもなんでもできるよ

うな気になって、自存自衛《じそんじえい》などという切羽詰《せっぱつ》まった気持ち、緊張感《きんちょう》はいつの間にか吹《ふ》っ飛《と》んじゃったのかもしれません。

ちなみに言いますと、その二日前の十二月十日、派遣《はけん》されてきたイギリスの東洋艦隊《かんたい》、シンガポールを根拠地《こんきょち》として日本軍を迎《むか》え撃《う》つために送られて来たプリンス・オブ・ウェールズ、レパルスという二隻《せき》の新鋭戦艦《しんえいせんかん》を、南部仏印《ふついん》（サイゴン）から出撃《しゅつげき》した日本の航空《こうくう》部隊が見事に撃沈《げきちん》しました。戦艦《せんかん》は飛行機では沈《しず》められないという世界の軍事常識《じょうしき》を破《やぶ》った驚《おどろ》くべき大戦果でした。

さらに、台湾《たいわん》南部を基地《きち》とする日本の航空《こうくう》部隊がフィリピンの米軍基地《きち》を攻撃《こうげき》し、アメリカの航空《こうくう》部隊を完璧《かんぺき》に撃破《げきは》してしまいました。

とにかく戦争がはじまって毎日のように「勝った、勝った」で私《わたし》たち小学生は、日の丸の旗行列、提灯《ちょうちん》行列を賑《にぎ》やかにやった覚えがあります。日本じゅうが大喜《おおよろこ》び、歓喜《かんき》に震《ふる》えていました。それくらいいい思いをしていましたので、閣議《かくぎ》そのものも沸《わ》き、「大東亜《だいとうあ》新秩序建設《ちつじょけんせつ》を目的とする戦争ゆえ大東亜《だいとうあ》戦争とする。なにも戦争地域《ちいき》を大東亜《だいとうあ》のみに限《かぎ》らない」と大きく出たのでしょうな。

しかしこれも微妙《びみょう》なところなんですよ。「大東亜《だいとうあ》に限《かぎ》らない」ということは、これからインドに進出し、さらに中近東へ進出し、ドイツと握手《あくしゅ》をして……なんてことを夢見《ゆめみ》ているのです。もっと言えば、ついでにソ連もやっつけちゃおうとも考えていますから、シベリアも視野《しや》に入ってくる。とにかく無敵《むてき》の日本陸海軍なんです。

なお、日本人がいかにうぬぼれのぼせていたかのもう一つの証拠《しょうこ》として、だいぶん先の昭和十八年五月三十一日に御前会議《ごぜんかいぎ》で決定された「大東亜政略指導大綱《だいとうあせいりゃくしどうたいこう》」があります。軍部も政府《ふ》もできるだけ隠《かく》したかったものですが、当時はまったく知られることはなく、戦後になってひょっこり飛び出してきたのです。

「マレー・スマトラ・ジャワ・ボルネオ・セレベス（ニューギニア）は、大日本帝国《ていこく》の領《りょう》土《ど》とし、重要資源《しげん》の供給源《きょうきゅうげん》として、その開発と民心《みんしん》の把握《はあく》につとめる。……これら地域《ちいき》を帝国領土《ていこくりょうど》とする方針《ほうしん》は、当分、公表しない」

この驚《おどろ》くべき大方針《だいほうしん》を、天皇陛下《てんのうへいか》の前で決めているのです。いいですか、東南アジアの国々を「帝国領土《ていこくりょうど》」にするというんです。これを公表すれば、国際世論《こくさいよろん》は「ええーっ、日本は何だ、綺麗《きれい》ごとばかり言っているが、やはり自分の領土《りょうど》にするつもりか」と袋叩《ふくろだた》きにあったでしょう。しかしこういうことをぬけぬけと言うくらいに日本は勝利で自己過信《じこかしん》に陥《おちい》っていたのです。しかも昭和十八年五月三十一日といえば、もうかなり戦況《せんきょう》が不利になっている時なんですよ。

もう一つ話しますと、ハワイと同時に陸軍はマレー半島上陸を敢行《かんこう》してシンガポール攻略《こうりゃく》戦に入ったのですが、そのマレー半島に上陸する部隊に配られた『これだけ読めば戦《いくさ》は勝てる』という小冊子《しょうさっし》があります。辻政信《つじまさのぶ》、朝枝繁春《あさえだしげはる》という、共に士官《しかん》学校も陸軍大学も優等《ゆうとう》の大秀《だいしゅう》才《さい》である参謀《さんぼう》がつくり、輸送船《ゆそうせん》の中の兵隊さんに読ませたものです。どこそこの戦地は非常《ひじょう》に暑いので飲み水に注意しろとか、細々《こまごま》としたことがわかりやすく書いてある中に、こういう文章があります。

「これから行くところの土民《どみん》を可愛《かわい》がれ。土民《どみん》の風俗習慣《ふうぞくしゅうかん》を尊重《そんちょう》したほうがよろしい。しかし、過大《かだい》な期待はかけてはならない」

陸軍エリート参謀《さんぼう》が、東南アジアの人を土民《どみん》と心得《こころえ》ていたことがはっきりするのですね。

## ◆ミッドウェーの落日

こうやって、戦争がはじまりました。とにかく緒戦《しょせん》は威勢《いせい》がよかったのです。連合艦隊《かんたい》は大勝利に次ぐ大勝利ですからまことにいい調子で、軍令部など万が一を恐《おそ》れ戦《おのの》いてハワイ作戦に反対していたことなど忘《わす》れて、毎晩《まいばん》、ハワイ、マレー沖の凱旋《がいせん》を祝って赤坂《あかさか》や新橋《しんばし》で宴会《えんかい》を繰《く》り返《かえ》していました。

時を合わせたように十二月十六日、戦艦大和《せんかんやまと》がめでたく竣工《しゅんこう》し、連合艦隊《かんたい》の第一線にその堂々《どうどう》たる勇姿《ゆうし》を現《あらわ》しました。基準排水量《きじゅんはいすいりょう》六万二千三百十五トン、全長二百六十三メートル、幅《はば》三十九メートル――パナマ運河《うんが》を通れない幅《はば》です。四十六センチ主砲《しゅほう》九門――富士山《ふじさん》の二倍を飛び、四十二キロ先の厚《あつ》さ四十センチの鋼板《こうはん》をぶちぬく威力《いりょく》をもちます。乗組員二千五百人といいますから、まるで一つの村が乗っかったような巨艦《きょかん》の完成に、日本海軍は意気天《いきてん》をつく思いを味わっていました。

ところが、日本の軍部は実はこんなに勝つとは思っていなかったんですね。ですから第一段《だん》作戦――ハワイをやり、イギリスの東洋艦隊《かんたい》をぶっつぶし、シンガポールをやり、フィリピンを占領《せんりよう》し、蘭領《らんりよう》東インド（現在《げんざい》のインドネシア）を攻め落《せお》とす――は決めていました。そしてそれは着々と思う通りにいきました。しかも予想外に早くにです。そうして東南アジアの資《し》源《げん》地帯のすべてを占領《せんりよう》し、日の丸を掲《かか》げる状況《じようきよう》になったものの、さて次をどうするか、確実《かくじつ》な作戦を決めていなかったのです。このへんがお粗末《そまつ》といえばお粗末《そまつ》ですが、はじめから戦争はやがてドイツが勝ち、めでたく講和《こうわ》になる、それまでとにかく資源《しげん》地帯を押《お》さえ長期戦ができる態勢《たいせい》を整えておく、それでいいじゃないかといった調子でしたから、長期戦に対する本気の覚悟《かくご》がなかったのです。いや、最初から長期戦になることはわかっていたはずなのに、そうしたくない思いのほうが強いものですから、「したくない」が「ならないだろう」の思いに通じ、最後は「長期戦にはならないのだ」と決めつけてしまって、第二段《だん》、第三段《だん》作戦を考慮《こうりよ》の外においたのです。

さてそこで議論《ぎろん》がはじまります。もしもアメリカが日本に反撃《はんげき》をかけてくるようなことがあるとすれば、豪州《ごうしゆう》（オーストラリア）を基点《きてん》としてくるに違《ちが》いない、そうするためには南太平洋を通ってオーストラリアへ兵隊、資材《しざい》、大砲《たいほう》、戦車などをどんどん運んで戦備《せんび》を十分に整えてから攻《せ》め上《のぼ》ってくることは容易《ようい》に予想できます。したがって、それを防《ふせ》ぐにはハワイからオーストラリアへの輸送路《ゆそうろ》を遮断《しやだん》するのが一番いいという意見が有力になります。

しかしそのためには、日本の兵力をはるか遠くの南太平洋にまで運ぶ必要がある。そうした遠い南の島のどこかに飛行場をつくらねばならず、それからさらにその先の島へ、ということの繰《く》り返《かえ》しで、日本の目はうんと南へ向いてゆくことになります。

ところが、連合艦隊《かんたい》司令部は、そんなに南へ進出することは補給《ほきゅう》もたいへんだし保持《ほじ》するのも難《むずか》しい、むしろこの際《さい》、敵《てき》の残った航空母艦《こうくうぼかん》をぶったたいて完全に制海権《せいかいけん》を奪《うば》い、ハワイ占《せん》領《りょう》を意図したほうがいい、と大きく出ます。連合艦隊《かんたい》の参謀《さんぼう》のなかにも、米豪遮断《べいごうしゃだん》の作戦はやりたいならやらせてもいいが、それよりも最終目的は「ハワイ占領《せんりょう》」とまで夢《ゆめ》を膨《ふく》らませる人もいました。ただしそれには、大兵力を輸送船《ゆそうせん》でハワイまで運ばねばならない、それは相当の難事業《なんじぎょう》であって、そのためにもその前に敵《てき》の航空母艦《こうくうぼかん》を叩《たた》いておく必要がある。そこでハワイ攻撃《こうげき》の目標を昭和十七年秋口ごろとし、その前に敵《てき》の空母を叩《たた》くための「ミッドウェー作戦」が開始されるのです。ミッドウェーを奪《と》りに行けば、アメリカ艦隊《かんたい》はなんとかしてこれを阻止《そし》するためになけなしの航空母艦《こうくうぼかん》を出してくるだろう、それをチャンスとして撃破《げきは》してしまおう、というわけです。

昭和十七年四月一日に連合艦隊《かんたい》司令部が立てた作戦計画は次の通りでした。

「五月中旬《ちゅうじゅん》　ニューギニアのポートモレスビー攻略《こうりゃく》作戦
六月下旬《げじゅん》　ミッドウェー島攻略《こうりゃく》作戦
七月中旬《ちゅうじゅん》　フィジー・サモア攻撃《こうげき》破壊《はかい》作戦（米豪遮断《べいごうしゃだん》）

十月を目処《めど》としてハワイ攻略《こうりゃく》作戦準備《じゅんび》」

それにしてもハワイ攻略《こうりゃく》とは大きく出たものです。

このミッドウェー島攻略《こうりゃく》作戦にも反対はたくさんありました。軍令部も反対です。太平洋の真ん中、相当遠いところなので、もし敵《てき》が来ずに占領《せんりょう》できたとしても、補給《ほきゅう》はたいへんだし、攻《せ》められたら守るのも困難《こんなん》です。やはり南方の米豪《べいごう》を遮断《しゃだん》すべきだ、という意見も出てきた矢先の四月十八日、アメリカによる東京空襲《くうしゅう》が起こります。なけなしの航空母艦《こうくうぼかん》の上に陸上の爆《ばく》撃機《げきき》B25を載《の》せ、なんとか甲板《かんぱん》から飛び立てても戻《もど》って着艦《ちゃっかん》もできず、やむを得《え》ないから中国大陸まで飛んでいって蔣介石《しょうかいせき》の飛行場に降《お》りる、という誰《だれ》も考えないような破天荒《はてんこう》な作戦でした。これが大成功し、日本の上空に次から次へとB25が飛び来たり飛び去っていった。大した被害《ひがい》はなかったのですが、とにかく本土上空を敵機《てっき》が飛んだというので日本側は大騒《おおさわ》ぎでした。これというのも、太平洋がガラ空きだからだ、やはり太平洋にきちっと防衛線《ぼうえいせん》をつくっておかねばまた同じようなことになる、というので、陸軍からも「やはりミッドウェー作戦を具体的に考えたほうがいい。陸軍も兵力を出す」と提唱《ていしょう》してくる。反対していた軍令部も、陸軍がオッケーなのですから、いやいや「やるか」となったわけです。

昭和十七年六月五日、日本の空母四隻《せき》対アメリカの空母三隻《せき》の戦いとなったミッドウェー海戦は、今度は見事にアメリカの奇襲攻撃《きしゅうこうげき》を受けて、日本の四隻《せき》が全滅《ぜんめつ》し搭乗員《とうじょういん》の多数が戦死、一方アメリカ軍は一隻《せき》を失っただけという、日本軍には想像《そうぞう》もしなかった大敗を喫《きっ》します。当時、日本には九隻《せき》の航空母艦《こうくうぼかん》がありましたが、正規《せいき》空母は六隻《せき》だけ、あとの三隻《せき》は商船改造《かいぞう》のもので、防御《ぼうぎょ》は弱く、積んでいる飛行機数も少なく、正規《せいき》の空母に頼《たよ》るところ大でしたが、そのうちの四隻《せき》が海の底に沈《しず》んでしまったのですから、影響《えいきょう》するところ甚大《じんだい》なものがあり、連合艦隊《かんたい》の意気《いき》はいっぺんに消沈《しょうちん》してしまいました。

　しかし、よく調べてみればそんな空母全滅《ぜんめつ》をくらうような戦闘《せんとう》ではなかったところもあるのです。なのに、勝つべき戦いを慢心《まんしん》と怠慢《たいまん》と錯誤《さくご》のために、完敗したともいえるのですね。戦後に、山本《やまもと》の部下であった黒島亀人《くろしまかめと》先任参謀《せんにんさんぼう》がこう断言《だんげん》しているのです。

「作戦は少しも間違《まちが》ってはいなかった。機動部隊指揮官《しきかん》の南雲中将《なぐもちゅうじょう》が、あらゆる機会を捉《とら》えて、アメリカ空母部隊を攻撃《こうげき》するようにという連合艦隊《かんたい》の命令を正しく実行していたら、この海戦は日本海軍が勝利をおさめていたことであろう」

　しかし、戦闘《せんとう》は黒島《くろしま》がいうようにはうまくいかなかったのですね。南雲《なぐも》司令部は敵艦隊《てきかんたい》の待《ま》ち伏《ぶ》せはないものと信《しん》じ込《こ》んでいました。連合艦隊《かんたい》からくどいように言われていた「敵《てき》機動部隊の出現《しゅつげん》を予期して、搭載機《とうさいき》の半数は即時《そくじ》待機の態勢《たいせい》にしておくように」という指示《しじ》を、あっさりと無視《むし》していたのです。だから、偵察機《ていさつき》からの「敵艦隊《てきかんたい》発見」からなんと二時間近くも攻《こう》撃隊《げきたい》が発進できない不手際《ふてぎわ》をおかすのでした。

　ミッドウェー海戦になぜ負けたかについては、戦後いろんな人がたくさん書いています。積んでいた魚雷《ぎょらい》を陸上攻撃《こうげき》用の爆弾《ばくだん》に付け直した時に敵《てき》空母を発見したので、慌《あわ》てて魚雷《ぎょらい》にまた付《つ》け替《か》えていたところに攻撃《こうげき》を受けたからで、あと五分あれば無事に付《つ》け替《か》えて甲板《かんぱん》から飛び立ち、大被害《だいひがい》を受けることはなかった、「運命の五分間」だ、などという説が今も通用していますが、そんなことはありません。「運命の五分間」もヘチマもない。日本海軍は勝ちに驕《おご》り、うぬぼれのぼせ、敵《てき》の航空母艦《こうくうぼかん》など出て来ないと思《おも》い込《こ》んでいたのです。ですから待《ま》ち伏《ぶ》せされているなどとつゆ思わず、はじめから魚雷《ぎょらい》など放り出して陸上爆弾《ばくだん》にしていたのが実状《じつじょう》だと思います。戦後、私《わたし》は当時の機動部隊参謀長《さんぼうちょう》、草鹿龍之介《くさかりゅうのすけ》元中将《ちゅうじょう》に会って話を聞きましたが、草鹿《くさか》さんは「驕慢《きょうまん》の一語《いちご》に尽《つ》きます」と言い、それ以上はあまり語りたがらなかったのが強く印象《いんしょう》に残っています。

この戦いのあと、日本が攻勢《こうせい》をとって、つまり作戦的にイニシアチブをとって戦いを仕掛《しか》け、出てくる敵《てき》をたたきつぶし、ということにはいかなくなりました。つまり戦争が「五分《ごぶ》」に引《ひ》き戻《もど》され、敵《てき》が攻勢《こうせい》をかけてくる可能性《かのうせい》がどーんと増《ふ》えてしまったのです。もう勝算があるなしにかかわらず、戦力の多寡《たか》にかかわらず、敵《てき》の攻撃《こうげき》があれば戦わねばならなくなる。

しかし、この大敗は一切《いっさい》公表されませんでした、というより「米航空母艦《こうくうぼかん》エンタープライズ型《がた》一隻及《せきおよ》びホーネット型《がた》一隻撃沈《せきげきちん》、彼我《ひが》上空において撃墜《げきつい》せる飛行機約一二〇機。我方損害《わがかたそんがい》、航空母艦《こうくうぼかん》一隻喪失《せきそうしつ》、同一隻大破《せきたいは》、巡洋艦《じゅんようかん》一隻大破《せきたいは》、未帰還《みきかん》飛行機三五機」というのが大本営《だいほんえい》の発表です。国民はまさか大打撃《だいだげき》を受けたとは思わず、意気消沈《いきしょうちん》した山本《やまもと》長官が以後、やる気を失ったなど誰《だれ》も知りません。「ミッドウェーでも勝ったんだってなあ」なんて会話をしながら沸《わ》いていたのです。

海戦から十日ばかりたった六月十八日、日本の文学者が大同団結《だいどうだんけつ》し、「日本文学報国会《ほうこくかい》」をつくりました。これには文学者のほとんどすべてに加え、友好団体《だんたい》のメンバーや学生も参加しました。私《わたし》は小学生なので参加していませんが、当時の文学青年もみな参加したと思います。日比谷公会堂《ひびやこうかいどう》は超満員《ちょうまんいん》でした。会長に徳富蘇峰《とくとみそほう》（一八六三―一九五七）が選ばれ、菊池寛《きくちかん》（一八八八―一九四八）が小説、太田水穂《おおたみずほ》（一八七六―一九五五）が短歌、河上徹太郎《かわかみてつたろう》（一九〇二―八〇）が評論随筆《ひょうろんずいひつ》、深川正一郎《ふかがわしょういちろう》（一九〇二―八七）が俳句《はいく》、尾崎喜八《おざききはち》（一八九二―一九七四）が詩の各部門代表となり、最後に吉川英治《よしかわえいじ》（一八九二―一九六二）が「文学者報道班《ほうどうはん》員に対する感謝《かんしゃ》決議」を提唱《ていしょう》して朗読《ろうどく》しました。

「……銃後《じゅうご》われ等《ら》同僚《どうりょう》、同田同耕《どうでんどうこう》（同じ土を一緒《いっしょ》に耕《たがや》しているの意）の士《し》もまた今日無《む》為《い》なるに非《あら》ず。文芸文化政策《せいさく》の使命大、いまや極《きわ》まる。国家もその全機能《ぜんきのう》を求め、必勝完《かん》遂《すい》の大業もその扶与《ふよ》をわれ等《ら》に命ず」

自分たちもまた、この戦争に勝つための大いなる責任《せきにん》を与《あた》えられた、頑張《がんば》ろうじゃないか、というのです。日本の文学はどんどん戦争謳歌《おうか》、戦意高揚《こうよう》の文学になります。

しかし、あっさり言ってしまえば、戦争はここまでなんですね。ミッドウェー海戦に負けるまでが、日本の一番威勢《いせい》がよかった時期で、以後は「戦争」ではなくなる。敢《あ》えていえば、日本軍が肉体をもって鉄と弾丸《だんがん》にぶつかっていく殺戮《さつりく》がはじまる。悲惨《ひさん》な状況《じょうきょう》が、次から次へと展開《てんかい》されることになるのです。

＊1――『「真珠湾《しんじゅわん》」の日』二〇〇一年、文藝春秋《ぶんげいしゅんじゅう》（現在《げんざい》、文春文庫）。

第十三章

# 大日本帝国《ていこく》にもはや勝機がなくなって……

ガダルカナル、インパール、サイパンの悲劇《ひげき》から特攻隊《とっこうたい》出撃《しゅつげき》へ

### この章のポイント

一九四二（昭和十七）年八月、日本がガダルカナル島に飛行場建設《けんせつ》をはじめると、豪州《ごうしゅう》との輸送路《ゆそうろ》を遮断《しゃだん》されたくない米軍はすぐさま反攻《はんこう》を開始。五カ月間に及《およ》ぶ激《はげ》しい戦闘《せんとう》の結果、日本はまたしても大敗を喫《きっ》してしまいます。そして一九四四（昭和十九）年には「史上《しじょう》最悪の作戦」インパール作戦が強行《きょうこう》されます。戦死者は約三万人といわれる完全敗北でした。同年、サイパン島でも大敗を喫《きっ》した日本軍は、ついに悲痛《ひつう》な「特攻《とっこう》作戦」をはじめてしまうのです。

### キーワード

ガダルカナル島の戦い／杉山元《すぎやまはじめ》／学徒出陣《がくとしゅつじん》／インパール作戦／牟田口廉也《むたぐちれんや》／チャンドラ・ボース／ノルマンディー上陸作戦／小磯国昭《こいそくにあき》／特攻《とっこう》作戦／レイテ沖海戦

## ◆ガダルカナル奪取《だっしゅ》さる

ミッドウェーで海軍は敗《ま》けましたが、これを外部には完全に秘《ひ》していましたから、陸軍は南方地域《ちいき》を完全に占領《せんりょう》したので大いに意気《いき》が上がっています。「次はソ連だ」と左団扇《ひだりうちわ》でのほほんとしている時、アメリカ軍は早くも反攻《はんこう》を開始しました。昭和十七年（一九四二）八月八日からはじまったガダルカナル島の争奪戦《そうだつせん》です。

太平洋戦争は航空母艦《こうくうぼかん》あるいは飛行機による戦争でした。アメリカの太平洋艦隊《かんたい》も、イギリスの東洋艦隊《かんたい》も、主力といわれた戦艦《せんかん》は飛行機によってあっという間に沈《しず》められました。日本の機動部隊の飛行機が空を蔽《おお》う限《かぎ》り、アメリカもイギリスもオランダも敵対《てきたい》することはまったく適《かな》いませんでした。では、飛行機の戦争とはどういうものか。爆撃機《ばくげきき》はかなりの航続距離《こうぞくきょり》＊1をもっていますが、戦闘機《せんとうき》はそれに比《くら》べれば短い。その中でも日本の零式戦闘機《れいしきせんとうき》（ゼロ戦）は約二千キロと、非常《ひじょう》に長い航続距離《こうぞくきょり》をもっていて、往復《おうふく》するなら千キロ飛べます。ただし、それではすぐに戻《もど》ってこなくてはならず戦闘《せんとう》にはなりません。せいぜい八百キロ辺りの円をコンパスで描《えが》き、その範囲内《はんいない》でどこかに次の飛行場をつくり、またそこから八百キロの円を描《えが》いて……というかたちで戦争を進めていったのです。最初の頃《ころ》は、まず日本の飛行機が敵《てき》の空軍を撃破《げきは》して制空権《せいくうけん》をとり、陸軍部隊や艦艇《かんてい》がそれに続くという作戦が、実にうまく進みました。

ところが、うんと前に申しましたが、日本本土を完璧《かんぺき》に防衛《ぼうえい》するには、朝鮮《ちょうせん》半島を確保《かくほ》しなければならない、その朝鮮半島《ちようせん》を防衛《ぼうえい》するには、今度は満洲《まんしゆう》を確保《かくほ》して最前線としなければならない……というように、日本の軍隊は本土を守るために前へ前へと進むわけです。太平洋においても南へ南へ、つまり日本本土の防衛《ぼうえい》のためには、サイパン島、テニアン島、グアム島のマリアナ諸島《しよとう》を守らねばならない、それにはさらに先のトラック島を中心とするカロリン諸《しよ》島《とう》を、それにはさらにコンパスで円を描《えが》いたその先、零戦《ぜろせん》の十分な航続距離《こうぞくきより》の範囲《はんい》に入るラバウルを守らねば、というように前進基地《きち》を広げていくわけです。そうして日本はラバウルにまで航空《こうくう》部隊を進出させせました。

ところがそのラバウルを守るには、さらに先の南の島に飛行場をつくる必要があるというのでまた円を描《えが》きました。するとちょうどその千キロ先にガダルカナル島があったのです。常識《じようしき》から考えれば、千キロといえば零戦《ぜろせん》の航続距離《こうぞくきより》のギリギリの半分ですから、そこを奪《うば》っても零《ぜろ》戦《せん》は行ってすぐに戻《もど》らねばなりません。要するに、容易《ようい》には守ることができないところにまで敢《あ》えて踏《ふ》み込《こ》んだのです。その手前に飛行場に適《てき》した島がないわけではなく、事実、後にはブインというところに慌《あわ》てて飛行場をつくりなおしますが、当時は「勝った、勝った」で敵《てき》をなめてかかってますから大丈夫《だいじようぶ》だというので、遠くガダルカナルにまで脚《あし》を延《の》ばしたのです。

ところがガダルカナルに日本の基地《きち》ができるということは、アメリカ軍にすれば豪州《ごうしゆう》との間の輸送路《ゆそうろ》が遮断《しやだん》され、常《つね》に日本の空からの監視《かんし》下におかれることになります。ニューギニア辺りから飛んできたアメリカの偵察機《ていさつき》が、日本海軍がガダルカナルに陸戦隊を上陸させて飛行場をつくりはじめたのを見て、米軍は愕然《がくぜん》となります。すぐに奪回《だっかい》せねばならないというので、七月二日に早急《さっきゅう》に攻略《こうりゃく》作戦命令を出しました。反攻《はんこう》の開始です。

そんなこととは知らない日本軍は、悠長《ゆうちょう》にモッコとシャベルでもってエッサエッサとやっています。ようやく滑走路《かっそうろ》ができ、兵舎《へいしゃ》もでき、飛行機の進出もあと二、三日でOKとなった時、八月八日にアメリカ軍が上陸してきました。日本側は設営隊《せつえいたい》ばかりで兵隊さんはろくにいません。全力をあげて上陸してきたアメリカ海兵隊にたちまち追《お》っ払《ぱら》われ、七分通りできていた飛行場にブルドーザーが入ってあっという間に完成、敵《てき》の戦闘機《せんとうき》の大部隊が次々に到着《とうちゃく》したのです。あれよあれよという間にガダルカナル島はアメリカの一大基地《きち》になってしまったわけです。

はじめはまさか本格的反攻《ほんかくてきはんこう》ではなく、偵察《ていさつ》的な上陸だろうと楽観《らっかん》していた日本軍は、やがて敵《てき》は超強力《ちょうきょうりょく》な部隊とわかり、腰《こし》を抜《ぬ》かします。ともあれ、これを取り返せというので、全力を投入しはじめる。ラバウルから発進した頼《たの》みの零戦《ぜろせん》はガダルカナル島上空にいられるのはわずか十分間、すぐに戻《もど》ってこないとラバウルまで着きません。十分間の戦いなんてあり得《え》ません。敵《てき》は、零戦《ぜろせん》が来れば、逃《に》げて十分間待っていれば引き返すことがわかっていますから、まったく恐《おそ》れないのです。逆《ぎゃく》に、飛行場を確保《かくほ》していますから、制空権《せいくうけん》は完璧《かんぺき》に米軍の手にある。日本の艦艇《かんてい》がそばに近寄《ちかよ》ると空からの攻撃《こうげき》で次々にやっつけられるという苦しい戦いがはじまるのです。

くわしくは拙著《せっちょ》『遠い島　ガダルカナル』[*2]を読んでいただければ、と思います。結論《けつろん》だけを申しますと、八月八日にはじまって、十二月三十一日、天皇陛下《てんのうへいか》が「このような情勢《じょうせい》では大晦日《おおみそか》も正月もない」と急きょ、御前《ごぜん》会議を開いてガダルカナル島撤退《てったい》を決めるまで約五カ月間の戦《せん》闘《とう》で、海軍は艦艇《かんてい》（戦艦含《せんかんふく》む）二十四隻《せき》、計十三万四百八十三トンが沈《しず》みました。アメリカも二十四隻《せき》、計十二万六千二百四十トンが沈《しず》むほど、全力をあげてぶつかり合ったのです。一方、日本の飛行機は八百九十三機が撃墜《げきつい》され、搭乗員《とうじょういん》二千三百六十二人が戦死しました。これは非常《ひじょう》に大きなことで、ここで日本のベテラン飛行機乗りの大半が戦死し、あるいは傷《きず》つき、以後、あまり熟練《じゅくれん》していない人たちが飛行機に乗るようになりました。陸軍が投入した兵力三万三千六百人のうち、戦死約八千二百人、戦病死約一万一千人、そのほとんどが栄養失調による餓死《がし》なんです。哀《あわ》れというほかはない。

一方アメリカは、作戦参加の陸軍および海兵隊計六万人のうち、戦死千五百九十八人、戦《せん》傷《しょう》四千七百九人で、戦病死者はなし。ペニシリンがすでに発明されていましたから、たいていの傷病《しょうびょう》はどんどん治《なお》ったのです。

こうして日本軍が全力をあげて取り戻《と》《もど》そうとしたガダルカナルはアメリカの占領《せんりょう》するところとなります。日本軍の完全敗北でした。

翌《よく》昭和十八年二月九日、最後の兵隊さんを無事に撤退《てったい》させた後、大本営《だいほんえい》が発表します。

「ソロモン群島のガダルカナル島に作戦中の部隊は、昨年八月以降《いこう》、引き続き上陸せる優《ゆう》勢《せい》なる敵軍《てきぐん》を同島の一角に圧迫《あっぱく》し、激戦敢闘《げきせんかんとう》克《よ》く敵《てき》戦力を撃摧《げきさい》しつつありしが、その目的を達成せるにより、二月上旬《じょうじゅん》同島を撤《てっ》し他に転進せしめられたり」

「目的」とはガダルカナル島を取《と》り戻《もど》すことのはずなのですが、それもできないのに「やめた」と撤退《てったい》し、他へ軍隊を「転進」せしめたというのです。ここで後世《こうせい》の私《わたし》たちは悪口を言うのですね、撤退《てったい》も敗北もない、大本営《だいほんえい》発表とはごまかしの代名詞《だいめいし》なのだと。

そしてここでもう一つ大事なのは、どこに戦いを求めて転進したのかです。陸海軍両総長《そうちょう》（参謀総長《さんぼうそうちょう》と軍令部総長《そうちょう》）が天皇《てんのう》に報告《ほうこく》に行った時、「ではどこへ攻勢《こうせい》に出るのか」と聞かれ、「これから十分に作戦を練ります」と答えればいいものを、参謀総長杉山元《さんぼうそうちょうすぎやまはじめ》が「ニューギニアです」と言ったんですね。そうして今度はニューギニアで惨憺《さんたん》たる戦いがはじまるのです。ガダルカナル島とほぼ同じ距離《きょり》にありますから、ラバウルからの戦闘機《せんとうき》はまた十分間で帰ってこなければならないというバカな戦いが大々的に展開《てんかい》されました。そして十七万の将兵《しょうへい》が、終戦の日まで戦闘《せんとう》（餓死《がし》とマラリアとの戦いも含《ふく》めます）を続け、生還《せいかん》し得《え》たもの一万数千という悲惨《ひさん》となったのです。なんということか！

## ◆山本《やまもと》長官戦死の発表

ミッドウェー海戦は昭和十七年六月上旬《じょうじゅん》でしたから、開戦から半年足らずはいい気持ちでいられたのですが、後半はもう日本の敗北が目に見えていました。以後アメリカは、日本の逆《ぎゃく》をとってガダルカナルからコンパスをぐるっと回し、その範囲《はんい》に入る次の島を落とし、またそこからコンパスを回して次の島を攻《せ》め上《のぼ》っていく、という北上の進撃《しんげき》を開始します。日本守備《しゅび》軍はいくつもの島々で抵抗《ていこう》するものの、なにせガダルカナルで飛行機も艦艇《かんてい》も傷《いた》んでいますから、全力をあげて戦えず、次々に落とされていきます。

そしてラバウルです。占領《せんりょう》後、五万人くらいの陸海軍の将兵《しょうへい》がいましたが、アメリカがコンパスを回すと「占領《せんりょう》する必要なし」という位置にあるのです。なにも大軍を送って大激戦《だいげきせん》をやる必要はない、というので、南の方の島はやっつけられているのにラバウルでは待ってても何も来ません。兵隊さんはすることがなくて、と言っちゃあ悪いのですが、「できないのは赤ちゃんだけで、あとは何でも作った」というくらい、終戦まで戦争の外にいて、自給自足態勢《じきゅうじそくたいせい》で無事に百姓《ひゃくしょう》をやっていたのです。部品を方々《ほうぼう》から集めてきて新司令部偵察機《ていさつき》（新司偵《しんしてい》）や零《ぜろ》戦《せん》など、飛行機を三機つくったそうです。アメリカが実に上手にコンパスを回していたわけで、これは「カエル跳《と》び作戦」といわれています。

さてガダルカナル戦の後、日本海軍もアメリカ海軍もかなり艦艇《かんてい》が傷《いた》みまして、日本は本土へ、アメリカは真珠湾《しんじゅわん》へとそれぞれ引《ひ》き揚《あ》げ、海の戦いはこれで一段落《だんらく》となります。そしてアメリカは猛烈《もうれつ》な勢《いきお》いで航空母艦《こうくうぼかん》を主体とする船を造《つく》りだし、飛行機乗りもどんどん訓練して戦力を整える。しばらくの間、マッカーサー大将《たいしょう》が指揮《しき》するソロモン方面からの陸軍および海兵隊だけの戦争が続くことになります。同じく引《ひ》き揚《あ》げた日本海軍も、大いに船を造《つく》って……と言いたいところですが、国力がありませんので、ふうふう言いながら少しずつ船を造《つく》り、再度《さいど》のアメリカ艦隊《かんたい》との決戦に備《そな》えていました。これが昭和十八年のはじまりです。

その昭和十八年の大事なところだけを話しますと、まず一月十四日、モロッコのカサブランカでルーズベルトとチャーチルが会います。アメリカはガダルカナルを手に入れ、イギリスもロンメル将軍《しょうぐん》指揮《しき》するドイツ戦車軍団《ぐんだん》をエルアラメインで撃破《げきは》して、もう敗《ま》けなくてすむと大いに意気《いき》があがっていました。そこでルーズベルトが明言します。

「世界平和は、ドイツと日本の戦争能力《のうりょく》の全面的殲滅《せんめつ》をもってのみ達成可能《かのう》なのである。われわれはユリシス・グラント将軍《しょうぐん》という人物をもっている（南北戦争のことです）。私《わたし》や英国首相《しゅしょう》の少年時代には彼《かれ》を〝無条件降伏《むじょうけんこうふく》のグラント〟と呼《よ》んだものだ。ドイツ、イタリア、日本の戦争能力《のうりょく》の除去《じょきょ》は、その無条件降伏《むじょうけんこうふく》と同義《どうぎ》である。住民の殲滅《せんめつ》を意味はしないが、三国のイデオロギーの殲滅《せんめつ》を意味する」

ドイツもイタリアも日本も無条件降伏《むじょうけんこうふく》以外は戦争をやめることはできない、すなわち話し合い、講和《こうわ》、休戦はない、という宣言《せんげん》なのです。実はこれにはチャーチルが少し反対し、それを聞かされた蔣介石《しょうかいせき》も猛反対《もうはんたい》したのですが、アメリカは断乎《だんこ》として主張《しゅちょう》しました。この政策《せいさく》は、最後の日本の戦いぶりに影響《えいきょう》してきます。無条件降伏《むじょうけんこうふく》以外に戦争をやめられないのなら、最後の一兵までも戦ってなんとかせざるを得《え》ないと、日本軍の徹底抗戦《てっていこうせん》がはじまるのです。

そんなふうにアメリカが調子に乗っている時に、日本では三月一日、陸軍省軍務《ぐんむ》局長の佐藤《さとう》賢了少将《けんりょうしょうしょう》が、議会で代議士《だいぎし》の質問《しつもん》に答え、アメリカ軍について「詳細《しょうさい》なる解剖《かいぼう》を加えた」

話をしました。

「一、米陸海軍はまことに実戦訓練にとぼしい。

二、大兵団の運用がはなはだ拙劣《せつれつ》である。

三、米陸軍の戦術《せんじゅつ》は前近代的なナポレオン戦術《せんじゅつ》であって、多くの欠陥《けっかん》をもつ。

四、政治《せいじ》と軍事との連携《れんけい》が不十分である。」

よく読むと、日本のことを言ってるんじゃないか、というようなことを軍務《ぐんむ》局長がぬけぬけと発言してるんです。ガダルカナルで大敗したにもかかわらず、「あれは距離《きょり》が遠過《す》ぎて、補給《ほきゅう》がうまくいかなかったのだ」という理由のもとに、なお敵《てき》をなめてかかっていて、「まだまだ日本は」という鼻息の荒《あら》さがうかがえます。それは「国民を叱咤激励《しったげきれい》しなければ」という考えにつながり、二月二十三日、忘《わす》れもしない決戦標語《けっせんひょうご》ができあがりました。

「撃《う》ちてし止《や》まむ」

私《わたし》たちは小学生時代から、何かというと「撃《う》ちてし止《や》まん」で、喧嘩《けんか》をしても最後までやっていた覚えがありますが。

そうした時、日本国民をエッと驚《おどろ》かせる事件《じけん》が起きました。山本五十六《やまもといそろく》長官が前線において戦死したのです。四月十八日のことでした。開戦直前には外務省《がいむしょう》の暗号がすべてアメリカによって解読《かいどく》されていたことは前にお話しましたが、ミッドウェーの頃《ころ》には海軍最高の暗号も解読《かいどく》がはじまっていて、当初はまだほんの一部のみでしたが、昭和十八年春頃《はるごろ》には完全に解読《かいどく》に成功し、日本海軍の計画もほとんど読まれていたのです。したがって、山本《やまもと》が視察《しさつ》のためにラバウルからブインの飛行場に飛ぶ計画の分秒までも知られていて、アメリカ軍は山本《やまもと》が何時何分にどこに来るというところまで完全に把握《はあく》していました。しかし「飛行機を落とすのは可能《かのう》だが、山本《やまもと》を戦死させたために、もう一人か二人、もっと有能《ゆうのう》な提督《ていとく》がいたら困《こま》る。今まで通りのほうがいいんじゃないか」という議論《ぎろん》になり、ニミッツ大将《たいしょう》が情《じょう》報参謀《ほうさんぼう》レイトン中佐を呼《よ》んで聞くと、

「いえ、日本が山本《やまもと》を失うことは、アメリカ海軍がニミッツ提督《ていとく》を失うのと同じくらい重大です」

と答えました。上手な言葉ですねえ。するとニミッツもニンマリ笑って「そうか、よしそれなら」というわけで山本《やまもと》の撃墜《げきつい》作戦が組まれ、予定通りに来た飛行機を待《ま》ち伏《ぶ》せし、撃墜《げきつい》に成功しました。直《ちょく》接指揮《せっしき》したハルゼイ大将《たいしょう》が大喜《おおよろこ》びで打った電報《でんぽう》にはこうありました。

「攻撃隊員《こうげきたいいん》に祝意《しゅくい》を表す。獲物袋《えものぶくろ》の鴨《かも》のなか

日比谷公園内斎場で行なわれた山本五十六の国葬　昭和18年６月５日

に、孔雀《くじゃく》が一羽《わ》まじっていたそうだな」

もうすっかり敵《てき》は日本をなめてかかってますよね。残念なことです。

これが日本国民に知らされたのは五月二十一日です。ちなみに私《わたし》の誕生日《たんじょうび》です。それでよく覚えています。四月十八日の戦死をすぐ発表するにはあまりにも衝撃《しょうげき》が大きいというわけです。

笑い話がひとつあります。この日の大相撲《おおずもう》で、力士《りきし》二人が土俵《どひょう》の上で組んだまま動きませんでした。水が入って取り直したのですが、また動かないので引き分けになりました。協会が怒《おこ》って「山本閣下《やまもとかっか》が戦死されたのに、敢闘精神《かんとうせいしん》が足らん」と二人に休場を命じると、力士《りきし》会長の双葉山《ふたばやま》が「土俵《どひょう》で動かないように見えても両力士《りきし》は全力をふりしぼっているのだ、それを何ですか」と抗議《こうぎ》し、また二日後に取り組んで勝負をつけた。そのくらい山本《やまもと》の戦死は国民にはショックだったのです。

その山本《やまもと》の戦死発表の直後の五月二十九日に、北の方のアッツ島での玉砕《ぎょくさい》がありました。「玉砕《ぎょくさい》」という言葉はこの後もやたらに出てきます。私《わたし》はこの頃《ころ》、中学一年生になっていましたから少しはわかりまして、「瓦全《がぜん》より玉砕《ぎょくさい》」――瓦《かわら》となって全《まった》からんより、玉《たま》となりて砕《くだ》けよ――という言葉を覚え、悪ガキの子分どもに「おい、玉砕《ぎょくさい》を知ってるか」などと盛《さか》んに講《こう》義《ぎ》したことを覚えています。こうして「山本五十六《やまもといそろく》の戦死」「アッツ島の玉砕《ぎょくさい》」の二つが象《しょう》徴《ちょう》するように、日本は敗北に次ぐ敗北がはじまっていくのです。もうこうなると、一億の日本人は全員が戦闘員《せんとういん》、学校もへちまもない、というので十月二十一日、明治神宮外苑《じんぐうがいえん》でいわゆる「学徒出陣《がくとしゅつじん》」の式、「出陣学徒壮行会《しゅつじんがくとそうこうかい》」が行なわれました。大学生が鉄砲《てっぽう》を担《かつ》いで雨の中をびしょびしょに濡《ぬ》れながら行進している場面を、今でも時々テレビなどで見ることがあると思いますが、そこで東条総《とうじょうそう》理《り》大臣が壮行《そうこう》の辞を述《の》べます。

「諸君《しょくん》はその燃《も》え上《あ》がる魂《たましい》、その若《わか》き肉体、清新《せいしん》なる血《ち》潮《しお》、すべてこれ御国《みくに》の大御宝《おおみたから》なのである。このいっさいを大君《おおきみ》の御為《おんため》に捧《ささ》げたてまつるは、皇国《こうこく》に生《せい》を享《う》けたる諸君《しょくん》の進むべきただ一つの途《みち》である」

岡部長景《おかべながかげ》文部大臣も送別の辞を述《の》べました。

「諸子《しょし》の心魂《しんこん》には、三千年来の皇国《こうこく》の貴《たっと》き伝統《でんとう》の血潮《ちしお》が満ちあふれている」

こうして秋口から、「学徒《がくと》は兵隊たれ」と青年がどんどん戦場へ送られていきます。

昭和十八年はこのように、でかい戦闘《せんとう》はなくとも、じりじりと圧迫《あっぱく》されながら後退《こうたい》に後退《こうたい》を重ねつつ暮《く》れていきました。

学生たちも前線に向かった。安田講堂前で昭和18年11月12日にあった東大壮行会

## ◆豪雨《ごうう》のなかのインパール街道

太平洋方面では日本が、ヨーロッパではドイツが連合軍に押《お》しまくられ、敗退《はいたい》に次ぐ敗退《はいたい》の情勢《じょうせい》のもと、ここでがっちりと姿勢《しせい》を固め、連合軍の勢《いきお》いを押《お》し留《とど》めることが一番大事だったのです。が、ここにやらなくてもいい作戦が強行され、昭和十九年の春には目を蔽《おお》いたくなる大敗北がはじまっていました。インパール作戦です。

昭和十八年の末頃《まつごろ》から、実はこの作戦が考え出されています。インパールというのはビルマ（現在《げんざい》のミャンマー）の国境線《こっきょうせん》の向こう、山を越《こ》えたところにあるインドの主要都市です。常《じょう》識的《しきてき》には「今ごろインドに進攻《しんこう》してどうするのか」という話なのです。それにビルマ方面軍というのはビルマ防衛《ぼうえい》が本来の任務《にんむ》です。ところが、なぜそんな攻勢《こうせい》作戦が立てられたのか。実は、不利になりゆく戦勢《せんせい》で不人気になりつつある東条内閣《とうじょうないかく》への、全国民の信頼《しんらい》を再燃《さいねん》させるために、という政治的《せいじてき》な意図がその裏《うら》にありました。要するに、何かでかいことをやって、功《こう》一級の金鵄勲章《きんしくんしょう》をもらおう、というまことに個人的《こじんてき》な野望にはじまる作戦であったのです。

この作戦を推進《すいしん》したのが、誰《だれ》あろう第十五軍司令官・牟田口廉也中将《むたぐちれんやちゅうじょう》です。東条首相《とうじょうしゅしょう》の子分ともいわれている人物。その上にいたのがビルマ方面軍司令官の河辺正三大将《かわべまさかずたいしょう》です。ご記《き》憶《おく》ですか、二人は盧溝橋事件《ろこうきょうじけん》の時の旅団長《りょだんちょう》と連隊長でした。まさにビルマでも同じコンビがこの大作戦に当たったわけです。その頃《ころ》すでに偉《えら》くなっていた牟田口《むたぐち》さんは、前にも申しましたが、非常《ひじょう》に功名心《こうみょうしん》の強い突撃型《とつげきがた》の軍人で、誰《だれ》がつくったのかわかりませんが、こんな冷やかしの歌が流行《はや》りました。

「牟田口閣下《むたぐちかっか》のお好きなものは、一に勲章《くんしょう》、二にメーマ（ビルマ語で女のこと）、三に新聞ジャーナリスト」

どうしようもないですね。こういう方が指揮《しき》をとって、インドを一挙《いっきょ》に攻略《こうりゃく》してしまおうというわけです。「閣下《かっか》と本職《ほんしょく》はこの戦争の根因《こんいん》となった支那《しな》事変を起こした責任《せきにん》があります。この作戦を成功させて、国家に対して申《もう》し訳《わけ》がたつようにせねばなりません」と牟田口《むたぐち》は河辺《かわべ》に言ったといいます。

それにしてもビルマからインドへ入っていくには峨々《がが》たる山を越《こ》えなければならないのですから、相当の準備《じゅんび》がなければ作戦は成り立ちません。にもかかわらず、後方支援《しえん》、補給《ほきゅう》をまったく考えておらず、「五十日で落としてみせるので、何らの心配もいらない」と新聞記者に豪《ごう》語《ご》し、まるでアレキサンダー大王か木曾義仲《きそよしなか》のように*3、兵隊さんが食糧《しょくりょう》用にたくさんの牛を連れて進撃《しんげき》します。しかし山道ですから、牛は崖《がけ》から落ちたりでほとんど役に立ちませんでした。

昭和十九年三月に開始された作戦は、四月末頃《まつごろ》には戦力が四〇パーセント前後に低下し、とてもこれ以上攻撃《こうげき》できない、撤退《てったい》したほうがいいという状況《じょうきょう》になります。しかもビルマは五月を過《す》ぎると雨季《うき》で撤退《てったい》もしづらく、できるだけ早く作戦を中止すべきだという雰囲気《ふんいき》になりましたが、牟田口《むたぐち》さんは、なお攻撃《こうげき》を主張《しゅちょう》して尻《しり》を叩《たた》き続けました。

しかし状況《じょうきょう》がますます悪くなった五月二十日頃《ころ》、参謀《さんぼう》本部もさすがに作戦は失敗と判断《はんだん》してビルマ方面軍にその旨《むね》を伝えました。そこで河辺《かわべ》・牟田口《むたぐち》両軍司令官は六月四、五日に会談をもちます。まず五日に、牟田口《むたぐち》が「戦《いくさ》も今が峠《とうげ》であり、これ以上の心配はかけない。かならずインパールを落としてみせる」と言うのを、河辺《かわべ》は「華々《はなばな》しさを求めずに、地味な作戦でいくように」と激励《げきれい》したといいます。

ところが翌《よく》六日、牟田口《むたぐち》が「部下の師団長《しだんちょう》がだらしなくていかん、作戦遂行《すいこう》のためにクビにする」と言い出します。牟田口《むたぐち》はすでに二人の師団長《しだんちょう》をクビにしていましたから、さすがに河《かわ》辺《べ》も「そういうことでは作戦がうまくいかないのではないか」と牟田口《むたぐち》を睨《にら》みつけます。負けずに牟田口《むたぐち》も睨《にら》み返《かえ》し、会談はそのまま無言で終わったそうですが、思い起こしてください、まさに盧溝橋《ろこうきょう》事件《じけん》の再現《さいげん》ではありませんか。

結果的には、日本軍は完敗、徹底的《てっていてき》に撃破《げきは》され、雨季《うき》のどしゃぶりの中のインパール街道を各部隊は後退《こうたい》また後退《こうたい》、それをイギリスとインドの連合軍が戦車で追撃《ついげき》するという哀《あわ》れな失敗に終わり、実に多くの方が戦死しました。戦後の牟田口《むたぐち》の回想があります。

「私《わたし》は、もはやインパール作戦は断念《だんねん》すべき時期である、とのどまで出かかったが、どうしても言葉に出すことができなかった。私《わたし》はただ私《わたし》の顔色によって察してもらいたかったのである」

何を言ってるんだということになるのですが、一方、河辺《かわべ》の『戦中日記』では六月六日、つまり牟田口《むたぐち》との会談の後の記述《きじゅつ》はこうです。

「牟田口《むたぐち》軍司令官の面上《めんじょう》にはなお言わんと欲して言《い》い得《え》ざる何物かの存《そん》する印象《いんしょう》ありしも、予《よ》また露骨《ろこつ》に之《これ》を窮《きわ》めんとせずして別《わか》る」

どうもこの辺が、何と言いましょうか、上にたつ指揮者《しきしゃ》二人のばかげた考えで作戦を遂行《すいこう》し、肝心要《かんじんかなめ》のところで睨《にら》み合《あ》うだけで、正しい判断《はんだん》も下せず、それどころか代わりに総攻撃《そうこうげき》命令を出したことを考えると、同じような過《あやま》ちを何度繰《く》り返《かえ》すのかと、天を仰《あお》ぎたいような気持ちになります。

河辺《かわべ》も牟田口《むたぐち》も、飢《う》えてどんどん死んでゆく兵隊、その死体が山のようになっていくことを知っていました。置き捨《す》てられた死体をネズミが食い、目の玉をかじる、負傷兵《ふしょうへい》の上をイギリス・インド連合軍の戦車がばく進してゆくことも知っていながら、作戦中止を言わなかったのです。河辺《かわべ》の戦後の回想があります。

「この作戦には私《わたし》の視野《しや》以外さらに大きな性格《せいかく》があった。この作戦には日本とインド両国の運命がかかっていた。チャンドラ・ボースと心中《しんじゅう》するのだと、予《よ》は自分自身にいい聞かせた」

チャンドラ・ボースとは、日本側についた自由インド国民軍の最高指揮者《しきしゃ》です。絶大《ぜつだい》な政治《せいじ》的手腕《てきしゅわん》で東条英機《とうじょうひでき》首相兼参謀総長《しゅしょうけんさんぼうそうちょう》と意気投合《いきとうごう》し、「東条《とうじょう》をしてインパール作戦を認可《にんか》させる」というところまでもっていきました。その手前もあり、途中《とちゅう》でやめるわけにはいかない、こういう、作戦そのものとは違《ちが》う「政治的判断《せいじてきはんだん》」で作戦を遂行《すいこう》し、失敗がわかっていながらなおかつ総攻撃《そうこうげき》命令を出すなど、およそ軍をあずかる指揮官《しきかん》のやることではありません。こうした何ともアホな判断《はんだん》が働き、史上《しじょう》まれに見る大惨敗《だいざんぱい》を喫《きっ》した戦いについては、話すこともホトホト嫌《いや》になります。

## ◆サイパン奪還《だっかん》は不可能《ふかのう》

一方、南方の戦線では、マッカーサーを指揮官《しきかん》として豪州《ごうしゅう》からニューギニア、ニューギニアからガダルカナル、ガダルカナルから北上し「カエル跳《と》び作戦」でフィリピンを目指すアメリカ陸軍の攻撃《こうげき》が続くなか、さらに、中部太平洋をおし渡《わた》ってくる米海軍と海兵隊の大機動部隊による攻撃《こうげき》もはじまります。ソロモン諸島《しょとう》を北上してフィリピン諸島《しょとう》を目指すマッカーサー軍は、コンパスを回して基地《きち》をつくりながら島をつたってゆくわけですから航空母艦《こうくうぼかん》の飛行機に頼《たよ》らなくていいのですが、太平洋の真ん中の島々を攻撃《こうげき》するには航空母艦《こうくうぼかん》以外にないわけです。そこで大機動部隊が編成《へんせい》され、昭和十八年末から十九年にかけて攻撃《こうげき》を開始してきたのです。これはものすごく強力な部隊でした。四つの機動群に各四隻《せき》ずつ、計十六隻《せき》の航空母艦《こうくうぼかん》が一挙《いっきょ》に襲《おそ》いかかってくるのです。何百機という攻撃機《こうげきき》です。日本軍は、島づたいに北上するマッカーサー軍と、太平洋を横から渡《わた》ってくるニミッツ軍との両面作戦を強《し》いられたのです。二本の矢です。両方とも目的地はフィリピンです。フィリピンを落としてから日本本土を目指す作戦です。

この太平洋を渡《わた》ってくる大機動部隊が昭和十九年夏に襲《おそ》いかかったのが、サイパン島でした。アメリカ軍はその前にトラック島などをこてんぱんに爆撃《ばくげき》して使い物にならない状態《じょうたい》にしておいたうえで、サイパン、テニアン、グアム——今、新婚《しんこん》旅行や観光のメッカになっているマリアナ諸島《しょとう》——がその時、まさに米軍最大の目標になったわけです。

日本軍は、次はサイパン島に来るということは覚悟《かくご》していました。しかし、もしそこをとられたら、「超空の要塞《ちょうそらのようさい》」として喧伝《けんでん》されている大型爆撃機《おおがたばくげきき》B29をそこへ持ってきてアメリカが日本本土を空襲《くうしゅう》するのは必至《ひっし》です。本土を爆撃《ばくげき》されたらたまったものじゃありませんから、日本はマリアナ諸島《しょとう》をなんとしても死守《ししゅ》しなければならない、そこでサイパン、テニアン、グアムの大きな三つの島に陸軍部隊がはりつき、難攻不落《なんこうふらく》の防御態勢《ぼうぎょたいせい》を整えました。

四月二十八日、陸海軍合同の研究会議で、作戦課長の服部卓四郎《はっとりたくしろう》大佐——ノモンハン事件《じけん》の時に出てきましたね——が、「マリアナ諸島《しょとう》は絶対《ぜったい》に落ちない」と言明《げんめい》します。

さらに五月十九日、天皇《てんのう》の前で開かれた大本営政府連絡会議《だいほんえいせいふれんらくかいぎ》で東条首相《とうじょうしゅしょう》が言います。

「サイパンの防衛《ぼうえい》はもはや安泰《あんたい》である」

海軍は今までのことがありますから念を押《お》して言いました。

「敵《てき》の上陸がはじまってから少なくとも一週間は飛行場をなんとか確保《かくほ》してもらいたい」

すると東条《とうじょう》さんはこう豪語《ごうご》したのです。

「一週間や十日は問題ではない。何カ月でも大丈夫《だいじょうぶ》である。サイパンは占領《せんりょう》されることはない」

それを聞いていた天皇陛下《てんのうへいか》はこう言いました。

「陸軍もしっかりやってくれ」

それからひと月もたたない六月十五日、米軍はサイパン島に上陸を開始しました。おもしろいことに、その九日前の六月六日、ヨーロッパでは、英国本土から大兵力によるノルマンディー上陸作戦[*4]がはじまっています。つまり西も東も軌《き》を一《いつ》にしたように日本とドイツの運命を決する大作戦が開始されたのです。

さて、「水際《みずぎわ》で敵《てき》を完璧《かんぺき》に追い落とす」と豪語《ごうご》されていたはずの米軍は続々と上陸します。飛行場はたちまち占領《せんりょう》され、ぼかぼかと砲弾《ほうだん》が撃《う》ち込《こ》まれます。上陸以前に約三千トンの砲爆撃《ほうばくげき》が行なわれ、上陸後は艦砲射撃《かんぽうしゃげき》だけで十三万八千三百九十一発、約八千五百トンの弾丸《だんがん》が集中して撃《う》ち込《こ》まれました。迎《むか》え撃《う》つ日本軍ですが、火砲《かほう》は二百十一門、これに対して米軍は二千四百十七門といいますから問題になりませんでした。

こうしてサイパンをたちまち奪《と》られた日本軍は、六月十九日、連合艦隊《かんたい》が総力《そうりょく》をあげての決戦に出ます。まさにそれが全戦力である九隻《せき》の航空母艦《こうくうぼかん》がすべて出撃《しゅつげき》し、アメリカ海軍の十五隻《せき》との間に激闘《げきとう》が交《か》わされます。結果は惨憺《さんたん》たる日本海軍の敗北でした。日本の空母三隻《せき》が撃《げき》沈《ちん》され、一年がかりで養成した飛行機部隊は潰滅《かいめつ》、三百九十五機がほとんど全滅《ぜんめつ》しました。米海軍はこれを「マリアナの七面鳥《しちめんちょう》撃《う》ち」と形容《けいよう》しました。かくてサイパン島の陥落《かんらく》はいかんともしがたい状況《じょうきょう》となったわけです。

サイパンがもはやどうにもならないことが判明《はんめい》した六月二十日、なお天皇陛下《てんのうへいか》が「なんとか取《と》り戻《もど》せないか」と陸海軍に盛《さか》んに言いました。天皇《てんのう》が同じ問題について二度も三度もご下問《かもん》するというのはめったにない例で、やむを得《え》ず陸海軍は二十二日と二十三日に最後の会議を開きます。ところが奪還《だっかん》は完全に不可能《ふかのう》の結論《けつろん》となり、二十四日、陸海軍両総長《そうちょう》がそう報告《ほうこく》しますと、めずらしいことに天皇《てんのう》は返事もせず、黙《だま》って二人を睨《にら》みつけたまま退室《たいしつ》しました。上奏《じょうそう》を許《ゆる》されなかったのです。両総長《そうちょう》が困《こま》っていると、今度は天皇《てんのう》が自ら「元帥《げんすい》会議を開きたい」と侍従《じじゅう》武官《ぶかん》長に要望したのです。

こうして急きょ、二十五日に元帥《げんすい》会議が開かれることになりました。出席者は伏見宮《ふしみのみや》、梨本宮《なしもとのみや》、永野修身《ながのおさみ》、杉山元《すぎやまはじめ》の四人（閑院宮《かんいんのみや》は病気で欠席）です。陸海軍両総長《そうちょう》の説明を聞き、論議《ろんぎ》を交《か》わしたものの、もはやだめだと結論《けつろん》が出た時、伏見宮《ふしみのみや》がこう言ったというのです。

「それならば、陸海軍とも何か特殊《とくしゅ》兵器を考え、これを用いて戦争をしなければならない」

実は昭和十九年春頃《はるごろ》から、陸海軍ともに、先走りの人たちがなんとか勝つための手段《しゅだん》として特別攻撃《こうげき》兵器を研究していました。戦闘機《せんとうき》に爆弾《ばくだん》を積んで突撃《とつげき》する方法、あるいはモーターボートに爆薬《ばくやく》をいっぱいつけて敵《てき》の軍艦《ぐんかん》に突入《とつにゅう》する兵器……ありとあらゆる兵器や戦法が考えられていたのですが、まだそれをどうするかという段階《だんかい》には入っていませんでした。

ところがこの元帥《げんすい》会議での伏見宮《ふしみのみや》の発言を受けて、それならば、と陸海軍は「特攻作戦《とっこうさくせん》」を現実的《げんじつてき》に計画しはじめたのです。つまりそれまで、零戦《ぜろせん》に爆弾《ばくだん》を載《の》せてそのまま突《つ》っ込《こ》むという方法は机上《きじょう》の話だったのですが、その時から具体的に「いつ」「どのように」やるかが議論《ぎろん》されはじめたと考えていいと思います。これが特攻《とっこう》のスタートになるわけです。

## ◆特別攻撃《こうげき》は海軍の総意《そうい》?

さてここから、悲痛《ひつう》な特攻《とっこう》作戦について考えてみます。仮説《かせつ》かもしれない話に入ります。

七月七日、サイパン島が玉砕《ぎょくさい》し、もはやこの戦争における勝利はまったくないことが決定づけられました。そして十八日に東条内閣《とうじょうないかく》は総辞職《そうじしょく》し、小磯国昭内閣《こいそくにあきないかく》が成立します。日本がB29の爆撃圏《ばくげきけん》内に入ったことは明らかで、次に敵《てき》の二本の矢はどこへ向くのかといえば、当然フィリピンです。これはもう自明《じめい》の戦理《せんり》です。そこでフィリピン諸島《しょとう》が、米軍を迎《むか》え撃《う》つ決戦の場となります。

十月二十日に米軍がそのフィリピンに上陸を開始する、その直前の話を少しいたします。

情勢《じょうせい》が絶望的《ぜつぼうてき》であることから、当時、軍需《ぐんじゅ》省航空《こうくう》兵器総局《そうきょく》長だった大西滝治郎中将《おおにしたきじろうちゅうじょう》が、海軍部内に激烈《げきれつ》な意見書を提出《ていしゅつ》しました。それが「このままの状態《じょうたい》では日本は敗北以外考えられない、上の人たちは総辞職《そうじしょく》すべきである」という過激《かげき》な内容《ないよう》だったため大問題となり、大《おお》西《にし》さんは十月五日には南西方面艦隊《かんたい》司令部付《づき》という、責任分担《せきにんぶんたん》の何もない肩書《かたが》きを与《あた》えられ、第一線への赴任《ふにん》となりました。そして十月九日、東京を飛び立ちます。ところがその途中《とちゅう》で台《たい》湾《わん》沖航空《こうくう》戦という予期しない大戦闘《せんとう》があったため、マニラに着いたのは十月十七日でした。その翌日《よくじつ》、米軍のレイテ湾《わん》上陸作戦が開始され、フィリピンをめぐる大決戦がはじまります。そこで最前線の基地《きち》マバラカットに飛んだ大西《おおにし》さんが、十九日の時計の針《はり》が午前零《れい》時を指そうとする約三十分ほど前、突然《とつぜん》、特別攻撃隊出撃《こうげきたいしゅつげき》案を持ち出したのです。

　この時、マバラカット基地《きち》には戦闘機《せんとうき》主体の第二〇一航空隊《こうくうたい》がいて、その副長玉井浅一《たまいあさいち》中佐に大西《おおにし》さんがこう持ちかけたのです。

「零戦《ぜろせん》に二百五十キロの爆弾《ばくだん》を抱《だ》かせて体当たりをやるほかに、確実《かくじつ》な攻撃《こうげき》方法はないと思うが……どんなものだろうか」

　玉井《たまい》副長は答えます。

「私《わたし》は副長ですから、勝手に決めることはできません。司令である山本栄《やまもとさかえ》大佐に意向を聞く必要があります」

　すると大西《おおにし》さんはこう言います。

「いや、山本《やまもと》司令とはもうマニラで会って、十分に打ち合わせ済《ず》みである。副長の意見を聞いてほしい、万事《ばんじ》、副長の処置《しょち》に任《まか》せる、ということであった」

大西《おおにし》さんが山本《やまもと》司令に会ったという証拠《しょうこ》はこれっぱかりもないんです。ということは、大西《おおにし》さんがここで嘘《うそ》をついたことになります。玉井《たまい》副長はそうとは知りませんから、「司令も承知《しょうち》しているならば」というので、「わかりました」となりました。

ここで日本海軍はじめての特攻隊《とっこうたい》が編成《へんせい》されるのです。

玉井《たまい》副長は、「どうせ出すのなら、自分の教え子たちを出したい」と、第二〇一航空隊《こうくうたい》から選び、指揮官《しきかん》には兵学校《へいがっこう》出がいいというので、当時二十三歳《さい》の関行男《せきゆきお》大尉《たいい》が選ばれました。命令ではなく、志願《しがん》ということでした。

ここから大西《おおにし》さんが「特攻《とっこう》の父」と呼《よ》ばれることになったのです。特別攻撃《こうげき》は大西《おおにし》さんの発案で、まさに下から澎湃《ほうはい》として起こってくる、止《や》むにやまれぬ勢《いきお》いから最後の断《だん》を下したのだと、現在《げんざい》では伝わっています。大西《おおにし》さんは、終戦直後に切腹《せっぷく》して亡《な》くなりましたので口をききません。その口をきかない大西《おおにし》さんに全責任《ぜんせきにん》を負わせたことになるのですが、ここに一つの電《でん》報《ぽう》が残っています。軍令部の源田実《げんだみのる》参謀《さんぼう》が起案《きあん》したもので、日付は、いいですか、昭和十九年十月十三日です。大西《おおにし》さんがフィリピンへ向けて飛んだのが九日、特攻《とっこう》作戦の案を持ち出したのが十九日の午前零《れい》時直前、そして二十日に特攻隊《とっこうたい》が編成《へんせい》されました。ところがそれより一週間も前の電報《でんぽう》にこうあるのです。

「神風攻撃隊《しんぷうこうげきたい》ノ発表ハ全軍ノ士気昂揚竝《しきこうようならび》ニ国民戦意ノ振作《しんさく》ニ至大《しだい》ノ関係アル処《ところ》　各隊攻《こう》撃実施《げきじっし》ノ都度《つど》　純忠《じゅんちゅう》ノ至誠《しせい》ニ報《むく》ヒ攻撃隊《こうげきたい》名（敷島《しきしま》隊、朝日《あさひ》隊等）ヲモ併《あわ》セ適当《てきとう》ノ時期ニ発表ノコトニ取計《とりはから》ヒ度《たし》……」

すでに「神風攻撃隊《しんぷうこうげきたい》」（正しくは〝しんぷう〟ですが、一般《いっぱん》には〝かみかぜ〟と呼《よ》ばれました）という名前もついていて、特攻《とっこう》攻撃が行なわれた時には、全軍の士気《しき》を高めるため、その都度《つど》必ず大々的に発表したほうがいいとあるのです。さらに敷島《しきしま》隊、朝日《あさひ》隊という名まで書かれています。実際《じっさい》に関大尉《せきたいい》を隊長とする初の攻撃隊《こうげきたい》は敷島《しきしま》隊、大和《やまと》隊、朝日《あさひ》隊、山桜《やまざくら》隊と名付けられていました。本居宣長《もとおりのりなが》＊5の歌「敷島《しきしま》の大和心《やまとごころ》を人問はば朝日《あさひ》に匂《にお》ふ山桜花《やまざくらばな》」からとられたもので、編成《へんせい》は敷島《しきしま》隊五機、大和《やまと》隊六機、朝日《あさひ》隊二機、山桜《やまざくら》隊二機、さらに楠木正成《くすのきまさしげ》の湊川出陣《みなとがわしゆつじん》＊6の旗印《はたじるし》にちなんで菊水《きくすい》隊も加えられました。

つまり、「澎湃《ほうはい》として下からの熱意によって起こった」とされる特攻隊《とっこうたい》は、大西《おおにし》さんがフィリピンへ行く前に、すでに軍令部の計画として練られていて、しかも「神風《しんぷう》」の名称《めいしょう》だけでなく、第一回の出動隊名まで決まっていたのです。ということは、大西《おおにし》さんは、発案者でも何でもなく、むしろ海軍中央の総意《そうい》の実行者だったのです。ただ、大西《おおにし》さんは翌《よく》二十日、第一航空艦隊《こうくうかんたい》司令長官として正式に任命《にんめい》されることになっていて、その肩書《かたが》きにおいて「命令」はしたくないという思いがあった、そこで南西方面艦隊《かんたい》司令部付《づけ》という、何の権限《けんげん》もない肩書《かたが》きでいるぎりぎりの十九日に「案」として出し、採用《さいよう》するかしないかは、現地《げんち》の、まさに澎湃《ほうはい》たる熱意に任《まか》せた、という体裁《ていさい》を繕《つくろ》ったのではないでしょうか。つまり海軍がいかに自分に全責任《ぜんせきにん》を負わせようとしても、自分はこれを命令したくはないのだという意思を、嘘《うそ》をついてまで二十日直前に提案《ていあん》することで表明したのだと思います。

総指揮《そうしき》をとった関大尉《せきたいい》が、出発前に言ったといいます。

「日本もおしまいだよ。僕《ぼく》のような優秀《ゆうしゅう》なパイロットを殺《ころ》すなんて……しかし、命令とあれば、やむを得《え》ない。日本が負けたら、KA《ケーエー》（家内）がアメ公に何をされるかわからん。僕《ぼく》は彼女《かのじょ》を守るために死ぬ」

こうして十月二十五日に基地《きち》を飛び立ち、再《ふたた》び帰りませんでした。二十八日、海軍は神風《しんぷう》特別攻撃隊《こうげきたい》を大々的に「命令ではなく志願《しがん》による」として公表しています。

ここで思い出すのは、真珠湾攻撃《しんじゅわんこうげき》の時に、特殊潜航艇《とくしゅせんこうてい》*7による攻撃《こうげき》があったことです。とても湾《わん》の中に入っていくのは無理だという二人乗りの潜航艇《せんこうてい》によるもので、まさに特殊潜航艇《とくしゅせんこうてい》乗りの熱意がほとばしり、どうしてもやらせてくれと言うのを山本五十六《やまもといそろく》が「九死《きゅうし》に一生《いっしょう》はあり得《え》ても、十死《じっし》に零生《れいせい》という作戦はない」と突《つ》っぱねました。それを隊員や乗組員らがいろいろと研究し、攻撃終了《こうげきしゅうりょう》後に五隻《せき》を決められた海域《かいいき》で回収《かいしゅう》する、という方法をひねり出し、九《きゅう》死《し》に一生《いっしょう》分くらいは帰ってこられるかもしれないと再《ふたた》び志願《しがん》すると、山本《やまもと》は「生還《せいかん》できる可《か》能性《のうせい》があるのだな」と念を押《お》し、「わずかながらでもあります」との答えを聞いて許可《きょか》したといいます。山本《やまもと》の発言があります。

「自分が命令できない作戦は行なってはならないのである」

神風《しんぷう》特別攻撃隊《こうげきたい》も、後の回天《かいてん》特別攻撃隊《こうげきたい》*8も、志願《しがん》によった、となっています。しかしながらそこにはまったく、海軍リーダーたちの自信も責任《せきにん》もないのです。モラルのかけらもないと言えるのではないでしょうか。彼《かれ》らは命令しないのです。そういう作戦を敢《あ》えて行ない、以後、「志願《しがん》による」という形式はずっと守られます。最初の攻撃《こうげき》が行なわれたことを聞いた天皇《てんのう》はこう言ったといいます。

「そのようなことまでせねばならなかったのか。しかし、よくやった」

あとの「しかし、よくやった」は余計《よけい》でした。以後、日本には特攻《とっこう》、特攻《とっこう》による攻撃《こうげき》のみが残された日々が来るのです。

もう一つ、面白《おもしろ》い事実を話しておきます。大森仙太郎《おおもりせんたろう》という歴戦《れきせん》の中将《ちゅうじょう》がいます。昭和十九年九月、この人は海軍特攻《とっこう》部長に任命《にんめい》されています。特別攻撃《こうげき》がはじまる前に、部長職《ぶちょうしょく》ができていたというのは、はたして何を語るのでしょうか。

昭和十九年はこうして惨憺《さんたん》たるかたちで終わります。とにかく国民総動員《そうどういん》ですから、戦場も後方も区別がなくなりました。本土空襲《くうしゅう》もすぐにはじまります。昭和十九年度の軍事費《ぐんじひ》は、国家予算の八五・五パーセント、七百三十五億円という記録が残っています。日本が総力《そうりょく》をあげて戦ったことがわかると思います。私《わたし》は当時中学二年生でしたが、十一月末ごろから勤労《きんろう》動員されて海軍の軍需《ぐんじゅ》工場で働いています。学業など全面的に停止《ていし》です。勉強しなくてすむと喜《よろこ》んでいるものもいましたが。

東京の上空にサイパン島から発進した爆撃機《ばくげきき》B29がはじめて姿《すがた》を見せたのが、昭和十九年十一月一日でした。そのほぼ一週間前、フィリピンの東方海域《かいいき》で凄絶《せいぜつ》な戦いが展開《てんかい》されました。

これをレイテ沖海戦といいます。この戦いについても一冊《さつ》、私《わたし》は詳細《しょうさい》に書いております。*9 まさしく史上《しじょう》最大の海戦でした。艦艇《かんてい》（駆逐艦《くちくかん》以上）百九十八隻《せき》、飛行機二千機が敵味方《てきみかた》に分かれ、レイテ湾《わん》に入った七百隻《せき》以上の艦艇《かんてい》および輸送船《ゆそうせん》、レイテ島に上陸した十万数千人のマッカーサー軍を焦点《しょうてん》として、死闘《しとう》の限《かぎ》りを尽《つ》くした戦いでありました。連合艦隊《かんたい》はこの時、「全軍突撃《とつげき》セヨ」の命の下に果敢《かかん》な突撃《とつげき》を行ない、ほぼ全滅《ぜんめつ》します。同時に神風特攻隊《しんぷうとっこうたい》の体当たり攻撃《こうげき》も正式の作戦となりました。

その頃《ころ》、日本はどこを向いても明るいところなど一点もなかったと言っていいと思います。物《ぶっ》質的《しってき》にも精神的《せいしんてき》にも荒廃《こうはい》し、日本じゅうが休止状態《じょうたい》になっていました。

そして昭和十九年が終わり、昭和二十年に入っていきます。

*1――航続距離《こうぞくきょり》　航空機《こうくうき》（艦船《かんせん》）が一度の積載燃料《せきさいねんりょう》で航空《こうくう》（航海《こうかい》）できる距離《きょり》のこと。

*2――『遠い島 ガダルカナル』二〇〇三年、PHP研究所。

*3――アレキサンダー大王か木曾義仲《きそよしなか》　古代マケドニアの征服《せいふく》王（紀元前《きげんぜん》三五六―三二三）と、木曾《きそ》山中で育てられた平安末期の武将《ぶしょう》（一一五四―八四）の戦闘《せんとう》をさす。

*4――ノルマンディー上陸作戦　一九四四年六月、米英連合軍が北フランス、ノルマンディー海岸に行なった史上《しじょう》最大の上陸作戦。西部戦線で敗れヨーロッパ大陸から退《しりぞ》けられていた連合軍が、ドイツ本土に進攻《しんこう》するための足場を求めて行なわれた。奇襲《きしゅう》となり、一日でほとんどの上陸地点で橋頭堡《きょうとうほ》を確保《かくほ》した。

＊5――本居宣長《もとおりのりなが》　一七三〇―一八〇一、江戸《えど》中期の国学者。「もののあはれ」論《ろん》で知られる。

＊6――楠木正成《くすのきまさしげ》の湊川出陣《みなとがわしゅつじん》　延元《えんげん》元年（一三三六）、摂津《せっつ》兵庫（神戸《こうべ》市）の湊川《みなとがわ》付近一帯で行なわれた足利《あしかが》軍と楠木《くすのき》・新田《にった》軍との合戦。京都を駆逐《くちく》された足利尊氏《あしかがたかうじ》・直義《ただよし》は大軍を集めて博多《はかた》を発し、建武新政府《けんむしんせいふ》は新田義貞《にったよしさだ》・楠木正成《くすのきまさしげ》に迎撃《げいげき》を命じ、義貞《よしさだ》は和田岬《わだみさき》に、正成《まさしげ》はその西の湊《みなと》川《がわ》に布陣《ふじん》した。楠木《くすのき》軍は新田《にった》軍の敗走によって孤立《こりつ》し敗戦。建武新政府《けんむしんせいふ》は崩壊《ほうかい》、尊氏《たかうじ》は再《ふたた》び入京して室町幕府《むろまちばくふ》を建てた。

＊7――特殊潜航艇《とくしゅせんこうてい》　日本海軍が考案・使用した小型潜航艇《こがたせんこうてい》。全長二十四メートル。魚雷《ぎょらい》二門、乗員二名。潜水艦《せんすいかん》または母艦《ぼかん》から発進。

＊8――回天《かいてん》特別攻撃隊《こうげきたい》　太平洋戦争末期、日本軍が敵艦《てきかん》への体当たり攻撃《こうげき》に用いた人間魚雷《ぎょらい》。

＊9――『レイテ沖海戦』　一九九九年、ＰＨＰ研究所。

第十四章

# 日本降伏《こうふく》を前に、駈《か》け引《ひ》きに狂奔《きょうほん》する米国とソ連

ヤルタ会談、東京大空襲《だいくうしゅう》、沖縄本島決戦、そしてドイツ降伏《こうふく》

この章の
ポイント

一九四五(昭和二十)年二月、クリミア半島のヤルタにてルーズベルト、チャーチル、スターリンの米英ソの首脳《しゅのう》が会談をします。ここでドイツの降伏《こうふく》後にソ連が対日参戦することが決まります。同じ頃《ころ》、硫黄島《いおうとう》が陥落《かんらく》。これにより米軍は日本本土の制空権《せいくうけん》を獲得《かくとく》し、三月に東京大空襲《だいくうしゅう》に踏《ふ》み切《き》ります。四月には沖縄本島決戦がはじまり、ついに五月、ドイツが無条件降伏《むじょうけんこうふく》しました。世界を相手に戦っているのは日本だけとなり、あとはいかにして降伏《こうふく》するかだけが問題でした。

キーワード

ヤルタ会談／硫黄島《いおうとう》の戦い／東京大空襲《だいくうしゅう》／沖縄本島決戦／鈴木貫太郎《すずきかんたろう》／阿南惟幾《あなみこれちか》／本土決戦訓《くん》五カ条《じょう》／トルーマン／ドイツ降伏《こうふく》／最高戦争指導《しどう》会議／ポツダム宣言《せんげん》

## ◆元暁《がんぎょう》の焼夷弾《しょういだん》こそあぶなけれ

敗《ま》け戦《いくさ》が続いて、昭和二十年（一九四五）になりますと、わが大日本帝国《ていこく》はもう末《すえ》の世で、どこにも希望のもてることはなかったと思います。私《わたし》はまだ東京にいましたから、当時のようすはよく記憶《きおく》していますが、三度の食事をとれたのは前年の十月までくらいで、とにかく腹《はら》を空《す》かしていました。主食はもとより、肉も野菜も魚も嗜好品《しこうひん》もぜんぶ配給品です。並《なら》べておくものがないので当たり前なのですが、それも店からあっという間に消えてしまい、裏側《うらがわ》のいわゆる「闇取《やみと》り引《ひ》き」が日常《にちじょう》生活を支《ささ》えていました。物価《ぶっか》はどんどんはね上がり、配給で決めている公定価格《かかく》の三十倍近くにまでなったと思います。新聞の配給欄《らん》には毎日、何地区に何が配給されます、と品目と数量が載《の》っていて、それを見ると当時の私《わたし》たちの生活は、たとえば四人家族にイワシが二匹《ひき》といった状況《じょうきょう》でした。たばこは男一人一日につき六本、女はなしです。また六十歳《さい》以上の老人と十五歳《さい》未満の子どもには、一カ月に一回だけお菓子《かし》が配給されました。私《わたし》も十五歳《さい》以下でしたから、もらったんでしょうか、記憶《きおく》はまったくありません。

だんだん戦争に嫌気《いやけ》がさしてくる人たちが増《ふ》えて、反戦あるいは厭戦《えんせん》的な「流言飛語《りゅうげんひご》」がところどころで飛《と》び交《か》うようになります。これを憲兵隊《けんぺいたい》が摘発《てきはつ》し、また警察《けいさつ》は「不穏言動《ふおんげんどう》」を徹《てっ》底的《ていてき》に取《と》り締《し》まり、言論《げんろん》の自由などカスほどもなくなりました。また民間の隣組《となりぐみ》や翼賛壮年団《よくさんそうねんだん》などという団体《だんたい》が憲兵《けんぺい》や警察《けいさつ》の連絡者《れんらくしゃ》のようになって、裏側《うらがわ》で協力してさす（密告《みっこく》する）ので危《あぶ》なくてしょうがない、「新聞にはこう書いてあるけれど、全然違《ちが》う。負け続けだとよ」と言っただけでもたちまち憲兵隊《けんぺいたい》が引《ひ》っ張《ぱ》りにくるというような状態《じょうたい》でした。

前回にも言いましたが、昭和十九年の十一月末くらいから勤労《きんろう》動員で、中学二年生だった私《わたし》も軍需《ぐんじゅ》工場で働いていました。昼休みに日向《ひなた》ぼっこをしながら「日本機が中国大陸で爆弾《ばくだん》を落とした」なんていう新聞の大きな写真を見て、「全弾命中《ぜんだんめいちゅう》、とあるけど、あんなでかいところじゃ全弾命中《ぜんだんめいちゅう》するに決まってるじゃないか」と余計《よけい》なことを言ったものですから、当時いた物《ぶつ》理《り》学校、今の東京理科大学の髭面《ひげづら》のおっさんに「きさまみたいな非国民《ひこくみん》はあるか！」と頭をポカポカ殴《なぐ》られたのを覚えています。とにかくなにごともお上《かみ》の言う通りにしないと、たちまち非国民《ひこくみん》にされてしまう、恐《おそ》ろしい時代ではあったと思います。

電車やバスが宮城《きゅうじょう》や靖国《やすくに》神社の前を通る時には、決まって車掌《しゃしょう》さんが「最敬礼《さいけいれい》！」と叫《さけ》び、乗客は皆《みな》、立って最敬礼《さいけいれい》をしました。「空に神風《かみかぜ》、地に肉弾《にくだん》」というスローガンが流行《はや》っていたと思います。「一億一心《いちおくいっしん》」という言葉も私《わたし》たちの身の回りにありました。そういう状態《じょうたい》で昭和二十年の正月を迎《むか》えたのです。

そしてまさに時計の針《はり》が昭和二十年の元旦《がんたん》になった途端《とたん》の零時《れいじ》五分、東京にブーというサイレンが鳴りました。警戒警報《けいかいけいほう》です。随筆家《ずいひつか》で漫談家《まんだんか》の徳川夢聲《とくがわむせい》（一八九四―一九七一）の日記があります。

「三時頃《ごろ》の高射砲《こうしゃほう》と半鐘《はんしょう》で起きる。敵機《てっき》はすでに頭上《ずじょう》を去り、向うのほうで焼夷弾《しょういだん》*1を落としている。大変な元旦《がんたん》なり。娘《むすめ》たち、警報解除《けいほうかいじょ》とともに八幡神社《はちまんじんじゃ》に初詣《はつもう》で。除夜《じょや》の鐘《かね》鳴らず、除夜《じょや》のポー、除夜《じょや》の高射砲《こうしゃほう》。

　敵機《てっき》去りし雲くれないに初日《はつひ》かな

　　元暁《がんぎょう》の焼夷弾《しょういだん》こそあぶなけれ」

除夜《じょや》の鐘《かね》のかわりに警戒警報《けいかいけいほう》がポーと鳴り、景気よくドンドンと音がしたのは高射砲《こうしゃほう》であったと。俳句《はいく》には、元旦《がんたん》早々、敵《てき》の空襲《くうしゅう》を受けている現《げん》状《じょう》が詠《よ》まれています。

宮城前広場で行なわれた観兵式　昭和20年１月８日

　正月を祝う気持ちもなく、人びとは沈黙《ちんもく》といいますか、危《あぶ》ないということもありますから、あまりしゃべらなくなります。思えば昭和十七年頃《ごろ》は戦争の話で賑《にぎ》やかでした。十八年頃《ごろ》は工場や食い物の話が中心でした。十九年になりますと闇《やみ》の話、また後半は空襲《くうしゅう》の話が盛《さか》んに交《か》わされ、昭和二十年になると、もうほとんど誰《だれ》も何も語ろうとしなくなったのです。

　そういう状況《じょうきょう》の一月八日、天皇《てんのう》は宮城《きゅうじょう》前広場で例年通り観兵式《かんぺいしき》――近衛《このえ》連隊を前に白馬《はくば》にまたがり閲兵《えっぺい》する――という新年恒例《こうれい》の行事にのぞみます。ただ空襲《くうしゅう》が危《あぶ》なくてしょうがないので、合間をぬってごく短時間で終わります。その写真が今も残っていて、連隊旗手《きしゅ》といって軍旗を捧《ささ》げもって天皇陛下《てんのうへいか》の前を通っているのは後の評論家《ひょうろんか》、村上兵衛《むらかみひょうえ》です。

国民が厭戦《えんせん》気分になると同時にこの頃《ころ》から、上の方でも、なんとかしてこの戦争をやめなくては、という動きがそろそろ出ていました。近衛文麿《このえふみまろ》を中心に後の総理《そうり》大臣・吉田茂《よしだしげる》、評論家《ひょうろんか》の岩淵辰雄《いわぶちたつお》、元「皇道派《こうどうは》」のエース小畑敏四郎《おばたとししろう》といった人たちが、和平への模索《もさく》をはじめます。これは間もなく憲兵隊《けんぺいたい》に知られて弾圧《だんあつ》を受け、吉田茂《よしだしげる》は逮捕《たいほ》されます。戦後この逮捕《たいほ》は吉田《よしだ》の「勲章《くんしょう》」となりましたが。また東京大学法学部の先生たち——南原繁《なんばらしげる》、高木八尺《たかぎやさか》、岡義武《おかよしたけ》さんなど、戦後も大いに活躍《かつやく》された方々《かたがた》が、戦争をこのまま続けるのは危険《きけん》ということで密《ひそ》かに相談し、終戦工作をはじめていました。

このように日本は押《お》されに押《お》されながら、戦争をやめる手立てをなんとか探《さが》そうという気になってはいるのですが、ただ前に申しましたように、ルーズベルト米大統領《だいとうりょう》がカサブランカで決めた無条件降伏《むじょうけんこうふく》という大政策《だいせいさく》があるため、いろんな人がいろんな事を考えるのですが、いつもそこにぶつかってなかなか先へ進みませんでした。

## ◆日本の家屋は木と紙だ

そのルーズベルトが、二月四日から八日間にわたり、ヤルタ——チェーホフの小説などに出てくるウクライナの避暑地《ひしょち》です——で、イギリスのチャーチル首相《しゅしょう》、ソ連のスターリン書記長と三人で会談します。ドイツが間もなく降伏《こうふく》することがわかっていますので、もっぱら戦後ヨーロッパをどうするかが主題でしたが、当然、日本の降伏《こうふく》についても話し合われます。ただし全部機密《きみつ》で当時は一切《いっさい》発表されず、会談の内容《ないよう》は戦後になってわかったものです。

日本については、ひとことで言えば、中立条約《じょうやく》のため太平洋方面で参戦していないソ連の日本への攻撃《こうげき》を、ルーズベルトが強く要求したのです。チャーチルもこれにノーと言わず、アジアへの戦端《せんたん》を開いてほしいと言います。そこでスターリンはこう答えたといいます。

ヤルタ会談でのチャーチル、ルーズベルト、スターリン（左から）　1945年（昭和20）２月

「私《わたし》たちもそのつもりでいます。けれどもそのかわり、帝政《ていせい》ロシアが日露《にちろ》戦争の敗北によって失った諸権益《しょけんえき》をすべて復活《ふっかつ》してもらいたい——樺太《からふと》（サハリン）の南半分と千島《ちしま》列島をソ連に返す、大連《だいれん》港を国際港《こくさいこう》とする、旅《りょ》順《じゅん》港をソ連に供与《きょうよ》する、南満洲《まんしゅう》鉄道をソ連が租借《そしゃく》する——日本がロシアから奪《うば》い取《と》ったものを返してもらうことだけを私《わたし》は願っているのです。対ドイツ戦争は明らかにわが国の生存《せいぞん》にかかわる問題でしたが、日本とは今日まで大した紛争《ふんそう》もなく、それと戦争するといっても国

民が容易《ようい》に理解《りかい》しないかもしれない。しかし、奪《うば》われた権益《けんえき》を復活《ふっかつ》するという希望がもし満たされるのなら、国民に対日参戦が国家的利益《りえき》であることを了解《りょうかい》させることができると思うのです。それなら大手《おおで》を振《ふ》って日本を攻撃《こうげき》できます」

ルーズベルト大統領《だいとうりょう》はこれに相槌《あいづち》をうちました。

「取られたものを取り返したいというのは、きわめて当然な要求でありましょう」

こうしてヤルタ会談で米英ソ三国首脳《しゅのう》は、ドイツの降伏《こうふく》後、準備《じゅんび》期間をとって三カ月後にソ連が対日参戦することを決めます。結果的に言いますと、ドイツは五月七日に降伏《こうふく》、ソ連は約束を守って八月九日に日本に攻撃《こうげき》を開始しました。アメリカもイギリスもこれを承知《しょうち》だったということになります。

そんなこととは日本はつゆ知りませんから、大丈夫《だいじょうぶ》、ソビエトはこのまま中立を守ってくれるだろうと当てにして、敵《てき》は正面に立《た》ち塞《ふさ》がるアメリカであり、これをどう撃《う》ち破《やぶ》るかというので二月二十二日、二十四日、二十五日の三日間にわたり、陸軍省と参謀《さんぼう》本部の首脳《しゅのう》が合同会議を開きます。次はいよいよ本土決戦である、いかに戦い、勝ちをおさめるかと議論《ぎろん》して、「本土決戦完遂基本要綱《かんすいきほんようこう》」を決定します。これによると、本土防衛《ぼうえい》の兵備《へいび》を三月末までに三十一個《こ》師団《しだん》、七月末までに四十三個師団《こしだん》、八月末までに五十九個師団《こしだん》に拡大《かくだい》動員する。このほか国民義勇軍《ぎゆうぐん》の編成《へんせい》も計画、とむちゃくちゃに兵隊さんを集めるんですね。そしていざ、敵《てき》が本土上陸の時には、人海戦術《じんかいせんじゅつ》で海に追い落とすという作戦要綱《ようこう》です。

さすがにこれは、決めたものの、心ある人が読めばとてもじゃない、絵に描《か》いた餅《もち》です。大《だい》本営機密日誌《ほんえいきみつにっし》にも「実に十二、三歳《さい》の少女に子供《こども》を産めというに等しい」と書かれているほどですから、会議の席上、陸軍大臣と参謀総長《さんぼうそうちょう》を中心に大激論《だいげきろん》が交《か》わされました。陸軍次官の柴《しば》山兼四郎中将《やまかねしろうちゅうじょう》が、参謀《さんぼう》本部の要求はとても無理なので、「いったい兵隊の数が多ければよいのか。集めたって、鉄砲《てっぽう》が足りないではないか。むしろ少数でも充実《じゅうじつ》した部隊をつくったほうがいいのではないか」と疑義《ぎぎ》を呈《てい》します。すると作戦部長の宮崎周一中将《みやざきしゅういちちゅうじょう》は、顔を真っ赤にして「質《しつ》よりもこの場合は数だ！　数を第一とする」と怒鳴《どな》ったそうです。そして参謀《さんぼう》次長の秦《はた》彦三郎中将《ひこさぶろうちゅうじょう》もこれを応援《おうえん》します。

「本土決戦というのは、あらゆる手段《しゅだん》を講《こう》じてでも、第一波を撃砕《げきさい》するにある。もしこれに失敗したら、その後の計画は不可能《ふかのう》になる。後のことは考えない。とにかく全軍を投入して人海《じんかい》戦術《せんじゅつ》で敵《てき》第一陣《じん》を完全に撃滅《げきめつ》することだけが大事なのである」

こうして「十二、三歳《さい》の少女に子供《こども》を産めというに等しい」ような大動員をかけることになり、日本全国に赤紙がばら撒《ま》かれ、村にはほとんど年寄《としよ》りと女と子どもだけという状態《じょうたい》になってゆきます。

そうした陸軍の作戦計画をあざ笑うかのように、サイパン、テニアン、グアム島からのB29による本土空襲《くうしゅう》がどんどん激化《げきか》し、それまではだいたい昼間、日本の戦闘機《せんとうき》が追い付いてこられない高高度から、もっぱら精密照準《せいみつしょうじゅん》による爆弾攻撃《ばくだんこうげき》だったのですが――私《わたし》が働いていた軍《ぐん》需《じゅ》工場にも高高度のＢ29からの爆弾《ばくだん》が見事に二発も三発も命中して、よくあんな高いところからこんな小さい工場に命中するもんだと感心したものです――ただ苦労して飛んでくるわりに、効果《こうか》はそれほどあがっていなかったんですね。というのも真冬ですから、日本の上空にものすごい季節風が吹《ふ》いていて、西から東へ飛んでくる飛行機が、高高度であるほど、考えている以上に押《お》し流《なが》されて、照準《しょうじゅん》を相当正確《せいかく》に合わせてもなかなか命中しない。片《かた》や日本の戦闘機《せんとうき》が懸命《けんめい》にそれこそ体当たりで頑張《がんば》りまして――私《わたし》も、東京上空で敵機《てっき》に体当たりした機を二機も三機も見ました。こんなことを言っちゃあいけませんが、透《す》き通《とお》るような青空をＢ29が編隊《へんたい》を組み、キラキラっと光って長い飛行機雲を流してゆくのは、まあきれいなものなんですね。そこへ、まるで蚊《か》とんぼのような日本の飛行機がぶつかってゆくのです。米軍機も爆撃《ばくげき》の効果《こうか》があがらないのに、Ｂ29の損害《そんがい》が軽視《けいし》できないことに我慢《がまん》がならなくなりました。

とにかく日本本土上空で損害《そんがい》を受けて、洋上に不時着する数多い爆撃機《ばくげきき》の搭乗員《とうじょういん》の生命を救《すく》わねばならない。潜水艦《せんすいかん》だけでは間に合わない。いざという時に緊急《きんきゅう》着陸できる滑走路《かっそうろ》がどこかに必要である。さらにはＢ29の護衛《ごえい》に強力な戦闘機《せんとうき》をつける必要があるという強い要請《ようせい》もあり、マリアナ諸島《しょとう》と日本本土との間のどこかの島に航空基地《こうくうきち》をつくらねばならないということになったのです。そこで小笠原諸島《おがさわらしょとう》の南西、硫黄《いおう》列島の中央にある硫黄島《いおうとう》が狙《ねら》われました。東京から約千二百キロ、新鋭戦闘機《しんえいせんとうき》Ｐ51のまたとない基地《きち》となります。ここを奪《うば》われれば、Ｂ29との協同作戦によって、日本本土の制空権《せいくうけん》は米軍の手ににぎられてしまいます。日本軍は、ですから、二万九千あまりの将兵《しょうへい》を送り込《こ》み、必死に護《まも》ろうとしました。そして上陸してきた米海兵隊七万五千人あまりとの間に、凄惨《せいさん》かぎりない戦闘《せんとう》が行なわれました。

二月十九日朝から開始され、日本軍守備《しゅび》隊長の栗林忠道中将《くりばやしただみちちゅうじょう》が最後の突撃《とつげき》を命令した三月二十六日の夜明けまで、戦闘《せんとう》は一瞬《いっしゅん》の休止もなく続けられました。米軍の死傷《ししょう》二万五千八百五十一人。上陸した海兵隊員の三人に一人が戦死または負傷《ふしょう》したことになります。日本軍の死傷者《ししょうしゃ》は二万数百人（うち戦死一万九千九百人）。太平洋戦争で、米軍の反攻《はんこう》開始後その損害《そんがい》が日本軍を上回ったのは、この硫黄《いおう》島の戦いだけであります。しかし、善戦《ぜんせん》もむなしく、硫黄《いおう》島《とう》は米軍の手に落ちることになりました。

硫黄島《いおうとう》の戦闘《せんとう》が続けられている間に、米統合参謀《さんぼう》本部はすぐに対策《たいさく》を練り上げています。闘《とう》将《しょう》を引《ひ》っ張《ぱ》ってきたのです。とにかく成果が今一つというので、ヨーロッパ戦線のドイツ空《くう》襲《しゅう》で大活躍《だいかつやく》したカーチス・ルメイ中将《ちゅうじょう》がマリアナ方面の指揮官《しきかん》に赴任《ふにん》してきました。この人がすぐに考えたのが、夜間低空飛行による焼夷弾攻撃《しょういだんこうげき》でした。

一、日本の主要都市に対して夜間の焼夷弾攻撃《しょういだんこうげき》に主力をそそぐことにする。

二、爆撃《ばくげき》高度は五千より八千フィートとする――一フィートを三十センチとして千五百〜二千メートル超《ちょう》ですね。それまで一万メートルを飛んでいましたから本当に低いのです。

三、各機は個々《ここ》に攻撃《こうげき》を行なうこととする――編隊《へんたい》を組むのでなく一機ずつで攻撃《こうげき》する。

作戦方針《ほうしん》をこのように改め、ルメイは豪語《ごうご》します。

東京大空襲後の深川を巡察する天皇(右)

「日本の家屋《かおく》は木と紙だ。焼夷弾《しょういだん》で十分に効果《こうか》が上げられる」

こうして三月十日の東京大空襲《だいくうしゅう》が皮切りとなりました。特に隅田川《すみだがわ》の東の下町が徹底的《てっていてき》にやられました。私《わたし》のいた向島《むこうじま》は下町のかなり北の方にありますが、空襲《くうしゅう》ではまず南、東京湾《とうきょうわん》に面した深川《ふかがわ》地区が一斉《いっせい》に爆撃《ばくげき》され、さらに西側の浅草《あさくさ》地区、一番おしまいに北側の向島《むこうじま》という順番で、つまり下町は四方を川に囲《かこ》まれていてその川っぺりを先に全部燃《も》やしておけば、真ん中は蒸《む》し焼《や》きになるという作戦でした。これが驚《おどろ》くほど成果を上げ、東京の下町は全滅《ぜんめつ》したと言ってもいいかと思います。その夜、川に追《お》い詰《つ》められて私《わたし》も危《あや》うく命を落とすところだったのですが、どうやらこうやらある人に、どなたかは覚えていませんが、襟首《えりくび》をつかまれて川のなかから引《ひ》き揚《あ》げてもらって助かったという思い出があります。まあ、完璧《かんぺき》にやられました。アメリカは「日本の民家は軍需《ぐんじゅ》工場と同じだ、みんなそこで機械をガチャンコとやっているから、いわゆる民衆《みんしゅう》ではなく戦士《せんし》であって、無差別攻撃《こうげき》にはならない」と弁明《べんめい》をしていますが、それはどうでしょうか。そりゃ少数の家内工場はあったと思いますが、ほとんどは普通《ふつう》のしもた屋でしたから、正真正銘《しょうしんしょうめい》の無差別攻撃《こうげき》であったと私《わたし》などは思いますが。そのカーチス・ルメイは後に大将《たいしょう》になり、日本政府《せいふ》はこの方に戦後、勲一等《くんいっとう》の勲《くん》章《しょう》を差し上げました。日本はなんとまあ、度量のある心の広い国であることよと当時、あきれつつ感服したものです。

この焼《や》け跡《あと》、特に深川《ふかがわ》地区を、三月十八日の日曜日、天皇陛下《てんのうへいか》が視察《しさつ》しました。突然《とつぜん》のことでしたが、焼け野原ですからそう人はいなくて、少数が自分の家の焼《や》け跡《あと》を掘《ほ》り返《かえ》したりしているところへ天皇《てんのう》が姿《すがた》を現《あらわ》して、約一時間ほど見て回りました。天皇《てんのう》は藤田尚徳《ふじたひさのり》侍従長《じじゅうちょう》（元海軍大将《たいしょう》）にこう言ったそうです。

「大正十二年の関東大震災《だいしんさい》の後にも、馬で市内を回ったが、今度のほうがはるかに無惨《むざん》だ。あの頃《ころ》は焼《や》け跡《あと》といっても、大きな建物が少なかったせいだろうが、それほどひどくむごたらしく感じなかったが、今度はビルの焼《や》け跡《あと》などが多くて一段《いちだん》と胸《むね》が痛《いた》む。侍従長《じじゅうちょう》、これで東京も焦土《しょうど》になったね」

その後はひとこともなかったそうです。

下町の焼《や》け跡《あと》を見て、昭和天皇《てんのう》はこれで戦争をやめようという決心をされたかどうかとなりますと、私《わたし》は疑問《ぎもん》に思っています。天皇《てんのう》は陸海軍の強い言葉を受けて、まだ本土決戦で必ず敵《てき》を撃破《げきは》し、なんらかの条件《じょうけん》付《つ》きの講和《こうわ》ができると考えていたと思います。

## ◆散る桜《さくら》残る桜《さくら》も散る桜《さくら》

その日本陸海軍なんですが、「敵《てき》は、次は沖縄に来る」というので——最初は、フィリピンの次はコンパスでいくと台湾《たいわん》だと思って戦備《せんび》を強化していた。わざわざ沖縄から兵力を抜《ぬ》いて台湾《たいわん》へ送ったくらいです。台湾《たいわん》から沖縄、次に本土上陸かと考えてもいたところに、アメリカ軍は勝ちに乗《じょう》じて四月一日、ものすごい大部隊を投じて一気に沖縄にやって来ました。軍艦《ぐんかん》千三百十七隻《せき》、航空母艦《こうくうぼかん》に乗っかった飛行機千七百二十七機、上陸部隊十八万人。迎《むか》え撃《う》つ日本軍は、牛島満中将《うしじまみつるちゅうじょう》が指揮《しき》する第32軍六万九千、大田実少将《おおたみのるしょうしょう》の海軍陸戦隊八千の、合計七万七千人でした。仕方なく満十七歳《さい》から四十五歳《さい》までの沖縄県民男子二万五千人を動員しました。男子中学校の上級生千六百人も加えられます。さらに女学校の上級生六百人も動員されました。これが「ひめゆり部隊」そのほかです。

沖縄を奪《と》られれば次は本土決戦ですが、その準備《じゅんび》ができていませんから、とにかく沖縄で頑《がん》張《ば》ってもらうしかないのです。できるだけ敵《てき》を倒《たお》し、時間を稼《かせ》いでほしいということで、陸海軍も全力を上げます。残っている軍艦《ぐんかん》もすべて投入するというので、戦艦大和《せんかんやまと》を中心とする残《ざん》存《そん》の数少ない艦《かん》も特攻《とっこう》作戦で沖縄への出撃《しゅつげき》を命じられました。やられるのは目に見えています。それでも出撃《しゅつげき》させるのです。これにはいろんな議論《ぎろん》があって、大和《やまと》は残しておき陸上砲台《ほうだい》にして本土決戦に備《そな》えたほうがいいとか、敗《ま》けた後の賠償《ばいしょう》として使うこともできるじゃないか、などいろんな意見も出ましたが、もはやそんな余裕《よゆう》はないというので四月六日に出撃《しゅつげき》します。桜《おう》花《か》爛漫《らんまん》とした季節で、花びらがちらちら散るなかを、大和《やまと》は死出《しで》の旅に出たのです。連合艦隊《かんたい》司令長官の豊田副武《とよだそえむ》大将《たいしょう》が訓示《くんじ》を送りました。

「皇国《こうこく》の興廃《こうはい》はまさにこの一挙《いっきょ》にあり、ここに特に海上特攻隊《とっこうたい》を編成《へんせい》し、壮烈無比《そうれつむひ》の突入《とつにゅう》作戦を命じたるは、帝国《ていこく》海軍力をこの一戦に結集し、光輝《こうき》ある帝国《ていこく》海軍海上部隊の伝統《でんとう》を発揚《はつよう》するとともに、その栄光を後昆《こうこん》に伝えんとするにほかならず……」

日本海軍の伝統《でんとう》と栄光を後世《こうせい》に伝えるため、お前たちは死んでこい、ということです。

翌《よく》七日、九州坊岬《ぼうのみさき》沖で米軍約三百八十機の攻撃《こうげき》を受けて大和《やまと》隊は潰滅《かいめつ》します。二時間の奮《ふん》戦《せん》の後に大和《やまと》は沈《しず》み、乗組員二千七百四十人が戦死、軽巡洋艦《けいじゅんようかん》矢矧《やはぎ》ほか、駆逐艦《くちくかん》四隻《せき》が沈《しず》み、九百八十人余《あまり》が亡《な》くなりました。船ばかりではなく、空からはありったけの飛行機が注《そそ》ぎ込《こ》まれ、特攻《とっこう》に次ぐ特攻《とっこう》。当時の隊員がしきりに口にした良寛《りょうかん》の句《く》があります。

散る桜《さくら》残る桜《さくら》も散る桜《さくら》

今日生《い》き延《の》びても、明日その身は保証《ほしょう》されませんでした。

同じころ、さらにやり切れないニュースが、遠くモスクワからもたらされました。ソ連が日ソ中立条約《じょうやく》を廃棄《はいき》することを通告《つうこく》してきたのです。条約《じょうやく》は一方の締結国《ていけっこく》の廃棄通告《はいきつうこく》後一年は有効《ゆうこう》と規定《きてい》されていますが、国民は誰《だれ》もその通りには受け取ってはいませんでした。

こうして全力で特攻《とっこう》作戦が展開《てんかい》されるなか、ソ連から不吉《ふきつ》な通告《つうこく》がもたらされ、大和《やまと》が沈《しず》ん

終戦の任にあたった
鈴木貫太郎内閣（右）。
左は阿南惟幾陸相
（1887 - 1945）

だ四月七日に、無策《むさく》の小磯内閣《こいそないかく》にかわって、「最後の内閣《ないかく》」といわれる鈴木貫太郎内閣《すずきかんたろうないかく》が成立しました。二・二六事件《じけん》で重傷《じゅうしょう》を負った例の侍従長《じじゅうちょう》で、当時七十八歳《さい》のご老体です。「とても私《わたし》には」と辞退《じたい》したのを、昭和天皇《てんのう》が「もうお前しかいない」と無理やり頼《たの》み、そこまで言われるのなら、と引き受けたそうです。

　陸軍は「最後まで戦うことを約束せよ」と注文をつけ、鈴木《すずき》さんはのほほんと承諾《しょうだく》し、「そのかわり陸軍大臣をちゃんと出してくれ」と要求すると、陸軍は「最後の切札《きりふだ》」的な阿南惟幾大将《あなみこれちかたいしょう》を出しました。なぜ切札《きりふだ》かというと、陸軍の長い歴史《れきし》の中で、この人は統制派《とうせいは》や皇道派《こうどうは》といったいわゆる派閥《はばつ》に属《ぞく》さない生粋《きっすい》の軍人の道を歩いてきて、いってみれば無色の、余計《よけい》な引《ひ》っ掛《か》かりがないからです。また昭和四年から四年ちょっと、侍従武官《じじゅうぶかん》として天皇《てんのう》のそばに仕えたことがあり、その時侍従長《じじゅうちょう》だった鈴木貫太郎《すずきかんたろう》と一緒《いっしょ》に宮中にいて、天皇《てんのう》と共に昭和の激動《げきどう》を体験した人でもありました。

　しかしなんといっても「最後の一兵まで戦う」という陸軍の代表です。こてんぱんにやられて今や「最弱の軍隊」になり果てている将兵《しょうへい》に対して、阿南《あなみ》さんは「本土決戦訓《くん》五カ条《じょう》」を布告《ふこく》します。その第一条《じょう》は、

「皇軍将兵《こうぐんしょうへい》は神勅《しんちょく》（神のみことのり）を奉戴《ほうたい》し、いよいよ聖諭《せいゆ》の遵守《じゅんしゅ》に邁進《まいしん》すべし。聖《せい》諭《ゆ》の遵守《じゅんしゅ》は皇国《こうこく》軍人の生命なり。神州不滅《しんしゅうふめつ》の信念に徹《てつ》し、日夜、聖諭《せいゆ》を奉誦《ほうしょう》して、これが服行《ふっこう》に精魂《せいこん》をつくすべし。必勝の根基《こんき》ここに存《そん》す」

天皇《てんのう》の命令を守り、神州不滅《しんしゅうふめつ》を信じ、最後まで戦うことを常《つね》に心に思え、そこに必勝があるのだというのです。また二番目に「皇土死守《こうどししゅ》」、三番目に「待つあるを恃《たの》むべし」、いいか、その時がくるのをしっかりと訓練して待てよ。そして四番目に、その時がくれば「体当たり精神《せいしん》に徹《てつ》す」。そして最後に「一億戦友の先駆《せんく》たれ」、もはや国民全員が戦友であり、その先駆《せんく》として皇軍将兵《こうぐんしょうへい》はすべて死ねよというわけです。しかしそうは言われても、兵隊さんはもう戦うための満足した武器《ぶき》すらありませんが。こうして鈴木内閣《すずきないかく》は、一応《いちおう》は、本土決戦を戦い抜《ぬ》く内閣《ないかく》としてスタートしたわけです。

　この頃《ころ》になると、いくら大本営《だいほんえい》が鉦《かね》や太鼓《たいこ》を叩《たた》いても、国民は「まだやってるな」という程《てい》度《ど》で、不満の声が街をどんどん覆《おお》います。「負けるなら早く負けたほうがいい。負けて米英の支《し》配《はい》下に入ったほうが幸福だ。そうなればなにもこんな不自由をしなくともいいんだ」といった

ヒトラー総統（右）と、
ムッソリーニ首相

ビラが貼《は》られたり、「この戦争に敗れ米軍が本土に上陸すれば残虐《ざんぎゃく》なことをする。その時は通訳《つうやく》にでもなって生命だけは助けてもらおう」などと個人《こじん》のエゴイズムをむき出しにした反戦的言辞《げんじ》が巷《ちまた》で盛《さか》んにささやかれます。警察《けいさつ》も憲兵《けんぺい》も血眼《ちまなこ》になって抑《おさ》えようとしましたが、国民がへっぴり腰《ごし》になって嫌気《いやけ》がさすことを一番恐《おそ》れていたのは軍部です。なんとか本土決戦へ向けて国民すべての精神《せいしん》を入れ直さねばならないというので、この頃《ころ》の布告《ふこく》には、とにかく「本土決戦」「最後の一兵まで」が声高《こわだか》に叫《さけ》ばれていました。

そんな時、四月十三日に（ワシントンでは十二日）、ルーズベルト大統領《だいとうりょう》が亡《な》くなります。鈴木《すずき》貫太郎《かんたろう》首相《しゅしょう》がその死を悼《いた》んで弔辞《ちょうじ》を送ったというので、「えっ、戦っている相手国の首相《しゅしょう》が哀悼《あいとう》の意を表してくれるのか」と話題になったなんて話もあるのですが、日本はルーズベルトが死んだことで、ことによると無条件降伏政策《むじょうけんこうふくせいさく》が変わるんじゃないかと大いに期待したのです。しかしながら、後を継《つ》いだトルーマン大統領《だいとうりょう》は亡《な》き大統領《だいとうりょう》の政策《せいさく》を踏襲《とうしゅう》すると声明を発表しましたから、日本は「やっぱりだめか、それなら最後の一兵まで戦うほかはない」と改めて決意を固めたのです。

そういうそばから、四月二十八日にムッソリーニがイタリア国民によって銃殺《じゆうさつ》され、逆《さか》さまに吊《つ》るされました。さらにドイツでは、ベルリンまで進攻《しんこう》したソ連軍と市街戦を行なっていた四月三十日、地下壕《ちかごう》で砲声《ほうせい》を聞きながらヒトラーが自決《じけつ》します。遺言《ゆいごん》は不気味《ぶきみ》でした。

「このような大きな犠牲《ぎせい》がそのまま空《むな》しく終わるとは信じられない。わが将兵《しようへい》と私《わたし》との同《どう》志愛《しあい》によってまかれた種子は、いつかドイツの歴史《れきし》の中に花を開いて、ナチス運動の再生《さいせい》となり、やがて真に統一《とういつ》した国家をつくりあげるであろう」

この後、ドイツは海軍のデーニッツ提督《ていとく》を政府《せいふ》代表に立て、五月七日に無条件降伏《むじようけんこうふく》します。イタリアも一九四三年九月に降伏《こうふく》して以来、この頃《ころ》はすっかり連合軍側についていますから、ドイツ降伏《こうふく》の時点で世界を相手に戦うのは日本だけとなりました。勝利がなくなるどころか、あとはいかにして降伏《こうふく》するかだけが問題となるのです。

## ◆昭和天皇《てんのう》が倒《たお》れた日

ドイツ降伏《こうふく》という重大事に、さすがの鈴木内閣《すずきないかく》もいかに戦いを終結に導《みちび》くべきかを考えざるを得《え》なくなり、五月中旬《ちゆうじゆん》、鈴木総理《すずきそうり》大臣、東郷外務《とうごうがいむ》大臣、阿南《あなみ》陸軍大臣、米内《よない》海軍大臣、梅《うめ》津参謀総長《づさんぼうそうちよう》、及川《おいかわ》軍令部総長《そうちよう》の六人のリーダーが集まり、密《ひそ》かに「最高戦争指導《しどう》会議」をもちます。ちなみにこれは以前の「大本営政府連絡会議《だいほんえいせいふれんらく》」が名を変えたものです。そこでは、いざとなったらソビエトを仲介《ちゅうかい》とする和平を実行しようと決まります。しかしまだ沖縄で大激戦《だいげきせん》が続いており、降伏《こうふく》の準備《じゅんび》をしているなどとは言えず、依然《いぜん》として表向《おもてむ》きは徹底抗戦《てっていこうせん》をうたっていました。

一方で、国策《こくさく》としてドイツ降伏《こうふく》後の日本の政策《せいさく》をきちんと決めておかねばならないというので、六月八日に御前《ごぜん》会議を開きました。ところが「終戦内閣《ないかく》」に非《あら》ずして、「決戦内閣《ないかく》」そのもののような決意を、この日うたい上げたのです。

「方針《ほうしん》＝七生尽忠《しちしょうじんちゅう》の信念を源力《げんりょく》とし、地の利、人の和をもってあくまで戦争を完遂《かんすい》し、もって国体《こくたい》を護持《ごじ》し、皇土《こうど》を保衛《ほえい》し、征戦《せいせん》目的の達成を期す……」

降伏《こうふく》の「こ」の字もなく、ドイツ降伏《こうふく》後も日本は「あくまで戦争完遂《かんすい》」、最後まで戦い抜《ぬ》くと決めるのです。そして天皇《てんのう》が例によって無言で裁可《さいか》し、これが国の方針《ほうしん》となります。部屋に戻《もど》った天皇《てんのう》は、木戸《きど》内大臣を呼《よ》び、「こんなものが決まったよ」とその紙をポンと放り投げるように置きました。これを見た木戸《きど》さんは、「もしかして天皇《てんのう》は建前上《たてまえじょう》ノーとは言わないが、決定にご不満なのではないか。和平を考えているのでは」と感じ、このへんが木戸《きど》さんのすばしこいところで、それならばと自分なりに和平の構想《こうそう》を練ります。それは、天皇《てんのう》の親書《しんしょ》（手紙）を持った特使をソ連に派遣《はけん》し、世界平和のために忍《しの》びがたきを忍《しの》んで、なんとか名誉《めいよ》ある講和《こうわ》を結ぶことにしたい、という内容《ないよう》でした。これを見た天皇《てんのう》は「やってみるがいい」と言い、木《き》戸《ど》さんは東郷外相《とうごうがいしょう》を呼《よ》んで経過《けいか》を説明し意見を聞きました。東郷《とうごう》さんは言います。

「あなたの試案には賛成《さんせい》だが、つい先日の御前《ごぜん》会議で決定された戦争完遂《かんすい》の大方針《だいほうしん》はどうなるのか。あの国策《こくさく》決定がある以上、陸軍から反発もくるだろうし和平工作は進めにくい」

どうしたものかと鈴木貫太郎《すずきかんたろう》首相《しゅしょう》に相談すると、鈴木《すずき》首相《しゅしょう》は「それなら五月中旬《ちゅうじゅん》に密《ひそ》かに決めておいた、ソ連仲介《ちゅうかい》による戦争終結案を具体的に進めることにしよう」と決意しました。そのためには先の御前《ごぜん》会議の決定をひっくり返さねばなりませんが、会議をやり直すには陸海軍の賛同《さんどう》が必要ですから簡単《かんたん》にはいきません。そこで鈴木《すずき》さんは「公式の御前《ごぜん》会議は難《むずか》しい、天皇陛下《てんのうへいか》自らに呼《よ》んでもらって会議を開けないか」と考えます。

さてそんな折、天皇《てんのう》自身は満洲《まんしゅう》・中国の視察《しさつ》から戻《もど》った梅津美治郎《うめづよしじろう》参謀総長《さんぼうそうちょう》からとんでもない報告《ほうこく》を受け取っていました。六月九日のことです。梅津《うめづ》さんはどういうわけか、正直にありのまま言ったのです。

「満洲《まんしゅう》と支那《しな》にあります兵力は、すべてを合わせても、米国の八個師団《こしだん》ぐらいの戦力しかありません。しかも弾薬保有量《だんやくほゆうりょう》は近代式な大会戦をやれば一回分しかありません」

天皇《てんのう》は驚《おどろ》きました。

「内地の部隊は満洲《まんしゅう》の部隊よりもはるかに装備《そうび》が劣《おと》るというではないか。それでは陸軍も海軍も主張《しゅちょう》する本土決戦など無理じゃないか」

さらに十二日、もうひとつの報告《ほうこく》がもたらされます。天皇《てんのう》の命令によって日本本土の兵器廠《しょう》や横須賀《よこすか》、呉《くれ》、佐世保《させぼ》、舞鶴《まいづる》の各鎮守府《ちんじゅふ》、さらに航空基地《こうくうきち》を三カ月間、特命で視察《しさつ》してきた長《は》谷川清《せがわきよし》海軍大将《たいしょう》によるもので、つまり戦力がすべてなくなった海軍の現状《げんじょう》を、これまたあまりにも率直《そっちょく》に報告《ほうこく》したのです。

「自動車の古いエンジンを取り付けた間に合わせの小舟艇《しゅうてい》が、特攻《とっこう》兵器として何千何百と用意されているのです。このような事態《じたい》そのことがすでにして憂《うれ》うべきことでありますうえに、そのような簡単《かんたん》な機械を操作《そうさ》する年若《としわか》い隊員が、欲目《よくめ》にみても訓練不足と申すほかはありません。動員計画そのものも、まことに行き当たりばったりのずさんなものでございまして、浪費《ろうひ》と重《ちょう》複《ふく》以上のなにものでもありません。しかも、機動力は空襲《くうしゅう》のたびに悪化減退《げんたい》し、戦争遂行能《すいこうのう》力《りょく》は日に日に失われております」

要するに、本土決戦などできませんということを報告《ほうこく》したわけです。これを聞いて天皇《てんのう》は、

「そんなことであろうと思っていた。わかった、御苦労《ごくろう》であった」

と長谷川大将《はせがわたいしょう》の労をねぎらったと言います。とにかく梅津参謀総長《うめづさんぼうそうちょう》の報告《ほうこく》といい、長谷川《はせがわ》大将《たいしょう》のそれといい、天皇陛下《てんのうへいか》を愕然《がくぜん》とさせるものでした。

こうして六月十五日、天皇《てんのう》は病《や》んで倒《たお》れ、その日は表御座所《おもてござしょ》に姿《すがた》を見せませんでした。「聖《せい》上《じょう》（天皇《てんのう》）昨日から御不例《ごふれい》に渡《わた》らせらる」と海軍侍従《じじゅう》武官《ぶかん》日記にあり、また陸軍侍従《じじゅう》武官《ぶかん》も「聖上《せいじょう》昨日夕よりご気分悪く数回下痢《げり》遊ばされ、今日は朝よりご休養なり」と記しています。開戦以来、はじめて天皇《てんのう》は倒《たお》れられ、ご自分のベッドの上で寝《ね》るだけで表に出てこなかった、この時に、私《わたし》は天皇《てんのう》が「もはやこれまで。戦争をこれ以上続けるのはよくない」と考え、和平

のほうに顔を向けたと思います。それまでは陸海軍の勇ましい言葉をある程度《ていど》信じて、本土決戦で猛烈《もうれつ》な一撃《いちげき》を加え、いくらかは有利な条件《じょうけん》のもとで講和《こうわ》にこぎつけられると考えていたのを、もうその時期ではないとこの時に感じたのではないでしょうか。

## ◆引《ひ》き延《の》ばされた返事

そしてこの天皇《てんのう》のお考えと、先の「六月八日の御前《ごぜん》会議の決定をひっくり返そう」という鈴《すず》木首相《きしゅしょう》の構想《こうそう》とが結びつき、天皇《てんのう》に敢《あ》えて召集《しょうしゅう》をかけてもらおうということになります。六月二十日、天皇《てんのう》は東郷外相《とうごうがいしょう》にこう言いました。

「最近受け取った報告《ほうこく》によって、統帥部《とうすいぶ》の言っていることとは違《ちが》って、日本内地の本土決戦準備《じゅんび》がまったく不十分であることが明らかとなった。なるべく速《すみ》やかに戦争を終結せしめることにとり運ぶよう希望する」

これを受けて、さっそく六月二十二日、天皇《てんのう》が自ら召集《しょうしゅう》し意見を聞くための懇談《こんだん》形式の最高戦争指導《しどう》会議が開かれます。正式の御前《ごぜん》会議のようにずらりとメンバーが並《なら》んだ中央に天皇《てんのう》が座《すわ》る形式をとらず、扇形《おうぎがた》にメンバー六人が天皇《てんのう》を囲《かこ》んで「雑談《ざつだん》」するような形でした。

しきたりを破《やぶ》って、まず天皇《てんのう》が発言します。

「戦況《せんきょう》は極度に悪化している。今後の空襲激化《くうしゅうげきか》などを考えると一層《いっそう》の困難《こんなん》が予想される。この時に当たって、先の御前《ごぜん》会議の決定により、あくまで、戦争を継続《けいぞく》するのは当然のことであろうが、また一面においては、戦争終結についても、この際《さい》、今までの観念にとらわれることなく、速《すみ》やかに具体的研究をすることもまた必要ではなかろうかと思う。これについて、皆《みな》はどう考えているか」

極秘裏《ごくひり》にはともかく、誰《だれ》も表立《おもてだ》って言わなかった「和平」を、天皇陛下《てんのうへいか》が言い出したのです。一瞬《いっしゅん》、皆《みな》が沈黙《ちんもく》におちいり、天皇《てんのう》は首相《しゅしょう》を名指しします。鈴木首相《すずきしゅしょう》は立ち上がり、

「お言葉を拝《はい》してまことに恐縮《きょうしゅく》ですが、あくまで戦争を最後までやることは頑張《がんば》らねばならないと思いますが、お言葉のように、それと並行《へいこう》して外交的な方法をとることも必要と考えております。その点につきましては海軍大臣によりご報告《ほうこく》させます」

と、譲《ゆず》られた米内光政《よないみつまさ》はしょうがありませんから、

「実は私《わたし》たちも、五月半ば頃《ごろ》に和平を考え、方法なども相談していました。最高戦争指導《しどう》会議のメンバー六人の極秘《ごくひ》の懇談会《こんだんかい》ではありましたが、それを具体的に進めることにいたします」

というように、ソ連を仲介《ちゅうかい》とする和平の構想《こうそう》を説明しました。

天皇陛下《てんのうへいか》はそれを聞いて、「では外交的解決《かいけつ》の日はいつを予定しているか」と突《つ》っ込《こ》んできました。それには東郷外相《とうごうがいしょう》が答えます。

「連合国は、ベルリン郊外《こうがい》のポツダムで七月半ばに会議を開くと発表しています。その前に、なんとか七月はじめまでには協定に達したいと考えています」

協定とは、ソ連を仲介《ちゅうかい》にして戦争終結のあっせんをしてもらうためのソ連との間に結ぶ協定

国民は皆兵士、と女性も竹槍訓練に駆り出された

という意味です。これには梅津総長《うめづそうちょう》も阿南陸相《あなみりくしょう》も「特に申し上げることはありません」と言い、懇談会《こんだんかい》は三十五分で終了《しゅうりょう》しました。しかしこのたった三十五分間で、日本の指導者《しどうしゃ》の目がはじめて和平の方向に向いたと言ってもいいと思います。

その同じ日、沖縄戦は日本軍の潰滅《かいめつ》をもって終了《しゅうりょう》しました。それが国民に知らされたのは、三日後の六月二十五日でした。新聞はこの時、「玉砕《ぎょくさい》」の言葉を使わず、「軍官民一体の善戦《ぜんせん》敢闘《かんとう》三カ月、二十日敵《てき》主力に全員最後の攻勢《こうせい》」と報《ほう》じました。戦死十万九千人、ほかに市民十万人が亡《な》くなりました。日本の指導者《しどうしゃ》がもっと早く和平工作に向かっていれば、という嘆《なげ》きはありますが、尊《とうと》い犠牲《ぎせい》というほかはありません。

さて和平に目が向いたといっても、それを発表して、ただでさえ戦争に嫌気《いやけ》がさしている国民がふにゃふにゃになっては困《こま》りますから、表向《おもてむ》きは依然《いぜん》として「最後の一兵まで」が叫《さけ》ばれ、戦時緊急措置法《きんきゅうそちほう》と国民義勇兵役法《ぎゆうへいえき》が議会を通り、一億国民が残らず兵隊さんになってしまいます。全国で村民総出《そうで》、女性《じょせい》も竹槍《たけやり》訓練をはじめます。軍需《ぐんじゅ》工場で働いていた僕《ぼく》らはすでに少国民の「戦士《せんし》」ですから、今さらどうということではありませんでしたが。

ここまでが、いわゆる「秘話《ひわ》」めいた話でしたが、ご存《ぞん》じのように、これからの日本のトップは、すでに敵《てき》に回っているソ連を仲介《ちゅうかい》の和平工作という、およそがっかりするような情《なさ》けないことに全力を傾注《けいちゅう》します。しかし、ソ連はすでに日本に中立条約廃棄《じょうやくはいき》を通告《つうこく》してきているのですよ。また二月のヤルタで、ソ連はドイツ降伏《こうふく》の三カ月後には日本を攻撃《こうげき》することをイギリスもアメリカも承知《しょうち》していたのですから。

ソ連にすれば、まだ日本が強力な軍隊をもっていると思っていますから、対ドイツ戦で疲弊《ひへい》した軍備《ぐんび》を回復《かいふく》するのに時間があればあるほどいいわけで、なんだかんだと日本からの依頼《いらい》の返事を引き延《ひ》《の》ばします。日本が最後まで戦争を続けていてくれれば、参戦の機会があるわけで、仲介《ちゅうかい》に入る気持ちなどまったくありません。つまり日本は、当てにならない人（スターリン）を当てにして、和平を夢見《ゆめみ》ていたわけです。

ところで問題はアメリカに起きました。ドイツ降伏《こうふく》後のヨーロッパの処理《しょり》をめぐっていろいろ交渉《こうしょう》しているうちに、ソ連がアメリカやイギリスと協調する気持ちなどこれっぽっちもなく、取れるものは全部取っていくという非常《ひじょう》に横暴《おうぼう》な国であることが嫌《いや》というほどわかってきます。したがってこの時点まできて、ヤルタでの決定はあるものの、対日戦争にソ連の力など借りる必要はないと思いはじめたのです。

となるとアメリカはなんとかソ連参戦前に日本を降伏《こうふく》させたい。が、日本は連合国側の無条《むじょう》件降伏政策《けんこうふくせいさく》を信じて、沖縄でも硫黄島《いおうとう》でも徹底的《てっていてき》に戦い、今度は本土決戦でも同じように頑張《がんば》るつもりらしい。そこでアメリカは、ソ連が入る前になんとか日本を降伏《こうふく》させる手立てはないかと考えます。そこに原子爆弾《ばくだん》が登場してくるのです。

## ◆原子爆弾《ばくだん》とポツダム宣言《せんげん》の「黙殺《もくさつ》」

さて原子爆弾《ばくだん》に、ここで少しふれたいと思います。膨大《ぼうだい》な費用《ひよう》と人間を投入して研究や実験を重ねた結果、これまで研究室では核分裂《かくぶんれつ》の実験に成功しました。が、爆弾《ばくだん》にした場合にほんとうに破裂《はれつ》するのかどうか、いわゆる「原爆実験《げんばく》」はされていませんでした。そこで一九四五年（昭和二十）七月十六日、ニューメキシコ州アラモゴードで人類初の原爆《げんばく》実験が行なわれたのです。しかもこれがまさに成功しました。破壊力《はかいりょく》はＴＮＴ火薬二万トンに相当する、つまりわずか五トンの原子爆弾《ばくだん》が、通常《つうじょう》の二万トンの爆弾《ばくだん》をダーンと一気に爆発《ばくはつ》させた時と同じ威力《いりょく》をもつことがわかったのです。立ち会った物理《ぶつり》学者のオッペンハイマー博士《はかせ》は言いました。

「戦争はこれで終わりだ」

すると、原爆《げんばく》計画をずっと進めてきた総指揮官《しきかん》グローブス少将《しょうしょう》が笑って答えました。

「イエス、われわれが日本に二発の原爆《げんばく》を落としたらおしまいだ」

なぜ二発かと言いますと、この時点では製造《せいぞう》をいくら急いでも二発が限度《げんど》だったからです。つまりすでに二発はできつつあるということで、次はそれを爆撃《ばくげき》発進地のテニアン島に運ぶという仕事が残っていました。

そもそも原爆《げんばく》は、ドイツがつくるとたいへんというのでアインシュタイン博士《はかせ》がルーズベルトに手紙を出し、アメリカが製造《せいぞう》をはじめたものです。日本も原爆《げんばく》のことは知っていて、それとなく研究開発に着手していました。陸軍が仁科《にしな》研究室に依頼《いらい》し、海軍は独自《どくじ》に京都大学の物理《ぶつり》学者を中心に「B研究」をはじめてはいたものの、日本の場合はあくまで「研究」であって、つくるところまでいってません。一方、アメリカはちょうど真珠湾攻撃《しんじゆわんこうげき》の頃《ころ》に五十万人、二十億ドルを投じて製造《せいぞう》に全力を上げはじめました。日本のB研究の予算は二千円（四千七百ドル）ですから比《くら》べ物《もの》になりません。

アメリカではっきり原爆製造《げんばくせいぞう》のめどがついたのは一九四三年五月頃《ごろ》です。当時はまだドイツが戦っていますから、標的は当然、ドイツかといいますと、そうではなく、実はこの時点ですでに日本が標的に決まっていました。ドイツが先に降伏《こうふく》したので原爆《げんばく》が日本に落とされたとよく言われますが、そんなことは毛頭ありません。グローブス少将《しょうしょう》がスチムソン陸軍長官にあてた一九四五年四月二十三日付けの手紙の一節にはこうあります。

「目標は一貫《いっかん》して日本なのであります」

そして原爆《げんばく》実験に成功した時点で、もともと決めてある標的の日本に向けて、いよいよ原爆《げんばく》攻撃《こうげき》作戦が作動することになりました。それもものすごく急いで、なんですね。なぜそんなに作戦の実施《じっし》を急いだのか。これには、先ほど言いました通り、ソ連の対日参戦以前に何とか日本を早く降伏《こうふく》させる狙《ねら》いもあったと思われてなりません。

日本は政府《せいふ》も軍も、この一連の裏側《うらがわ》の動きをまったく知りません。政府《せいふ》は一所懸命《いっしょけんめい》にソ連仲介《ちゅうかい》の和平工作に励《はげ》んでおり、軍はそれも知らずに本土決戦の準備《じゅんび》に向けて血眼《ちまなこ》になっていました。そうしてソ連仲介《ちゅうかい》の返事が延《の》ばされているなか、七月十七日からポツダムで、スターリン、トルーマン、チャーチル――後半は選挙に敗れ、労働党《ろうどうとう》のアトリーに交替《こうたい》します――が集まって会談がはじまりました。この席上、トルーマンがスターリンに原爆《げんばく》のことをちらりともらしたのですが、スパイ活動によってすでにその情報《じょうほう》を得《え》ていたソ連は、なんとかして日本への攻撃《こうげき》を早めようと懸命《けんめい》に工作中でした。裏側《うらがわ》では原爆《げんばく》投下とソ連参戦の競争が行なわれつつ、表では両国とも関係ない振《ふ》りをして会談が続けられていたのです。

そして七月二十六日、いわゆる日本に降伏《こうふく》を勧告《かんこく》したポツダム宣言《せんげん》が発せられます。長いのでいちいち説明はいたしませんが、要するに、日本は降伏《こうふく》したいのならこの宣言《せんげん》に書かれている条項《じょうこう》をすべて守れという内容《ないよう》です。

これが二十七日に日本に届《とど》いたのを見て、天皇陛下《てんのうへいか》は「これで戦争をやめる見通しがついたわけだね。原則《げんそく》として受諾《じゅだく》するほかはないだろう」と東郷外相《とうごうがいしょう》に告《つ》げました。ところが日本政府《せいふ》としては、ソ連仲介《ちゅうかい》の依頼《いらい》の返事を待っている時です。その時にさっさとポツダム宣言《せんげん》をのんで、依頼《いらい》を断《こと》わるわけにはいかないというのです。そんなところで義理《ぎり》を重んじることはなかったのですが、日本はこういうところは律儀《りちぎ》なんですね。それで困《こま》ったあげく、とりあえずは無視《むし》しようじゃないかということになります。

そして内閣情報局《ないかくじょうほうきょく》の指令のもと、ポツダム宣言《せんげん》について二十八日の朝刊《ちょうかん》で発表します。ただし、国民の戦意を低下させるような条項《じょうこう》は削除《さくじょ》し、政府《せいふ》の公式見解《けんかい》も発表せず、できるだけ小さく調子を下げて取《と》り扱《あつか》うようにしました。すると新聞社ではこれを独自《どくじ》に解釈《かいしゃく》し、逆《ぎゃく》に戦意昂揚《こうよう》をはかる強気の言葉を並《なら》べて報《ほう》じたのです。読売報知《ほうち》は、「笑止《しょうし》、対日降伏条件《こうふくじょうけん》」と題して「戦争完遂《かんすい》に邁進《まいしん》、帝国政府《ていこくせいふ》問題とせず」とうたいました。朝日新聞は「政府《せいふ》は黙殺《もくさつ》」と見出しをかかげ、毎日新聞は「笑止《しょうし》！　米英蔣《しょう》共同宣言《せんげん》、自惚《うぬぼ》れを撃砕《げきさい》せん、聖戦《せいせん》を飽《あ》くまで完遂《かんすい》」という具合です。ですから変な話ですが、ポツダム宣言《せんげん》が出た当初、新聞のあまりの強気に、日本国民は「ばかばかしい、こんなもの受けられるか」と思い、また軍も「そうか、まだ国民はやる気十分なのだ」といい気になってこの際《さい》「完全無視《むし》」の声明を出すよう政府《せいふ》をせっつきます。仕方なく、二十八日午後四時、鈴木首相《すずきしゅしょう》は記者会見して述《の》べます。

「あの共同声明は（一九四三年十一月、ルーズベルト、チャーチル、蔣介石《しょうかいせき》による）カイロ会談の焼き直しであって、政府《せいふ》としてはなんら重要な価値《かち》があるとは考えない。ただ黙殺《もくさつ》するだけである。われわれは戦争完遂《かんすい》に邁進《まいしん》するのみである」

これが海外放送網《ほうそうもう》を通して世界に流れると、鈴木首相《すずきしゅしょう》が「ノーコメント」の意味で言った「黙殺《もくさつ》」を、外国の新聞は「日本はポツダム宣言《せんげん》を reject（拒絶《きょぜつ》）した」と報《ほう》じたのです。敵《てき》に「こちらの好意を拒絶《きょぜつ》した、ならばやってやる」という口実を与《あた》えてしまったわけです――というふうに話をもっていくと原爆《げんばく》投下のつじつまが合うようですが、実は違《ちが》うんです。すでに七月二十四日、ポツダム宣言《せんげん》が出る前に、投下命令が出されていたのです。

原爆《げんばく》投下作戦の諸命令《しょめいれい》は、グローブス少将《しょうしょう》が起案、マーシャル参謀総長《さんぼうそうちょう》が承認《しょうにん》、アーノルド大将《たいしょう》が署名《しょめい》して、戦略《せんりゃく》空軍総司令官《そうしれいかん》スパッツ将軍《しょうぐん》に発せられるという手続きを踏《ふ》み、二十四日六時三十五分、ポツダムにいるトルーマン大統領《だいとうりょう》から正式に承認《しょうにん》を得《え》ました。

「合衆国《がっしゅうこく》陸軍戦略《せんりゃく》空軍総司令官《そうしれいかん》カール・スパッツ将軍《しょうぐん》あて

1、第20空軍509爆撃《ばくげき》隊は、一九四五年八月三日頃以降《ごろいこう》、天候が（レーダーなどでなく）目視爆撃《もくしばくげき》を許《ゆる》すかぎりなるべく速《すみ》やかに、最初の特殊爆弾《とくしゅばくだん》を次の目標の一つに投下せよ。

（目標）広島、小倉《こくら》、新潟および長崎

爆弾《ばくだん》の爆発効果《ばくはつこうか》を観測《かんそく》し記録するために、陸軍省から派遣《はけん》する軍および民間の科学者を運ぶ随伴機《ずいはんき》を、爆弾搭載機《ばくだんとうさいき》に従《したが》わせよ。観測機《かんそくき》は爆発《ばくはつ》地点から数マイル離《はな》れたところに位置させよ。……」

このように、記録を見ればすでに七月二十四日に投下命令が出ていて、八月三日以降《いこう》いつ投下されても不思議でない状態《じょうたい》になっていたのです。何も知らない日本は、ひたすらソ連仲介《ちゅうかい》の和平に目を向け、返事が届《とど》けばすぐ対応《たいおう》できるように近衛文麿《このえふみまろ》を全権《ぜんけん》として随員《ずいいん》に松本俊一《まつもとしゅんいち》外務《がいむ》次官、加瀬俊一《かせとしかず》、宮川船夫《みやがわふなお》ハルビン総領事《そうりょうじ》、高木惣吉《たかぎそうきち》少将《しょうしょう》、松谷誠《まつたにせい》大佐。それに酒井《さかい》鎬次《こうじ》、富田健治《とみたけんじ》、伊藤述史《いとうのぶみ》、松本重治《まつもとしげはる》、細川護貞《ほそかわもりさだ》ら近衛《このえ》さんの知友、といった特使メンバーまで決め、今日か明日かと返事を待っていたのです。

＊1——焼《しょう》夷《い》弾《だん》　燃《ねん》焼《しょう》性《せい》の物《ぶっ》質《しつ》を詰《つ》め、その燃《ねん》焼《しょう》によって目標を破《は》壊《かい》する爆《ばく》弾《だん》。

# 第十五章

# 「堪《た》へ難《がた》キヲ堪《た》へ、忍《しの》ビ難《がた》キヲ忍《しの》ビ……」

ポツダム宣言受諾《せんげんじゅだく》、終戦

この章の

ポイント

一九四五（昭和二十）年八月六日午前八時十五分、広島に原子爆弾《ばくだん》が投下。そして、八月九日午前零時過《れいす》ぎ、ソ連が満洲《まんしゅう》の国境線《こっきょうせん》を突《つ》き破《やぶ》って侵攻《しんこう》。これを受け、同日午前十時からの最高戦争指導《しどう》会議にて、降伏勧告《こうふくかんこく》であるポツダム宣言《せんげん》の受諾条件《じゅだくじょうけん》についての激論《げきろん》が交《か》わされます。その会議の最中、午前十一時二分に第二の原子爆弾《ばくだん》が長崎に投下。それでもなかなか結論《けつろん》が出ず、天皇《てんのう》による二度の〝聖断《せいだん》〟を経《へ》て、やっと日本は終戦へと向かっていきます。

キーワード

広島への原爆《げんばく》投下／ラルフ・バード／ソ連対日参戦／長崎への原爆《げんばく》投下／聖断《せいだん》／宮城《きゅうじょう》事件《じけん》／無条件降伏《むじょうけんこうふく》／ポツダム宣言受諾《せんげんじゅだく》／降伏《こうふく》調印／日ソ一週間戦争

## ◆ヒロシマの死者の列

昭和二十年（一九四五）八月六日、広島の朝は非常《ひじょう》に蒸《む》し暑《あつ》く、雲ひとつない快晴《かいせい》でした。七時九分に警戒警報《けいかいけいほう》が鳴りました。上空に三機のＢ29の影《かげ》が認《みと》められたからです。が、そのますーっと去って行ったので七時三十一分に警報《けいほう》は解除《かいじょ》となり、人びとは日常《にちじょう》の生活に戻《もど》りました。ところがそれから四十分ちょっとたった八時十五分、Ｂ29のエノラ・ゲイ号から原子爆《ばく》弾《だん》が投下されたのです。表に出て勤労《きんろう》動員の作業をはじめた人もいますし、ふだん通り電車に乗って職場《しょくば》に向かった人もいるという状況《じょうきょう》下でした。

爆弾《ばくだん》は地上から約五百七十メートル、ほとんど広島市の真ん中で爆発《ばくはつ》しました。直径百五十メートルの巨大《きょだい》な火の玉が広島上空を覆《おお》ったのです。爆心地《ばくしんち》から半径約五百メートル以内の人びとや住宅《じゅうたく》は三〇〇〇〜四〇〇〇度の高熱で焼き尽《つ》くされました。昭和二十年十一月時点の死者は七万八千百五十人、行方《ゆくえ》不明一万三千九百八十三人、負傷者《ふしょうしゃ》三万七千四百二十五人と発表されました。その後、原爆症《げんばくしょう》という不治《ふち》の病に侵《おか》されて今日まで死者の列は続いていますので、正確《せいかく》に何十万人の方が亡《な》くなったかは現在《げんざい》でも不明だと思います。

広島の原爆《げんばく》投下はモスクワ時間で六日午前二時過《す》ぎ、スターリンは前日夕刻《ゆうこく》にポツダムから帰り、深い眠《ねむ》りに入っていました。朝起きてその報《ほう》を知り、俄然《がぜん》ハッスルし、対日参戦を早めよというので七日午後四時三十分、日本時間の午後十時三十分に「八月九日、満洲《まんしゅう》の国境《こっきょう》を突破《とっぱ》すべし」と攻撃《こうげき》開始の極秘《ごくひ》命令を発しました。

ソ連の満洲侵攻《まんしゅうしんこう》は、準備《じゅんび》などの都合上、はじめは八月下旬《げじゅん》の予定でしたが、アメリカの原爆《げんばく》開発が成功しその製造《せいぞう》が進んでいることがわかった時点で八月十五日に改め、それでもまだ遅《おそ》いというので八月十一日に早めていたのですが、広島への原爆《げんばく》投下によってさらに予定を繰《く》り上《あ》げ、とにかく準備《じゅんび》不足も何かの方策《ほうさく》で補《おぎな》えと、断固《だんこ》八月九日に侵入《しんにゅう》すると決めました。またスターリンはクレムリンに原子物理学者五人を呼《よ》び、「費用《ひよう》はいくらかかってもかまわない、できるだけ早くアメリカに追い付かなくてはならない、全力を上げてやりたまえ」と厳命《げんめい》し、粛清《しゅくせい》の鬼《おに》と呼《よ》ばれる秘密警察《ひみつけいさつ》長官ベリアを原爆製造《げんばくせいぞう》研究所の総指揮《そうしき》官に命じました。こうして米ソの核兵器《かくへいき》競争がはじまりました。

戦争の総指揮《そうしき》をとるトルーマン米大統領《だいとうりょう》の回顧録《かいころく》にはこう書かれています。

「いつどこで爆弾《ばくだん》を使用するかの最終決定は私《わたし》がくだすべきことであった。この点に間違《まちが》いがあってはならない。私《わたし》は原子爆弾《ばくだん》を軍事兵器とみなし、これを使用すべきであることに一度もなんらの疑念《ぎねん》も抱《いだ》かなかった。大統領《だいとうりょう》付きの最高軍事顧問《こもん》たちはその使用を勧告《かんこく》し、また私《わたし》がチャーチルと話し合った時、彼《かれ》はためらうことなく私《わたし》に向かって、戦争終結のために役立つかもしれないなら、原子爆弾《ばくだん》の使用に賛成《さんせい》すると語った」

原爆《げんばく》は「兵器なのだから当然、使うのは当たり前だ」と、まことにあっさりとトルーマンは語りますが、それについてチャーチルとどこで話し合ったかといえば、ポツダムしかありません。ではチャーチルは本当に賛成《さんせい》したのか、彼《かれ》の『大戦回顧録《かいころく》』を見ますと「そんなことを話し合ったことはない」としたうえでこう記しています。

「日本に降伏《こうふく》を強《し》いるため原子爆弾《ばくだん》を使用するか否《いな》かの決定は、一度も問題とならなかったのであり、この歴史的《れきしてき》事実は厳《げん》として存在《そんざい》しており、後世《こうせい》この事実は正しく判断《はんだん》されなければならない」

つまりチャーチルは「俺《おれ》は知らない」とはっきり言ってるんですね。トルーマンの記憶《きおく》が正しいのか、チャーチルの記述《きじゅつ》が本当なのか、あるいはチャーチルが自分の責任《せきにん》を回避《かいひ》して全責《ぜんせき》任《にん》をトルーマンにあずけているのかは疑問《ぎもん》なわけです。

いずれにしても、アメリカのトップのほとんどの指導者《しどうしゃ》たちは、日本に原爆《げんばく》を投下することになんらためらいませんでした。スチムソン陸軍長官の戦後の回顧録《かいころく》にはこうあります。

「一九四一年から四五年まで（つまり太平洋戦争がはじまってから終結まで）、大統領《だいとうりょう》その他政府《せいふ》の責任《せきにん》ある高官が、原子力を戦争に使うべきでないと示唆《しさ》するのを聞いたことは一度もない」

ただし、良識《りょうしき》ある人がいないわけではなく、ラルフ・バードという海軍次官が日本への原爆《げんばく》使用に猛反対《もうはんたい》しました。どうしても使用するというなら、前もって日本に予告《よこく》すべきである、日本人にそれに対処《たいしょ》する時間を与《あた》えるべきである、と主張《しゅちょう》しました。

「私《わたし》は本計画に関与《かんよ》するようになって以来、この爆弾《ばくだん》を実際《じっさい》に日本に対して使う以前に、たとえば二日前とか三日前に、日本に対して何らかの事前の警告《けいこく》を与《あた》えるべきであるとの考えをいだいてきた。偉大《いだい》な人道主義《しゅぎ》国家としてのアメリカの立場、および国民のフェアプレーの態度《たいど》が、こうした考え方をとる主たる動機になっている」

アメリカは民主主義《しゅぎ》を標榜《ひょうぼう》する国なのだから、なおさらヒューマニズムを大事にしなければならない、フェアプレー精神《せいしん》の国が歴史《れきし》に反逆《はんぎゃく》するようなことをやるべきではない、と最後まで頑張《がんば》りました。ですが無警告《けいこく》投下の政策《せいさく》が決まったのを受けて、バードは辞表を提出《ていしゅつ》し、七月一日に自ら職《しょく》を離《はな》れていきました。

どうも戦争の熱狂《ねっきょう》は人間を愚劣《ぐれつ》かつ無責任《むせきにん》に仕立て上げるようです。とてつもない強力な兵器を、それも膨大《ぼうだい》な資金《しきん》と労力をかけてつくったのだから、使わないのはおかしいじゃないか、と軍人のみならず政治家《せいじか》も含《ふく》めてたいていのアメリカ人は考えたようです。

日本はそんないきさつは知りません。超強力《ちょうきょうりょく》な爆弾《ばくだん》が落とされた、ということで、これが原子爆弾《ばくだん》であるかを調べるため、現地《げんち》に調査団《ちょうさだん》を送ったりしていました。八月七日、国民には新聞やラジオで次のように報《ほう》じられました。

「一、昨八月六日広島市は敵《てき》B29少数機の攻撃《こうげき》により相当の被害《ひがい》を生じたり
一、敵《てき》は右攻撃《こうげき》に新型爆弾《しんがたばくだん》を使用せるものの如《ごと》きも詳細目下調査《しょうさいもっかちょうさ》中なり」

ですから私《わたし》たちはその頃《ころ》、原子爆弾《ばくだん》という言葉を知らず、「新型爆弾《しんがたばくだん》」と言っていた記憶《きおく》が鮮明《せんめい》に残っています。

## ◆「もはや戦争継続《けいぞく》は不可能《ふかのう》」

ソ連仲介《ちゅうかい》による戦争の終結のみを頭に描《えが》いてきた日本政府《せいふ》と軍部は、広島市街が一発で吹《ふ》っ飛《と》んでしまうような爆弾《ばくだん》ができていることを、翌日《よくじつ》のアメリカからのラジオ放送で流されたトルーマンの声明によって知ります。

「われわれは二十億ドルを投じて歴史的《れきしてき》な賭《か》けを行ない、そして勝ったのである……六日、広島に投下した爆弾《ばくだん》は戦争に革命的《かくめいてき》な変化を与《あた》える原子爆弾《ばくだん》であり、日本が降伏《こうふく》に応《おう》じない限《かぎ》り、さらにほかの都市にも投下する」

日本のトップの人たちは、戦いを続ければほかの都市にも原爆《げんばく》を投下するという予告《よこく》を受けたわけで、ともかく一日も早く戦争を終結しなければならないという焦《あせ》りを感じました。ところが、何度も言いますが、ソ連仲介《ちゅうかい》による和平が大目標なので、まだなんとかうまい返事を心ひそかに期待していたのです。そして七日はどうという動きはなしに暮《く》れてゆきます。

八日になりますと、天皇《てんのう》は木戸《きど》内大臣を通してこう言います。

「このような武器《ぶき》が使われるようになっては、もうこれ以上、戦争を続けることはできない。不可能《ふかのう》である。有利な条件《じょうけん》を得《え》ようとして大切な時期を失《しっ》してはならぬ。なるべく速《すみ》やかに戦争を終結するよう努力せよ。このことを鈴木首相《すずきしゅしょう》にも伝えよ」

そこで木戸《きど》さんは、鈴木首相《すずきしゅしょう》に天皇《てんのう》の降伏《こうふく》決定の意思を伝えたのです。鈴木《すずき》さんは「ここまでくれば、ソ連仲介《ちゅうかい》などはすっ飛ばしても戦争終結の道を探《さぐ》ろう」と、さっそく最高戦争指導《しどう》会議を開こうとします。ところが急なことですから、いろいろと対策《たいさく》に追われている軍人たちはとうてい出席できかねるというので、九日朝に延期《えんき》することになりました。

そうこうしているうちに、時計の針《はり》がまさに九日の午前零《れい》時を過《す》ぎた途端《とたん》、ソ連が満洲《まんしゅう》の国《こっ》境線《きょうせん》を突《つ》き破《やぶ》って侵入《しんにゅう》してきたのです。前日の晩《ばん》、モスクワではモロトフ外相《がいしょう》が佐藤尚武《さとうなおたけ》駐《ちゅう》ソ大使を呼《よ》び出《だ》し、一応《いちおう》は宣戦布告状《せんせんふこくじょう》をつきつけています。中立条約《じょうやく》がまだ有効《ゆうこう》であり、仲介《ちゅうかい》をお願いしている国からの、まさかと思うような攻撃《こうげき》でした。予告《よこく》もない一方的な中立条約破棄《じょうやくはき》です。日本は敢《あ》えて宣戦布告《せんせんふこく》をせず、とにかく一方的に攻撃《こうげき》を受け続けることにしました。しかしソ連は日本の抗議《こうぎ》などに聞く耳をもちません。なんとなれば世界平和のためにはアメリカもイギリスもこの参戦に賛成《さんせい》しているのです。「ヤルタでの世界の約束にしたがってわれわれは日本に降伏《こうふく》を強《し》いるための攻撃《こうげき》を開始したのだ、中立条約《じょうやく》などという二国間の約束よりも、世界平和のためにはもっと大きな意味の協定のほうが大事なのだ」というわけです。

この攻撃《こうげき》の報《ほう》はすぐに関東軍《かんとうぐん》から東京に伝えられました。鈴木首相《すずきしゅしょう》は朝起きてそれを聞くや否《いな》や、何が何でもこの内閣《ないかく》で戦争の始末《しまつ》をつける、と決めました。本来なら、ソ連仲介《ちゅうかい》の和平という政策《せいさく》をやっている最中に当事者のソ連が攻《せ》めてきたのですから、いかにアホな政策《せいさく》であったかというので内閣総辞職《ないかくそうじしょく》となるのが当然のことなのです。閣僚《かくりょう》の中から、そう主張《しゅちょう》した人もいました。ところが鈴木《すずき》さんは辞職《じしょく》せず、とにかく始末《しまつ》をつけるという決意のもと、前日からの約束通り最高戦争指導《しどう》会議を開きました。

午前十時三十分に会議がはじまり、鈴木首相《すずきしゅしょう》はいきなり言いました。

「広島の原爆《げんばく》といい、ソ連の参戦といい、これ以上の戦争継続《けいぞく》は不可能《ふかのう》であると思います。ポツダム宣言《せんげん》を受諾《じゅだく》し、戦争を終結させるほかはない。ついては各員のご意見をうけたまわりたい」

こうしてはっきり「戦争を終結させなくてはならない」と首相《しゅしょう》が軍部の前で明言したのです。会議は重い沈黙《ちんもく》で誰《だれ》もしゃべらなくなってしまいました。まあ、原爆《げんばく》にしろソ連参戦にしろ、考えてもみないような鉄槌《てつつい》を二つも頭からくらったのですから、ほとんどの人がどうしていいかわからない状態《じょうたい》だったのでしょう。その時、米内海相《よないかいしょう》が口火《くちび》を切りました。

「黙《だま》っていてはわからないではないか。どしどし意見を述《の》べたらどうだ。もしポツダム宣言受諾《せんげんじゅだく》ということになれば、無条件《むじょうけん》で鵜呑《うの》みにするか、それともこちらから希望条件《じょうけん》を提示《ていじ》するか、それを議論《ぎろん》しなければならぬと思う」

この発言のおかげで、まずポツダム宣言《せんげん》を受諾《じゅだく》する、という前提《ぜんてい》ができてしまったのです。それを踏《ふ》まえたうえで「どのように受諾《じゅだく》するのか」を議論《ぎろん》しようというのです。この瞬間《しゅんかん》にポツダム宣言受諾《せんげんじゅだく》が決定し、それ以外の戦争終結の方策《ほうさく》を探《さぐ》るなどということは一切《いっさい》飛んでしまったと言っていいと思います。そして阿南惟幾《あなみこれちか》陸軍大臣も、梅津美治郎《うめづよしじろう》参謀総長《さんぼうそうちょう》も、豊田副武《とよだそえむ》軍令部総長《そうちょう》も、これには反論《はんろん》せず、発言をはじめました。

ポツダム宣言《せんげん》には、日本の降伏《こうふく》の条件《じょうけん》が細々《こまごま》と書かれています。定訳《ていやく》は長すぎるしかえって煩雑《はんざつ》になりますので、結論《けつろん》のところをかいつまんで申し上げます。

まず、世界征服《せいふく》の挙《きょ》にでた権力《けんりょく》および勢力《せいりょく》の永久除去《えいきゅうじょきょ》、です。以下、日本本土の軍事占領《せんりょう》。本州、北海道、九州および四国のほかの領土没収《りょうどぼっしゅう》。外地の日本軍隊の完全撤収《てっしゅう》。戦争犯罪人《はんざいにん》の処罰《しょばつ》と民主主義《しゅぎ》的傾向《けいこう》の復活《ふっかつ》強化。巨大《きょだい》産業不許可《ふきょか》(財閥解体《ざいばつかいたい》)。連合軍の撤収《てっしゅう》は平和的な、かつ責任《せきにん》のある政府《せいふ》ができあがった時、というものでした。

一番の問題は、最初の「世界征服《せいふく》の挙《きょ》にでた権力《けんりょく》および勢力《せいりょく》」というところです。これがイコール天皇制《てんのうせい》ということではあるまいか、という根本的な疑問《ぎもん》であり、懸念《けねん》なのです。それが最高戦争指導《しどう》会議での論議《ろんぎ》の最大のテーマになったわけです。

## ◆第一回の「聖断《せいだん》」

会議は俄然《がぜん》、紛糾《ふんきゅう》しはじめました。天皇制《てんのうせい》が危機《きき》にさらされている。国体《こくたい》が破壊《はかい》されるかもしれない。天皇陛下《てんのうへいか》の身柄《みがら》が非常《ひじょう》に危険《きけん》なことになる、というわけで、東郷茂徳《とうごうしげのり》外務《がいむ》大臣は、希望条件《じょうけん》をつけるとすればたった一つ、「天皇《てんのう》の国法上の地位を変更《へんこう》しない」ということ、つまり天皇制《てんのうせい》を護持《ごじ》することだけを条件《じょうけん》にポツダム宣言《せんげん》を受諾《じゅだく》しようと提案《ていあん》しました。米内《よない》海相《かいしょう》が同意しました。「世界征服《せいふく》の挙《きょ》にでた権力《けんりょく》および勢力《せいりょく》」は天皇制《てんのうせい》ではないことを確認《かくにん》しよう、というのですね。すると、阿南《あなみ》さん、梅津《うめづ》さん、豊田《とよだ》さんの軍部側三人が「それだけでは足りない」と言い、天皇制《てんのうせい》を守り抜《ぬ》くためにも、「②占領《せんりょう》は小範囲《しょうはんい》で小兵力で短期間であること」「③武装解除《ぶそうかいじょ》と、④戦犯《せんぱん》の処置《しょち》は日本人の手に任《まか》せること」という合計四つの条件《じょうけん》をつけることを主張《しゅちょう》しました。

これに対して東郷外相《とうごうがいしょう》は「それでは成立しない、なんとか一条件《じょうけん》だけにしよう」と言いますが、軍部も譲《ゆず》りません。軍が解体《かいたい》し、武装解除《ぶそうかいじょ》した後に、連合軍側から天皇《てんのう》を裁判《さいばん》にかけると言われたら、天皇《てんのう》をお守りできない。武装解除《ぶそうかいじょ》と戦犯裁判《せんぱんさいばん》を日本人がやることにしておけば、最後の最後まで守り抜《ぬ》くことができるじゃないかと言《い》い張《は》ります。鈴木首相《すずきしゅしょう》はどちらかといえば米内《よない》さんや東郷《とうごう》さんの意見に近いので、「一条件《じょうけん》でいい」が三人、「四条件《じょうけん》でないとならない」が三人となったわけですね。会議は紛糾《ふんきゅう》し、両方とも引かず、かといってガンガンと押《お》しまくって雄弁《ゆうべん》をふるう人もなく、ただ暗澹《あんたん》たる空気のうちに、それぞれがぼそぼそと主張《しゅちょう》を繰《く》り返《かえ》すばかりです。

と、その会議の最中に、第二の原子爆弾《ばくだん》が長崎に投下されたことが伝わるのです。B29のボックス・カー号は当初、予定していた小倉《こくら》市街が雲に覆《おお》われて目視《もくし》できず、上空旋回《せんかい》を繰《く》り返《かえ》したものの、晴れる見込《みこ》みがないので目標を長崎に変更《へんこう》、やはり曇《くも》ってはいましたが、山の向こうに雲の切れ間を見つけ、午前十一時二分、原爆《げんばく》を投下しました。これも同年の十一月時点で、死者は七万五千人という発表でした。

一方、最高戦争指導《しどう》会議では決められた時間を一時間過《す》ぎてもなんら結論《けつろん》が出ません。その後に予定された閣議《かくぎ》のため、閣僚《かくりよう》たちが集まって待っていましたから、とりあえず休会、閣議《かくぎ》を開くことになりました。第一回は午後二時半から三時間、第二回が午後六時半から十時まで、議論《ぎろん》に議論《ぎろん》を重ねます。

ここでも阿南陸相《あなみりくしよう》が断固《だんこ》として四条件《じようけん》に固執《こしつ》し、閣僚《かくりよう》の中には賛成《さんせい》する人もいて相変わらず結論《けつろん》が出ず、ついに午後十時半、みながくたびれ果てて、これもいったん休憩《きゆうけい》となります。

そこで鈴木首相《すずきしゆしよう》は、会議を何回開こうが結論《けつろん》が出ない、ならば内閣不一致《ないかくふいっち》の議論《ぎろん》をそのまま天皇陛下《てんのうへいか》に持ち出して「聖断《せいだん》」を仰《あお》ごう、と考えたのです。ですが御前《ごぜん》会議を開くには、法的に参謀総長《さんぼうそうちよう》と軍令部総長《そうちよう》の承認《しようにん》、この場合は署名《しよめい》の意味で「花押《かおう》」が必要です。ところが、あらかじめ期していたとは思えないのですが、その九日の朝、最高戦争指導《しどう》会議に入る前に、鈴木首相《すずきしゆしよう》の指示《しじ》を受けて書記官長の迫水久常《さこみずひさつね》が、参謀総長《さんぼうそうちよう》と軍令部総長《そうちよう》の花押《かおう》をもらっておいたのです。というのも、情勢《じようせい》が急変続きですから、何かの時にいちいち両総長《そうちよう》を追《お》い掛《か》け回《まわ》して花押《かおう》をもらうのはたいへんというので、「まことに申《もう》し訳《わけ》ないが、いざという時に間に合わないといけませんから、一応《いちおう》、この書類に花押《かおう》をいただいておきたい」と申し出ていたのです。二人は多少、不審《ふしん》の念を抱《いだ》いたようですが、迫水《さこみず》さんが、「会議を開く時は、今まで通り、手続きを守って了解《りようかい》を得《え》ますから」と言ったようです。それが夜になって生きてきて、法的にも問題のない御前《ごぜん》会議が開けるというわけで、鈴木首相《すずきしゆしよう》はただちに召集《しようしゆう》をかけました。

八月九日午後十一時五十分、最高戦争指導《しどう》会議のメンバー六人全員のほか、枢密院《すうみついん》議長の平《ひら》沼騏一郎《ぬまきいちろう》と陸海軍の軍務《ぐんむ》局長、そして迫水《さこみず》書記官長が陪席《ばいせき》して、ポツダム宣言《せんげん》をどのように受《じゅ》諾《だく》するかについて真夜中の御前《ごぜん》会議が開かれました。この時のもようは後に絵に描《えが》かれて残っていますが、[*1]十五坪《つぼ》（約五十平方メートル）ほどの非常《ひじょう》に狭《せま》い地下防空壕《ぼうくうごう》に机《つくえ》を置いて、正《せい》規《き》の御前《ごぜん》会議のスタイルで行なわれました。

そこで鈴木首相《すずきしゅしょう》はそれまでのいきさつを奏上《そうじょう》し、「結論《けつろん》が出なかったので天皇《てんのう》のご判断《はんだん》を仰《あお》ぎたい」といきなりやりましたから、軍部は「そんなはずはない」と心の中では思ったでしょう。ふつう御前《ごぜん》会議では天皇《てんのう》は発言しないことになっているのですから、その意見を求めるとは約束違反《いはん》もいいところです。あるいは軍部の人びとは心のうちでかんかんになったと思いますが、天皇《てんのう》の前では言えません。そのしきたりも破《やぶ》り、天皇《てんのう》も「それなら私《わたし》の意見を言おう」と素直《すなお》に応《おう》じます。事前に打ち合わせていたわけではないでしょうが、この辺が昭和天皇《てんのう》と鈴《すず》木貫太郎《きかんたろう》との一種の〝あ・うんの呼吸《こきゅう》〟で、昭和四年から十一年末まで天皇《てんのう》と侍従長《じじゅうちょう》の関係で、天皇《てんのう》は鈴木《すずき》さんを父親代わりのように信頼《しんらい》していた、その言わんとすることを飲《の》み込《こ》んだと思うしかないのですが。そうして静かに話しました。

「私《わたし》は外務《がいむ》大臣の意見に同意である」

つまり一条件《じょうけん》でいいというわけです。さらに天皇《てんのう》は腹《はら》の底から声を絞《しぼ》り出《だ》すようにして説明しました。

「空襲《くうしゅう》は激化《げきか》しており、これ以上国民を塗炭《とたん》の苦しみに陥《おとしい》れ、文化を破壊《はかい》し、世界人類の不幸を招《まね》くのは、私《わたし》の欲《ほっ》していないところである。私《わたし》の任務《にんむ》は祖先《そせん》から受けついだ日本という国を子孫に伝えることである。今となっては、一人でも多くの国民に生き残っていてもらって、その人たちに将来《しょうらい》ふたたび起《た》ちあがってもらうほか道はない。

もちろん、忠勇《ちゅうゆう》なる軍隊を武装解除《ぶそうかいじょ》し、また、昨日まで忠勤《ちゅうきん》を励《はげ》んでくれたものを戦争犯《はん》罪人《ざいにん》として処罰《しょばつ》するのは、情《じょう》において忍《しの》び難《がた》いものがある。しかし、今日は忍《しの》び難《がた》きを忍《しの》ばねばならぬ時と思う。明治天皇《てんのう》の三国干渉《さんごくかんしょう》の際《さい》のお心持をしのび奉《たてまつ》り、私《わたし》は涙《なみだ》をのんで外《がい》相《しょう》に賛成《さんせい》する」

こうして日本は、連合軍側に一条件《じょうけん》のみ希望として伝え、それでよしとなれば降伏《こうふく》すると決定しました。八月十日午前二時三十分をやや過《す》ぎていました。その晩《ばん》は、宮城《きゅうじょう》の前の松がくっきりと影《かげ》を広場に落とすような、ものすごく綺麗《きれい》な月夜だったそうです。会議を終えて外へ出た時、吉積正雄《よしづみまさお》陸軍軍務局長がいきなり「約束が違《ちが》うではないか」と軍刀《ぐんとう》に手をかけ鈴木首《すずきしゅ》相《しょう》の前に立《た》ち塞《ふさ》がったのを、阿南《あなみ》さんが「吉積《よしづみ》、もういい」と止めたという話も残っています。

## ◆「隷属《れいぞく》」と「制限下《せいげん》」

十日の朝が明けると同時に、外務省《がいむしょう》は、中立国であったスイスとスウェーデン駐在《ちゅうざい》の日本公使を通して「天皇《てんのう》の国家統治《とうち》の大権《たいけん》を変更《へんこう》するの要求を包含《ほうがん》し居《お》らざることの了解《りょうかい》のもとに」ポツダム宣言《せんげん》を受諾《じゅだく》する、という電報《でんぽう》を打ち、連合国に伝えました。非常《ひじょう》にわかりづらい文章ですが、これが成文《せいぶん》なのです。簡単《かんたん》に言えば、天皇《てんのう》のもつ大権《たいけん》が保護《ほご》されることを了解《りょうかい》してもらい、それを条件《じょうけん》としてポツダム宣言《せんげん》を受け入れ降伏《こうふく》する、つまり天皇制《てんのうせい》の護持《ごじ》を保証《ほしょう》してもらいたいという内容《ないよう》です。

受け取ったアメリカは、さすがに困《こま》ったようです。グルー元駐《ちゅう》日大使など「すぐにOKして早く日本を降伏《こうふく》に導《みちび》いたほうがいい」と考え、陸軍長官スチムソンも「日本はたいへんな苦《く》境《きょう》に陥《おちい》っていてなお、懸命《けんめい》に天皇制《てんのうせい》の保証《ほしょう》を求めているのだから」とグルーに同感し、「日本人は最後までとにかく天皇《てんのう》が好きなんだなー」と言い知れぬ感動に浸《ひた》ったと後に書いています。アメリカとしても、これ以上戦争を続けるとすれば次は本土決戦です。そうなれば、硫黄《いおう》島《とう》や沖縄での日本兵の猛反撃《もうはんげき》で相当のアメリカ兵が死んだように、またすごい流血が予想される、戦争が長引くことに比《くら》べれば、天皇制《てんのうせい》は小さな問題で、この際《さい》、日本の希望条件《じょうけん》を容《い》れてやろうじゃないか、という意見がかなり強かったのです。しかし、強硬《きょうこう》な人もたくさんいました。特にバーンズ国務《こくむ》長官は、「これを受け入れれば無条件降伏《むじょうけんこうふく》にならない、われわれはこれまで何度も無条件降伏《むじょうけんこうふく》を宣言《せんげん》している、今になってなぜ日本に譲歩《じょうほ》する必要があるのか、断《だん》固突《こっ》っぱねろ」という具合でした。

また日本の要求をイギリス、ソ連、中国に知らせると、イギリスと中国は比較的《ひかくてき》早く返事がきて、どちらかといえばこれ以上の流血の惨事《さんじ》より条件《じょうけん》をのんだほうがいいのでは、という意見でした。ただソ連はなかなか結論《けつろん》が出ず、またアメリカ内部の議論《ぎろん》も長引き、ようやく日本時間の八月十二日の夜、連合軍側からの回答が決まります。そこでサンフランシスコ放送を通して日本に伝えました。それは実にあいまいで、何にも答えないような回答でした。

「日本国の最終的の政治形態《せいじけいたい》は、ポツダム宣言《せんげん》に遵《したが》い、日本国国民の自由に表明する意思により決定せらるべきものとす」（定訳《ていやく》）

これもわかりづらいのですが、今後の日本国の政治《せいじ》のかたちは国民が自由に選ぶ、その意思によって決定するというのであって、天皇制《てんのうせい》を保証《ほしょう》したわけではありません。さらに、大事な部分がこれに続いています。日本本土の占領《せんりょう》の時には、

「天皇《てんのう》および日本国政府《せいふ》の国家統治《とうち》の権限《けんげん》は……連合軍最高司令官にSubject toするものとす」

この「Subject to」を、外務省《がいむしょう》が苦労して「制限《せいげん》下におかる」と訳《やく》したのですが、軍部はそれを認《みと》めず、「隷属《れいぞく》する」と解釈《かいしゃく》しました。したがって天皇《てんのう》も日本政府《せいふ》もマッカーサーに隷属《れいぞく》することになるのです。すると最初の「日本国民の意思に任《まか》せる」なども当てにできないじゃないか、ということになり、ふたたび大激論《だいげきろん》です。戦争をはじめるのは簡単《かんたん》ですが、終わらせるのがいかに難《むずか》しいかということの証明《しょうめい》ですね。

十三日の朝から最高戦争指導《しどう》会議での議論《ぎろん》は続き、軍部はこう主張《しゅちょう》します。

「国体《こくたい》の根源《こんげん》にある天皇《てんのう》の尊厳《そんげん》を冒瀆《ぼうとく》している。こういうことはわが国体《こくたい》の破滅《はめつ》、皇国《こうこく》の滅亡《めつぼう》を招来《しょうらい》するもので、何らこちらの希望的条件《じょうけん》を容《い》れてもらっていないではないか」

そしてもう一度連合国に、国体《こくたい》を保証《ほしょう》してくれるのか、天皇《てんのう》の身柄《みがら》は安全なのかを聞くべきだと要求します。東郷外相《とうごうがいしょう》は、この上に聞き直すことは外交的には交渉《こうしょう》の決裂《けつれつ》を意味する、少なくとも天皇陛下《てんのうへいか》が皇位《こうい》にとどまることは保証《ほしょう》されているではないか、というわけです。しかし軍部は納得《なっとく》せず、がたがたやっている間に空《むな》しく時間は経《た》っていきます。

七十八歳《さい》の鈴木首相《すずきしゅしょう》は、それを黙《だま》って聞いていました。通訳《つうやく》がわりに秘書官《ひしょかん》としてそばにいた息子《むすこ》の一《はじめ》さんに、私《わたし》は『聖断《せいだん》』＊2を書く時に何度も会って話を聞きましたが、耳が遠いせいもあり、とにかく鈴木首相《すずきしゅしょう》は忍耐強《にんたいづよ》かったそうです。聞こえているのかどうか、ただ黙《だま》って聞いていたといいます。やがて、その貫太郎《かんたろう》さんは背筋《せすじ》を伸《の》ばして、議論《ぎろん》がどうにもならなくなった最後の段階《だんかい》で、はっきりこう言ったそうです。

「軍部はどうも、回答の言語解釈《かいしゃく》を際限《さいげん》なく議論《ぎろん》することで、政府《せいふ》のせっかくの和平への努力をひっくり返そうとしているように、私《わたし》には思えます。なぜ回答を、外務省《がいむしょう》の専門家《せんもんか》の考えているように解釈《かいしゃく》できないのですか」

外務《がいむ》大臣の方に賛成《さんせい》する意見でした。東郷外相《とうごうがいしょう》は百万の味方を得《え》た想《おも》いであったようです。これには軍部も唸《うな》って言葉が出ませんでしたが、再度《さいど》の連合国への照会《しょうかい》をあきらめたわけではなく、最後まで粘《ねば》ったようです。しかし午後からは予定通り閣議《かくぎ》を開かねばならず、最高戦争指導《しどう》会議はいったん休憩《きゅうけい》となります。

少数のトップの人たちが決められないことを、大臣がずらっと集まった場で決められるはずがないのですが、ともかく閣議《かくぎ》に入りました。阿南陸相《あなみりくしょう》が相変わらず、連合国への再照会《さいしょうかい》を主張《しゅちょう》します。すると東郷外相《とうごうがいしょう》が「すべてはご破算《はさん》になる、とんでもない」と反対し、また阿《あ》南《なみ》さんも「これを認《みと》めれば日本は亡国《ぼうこく》となり、国体護持《こくたいごじ》も不可能《ふかのう》になる」と譲《ゆず》りません。同じ議論《ぎろん》のむし返しです。東郷外相《とうごうがいしょう》はついに堪忍袋《かんにんぶくろ》の緒《お》が切れてしまいました。

「連合国の回答の正式なものがまだ届《とど》いておらず、単にサンフランシスコ放送を聞いて議論《ぎろん》をしているのはナンセンスだ。総理《そうり》、閣議《かくぎ》はここでやめてもらいたい」

鈴木首相《すずきしゅしょう》は「それもそうだ」と、あっさり休憩《きゅうけい》に入りました。考えてみれば、閣議《かくぎ》で一致《いっち》して決められる話ではないのですが、日本の政治《せいじ》のシステムとしては閣議《かくぎ》で一致《いっち》しないことには動きませんから仕方がない、とはいえ議論《ぎろん》を重ねれば重ねるほどみなが自信をなくしてしまうのです。追《お》い詰《つ》められた日本帝国《ていこく》は、誰《だれ》かが何かを決断《けつだん》しなければどうにもならない段階《だんかい》にさしかかっていたわけです。

その「誰《だれ》か」とは――?

## ◆二度目の「聖断《せいだん》」によって

そうした状況《じょうきょう》の裏側《うらがわ》で、陸軍では、「強硬《きょうこう》なるクーデタによって鈴木内閣《すずきないかく》を倒《たお》し、軍部による内閣《ないかく》をつくる。そしてこれまでの動きをすべてご破算《はさん》にし、徹底抗戦《てっていこうせん》にもっていかねばならない」と、八月十日頃《ごろ》からクーデタ計画が着々と進行していました。もちろん秘密裡《ひみつり》にです。

阿南陸相《あなみりくしょう》も梅津参謀総長《うめづさんぼうそうちょう》もこれを知っていながらオクビにも出さず、会議や閣議《かくぎ》に出席していたのです。その計画も最終的な段階《だんかい》に入り、十三日夜には「明日八月十四日午前七時、陸軍大臣と梅津総長《うめづそうちょう》が会談し、すでに出来上がっているクーデタ計画を正式に承認《しょうにん》する。七時三十分、陸軍大臣と東部軍司令官（東京を防衛《ぼうえい》している軍の長です）、近衛師団長《このえしだんちょう》（宮城守備《きゅうじょうしゅび》軍の長です）が会談し、計画を確認《かくにん》する。八時、陸軍省および参謀《さんぼう》本部の中堅《ちゅうけん》クラス、高級課員以上が全員集合。十時、クーデタを発動する」と計画を決め、阿南《あなみ》さんと梅津《うめづ》さんに伝えました。二人は返事をせずただ受け取り、翌日《よくじつ》午前七時の会談で結論《けつろん》を出すことにして別れたようです。

そして十四日が明けます。当時は陸軍省も参謀《さんぼう》本部も市ヶ谷台《いちがやだい》、今の防衛庁《ぼうえいちょう》がある場所の同じ建物内にあって、一階が参謀《さんぼう》本部、二階が陸軍省でしたから、二人が会うのは非常《ひじょう》に簡単《かん》なのです。午前七時頃《ごろ》、予定通り阿南陸相《あなみりくしょう》と梅津参謀総長《うめづさんぼうそうちょう》が前後してやって来て、二人を前に荒尾《あらお》軍事課長が兵力の動員について説明し、賛同《さんどう》を求めました。ところがこの時、梅津《うめづ》さんが「私《わたし》はこの計画に反対である」と言い、阿南《あなみ》さんも「同感である」と言ったのです。実は、この瞬間《しゅんかん》にクーデタ計画はパアッと弾《はじ》け飛《と》んでしまったわけですが、そうは簡単《かんたん》におさまるはずはない。

これを受けて中堅《ちゅうけん》クラスの人たちが「それなら俺《おれ》たちだけでやるか」と、より強硬《きょうこう》になりはじめたところに、なんと天皇陛下《てんのうへいか》のお召《め》しによって、最高戦争指導《しどう》会議のメンバーのみならず、閣僚《かくりよう》全員も枢密院《すうみついん》議長も宮城《きゆうじよう》内防空壕《ぼうくうごう》に全員集合せよという通知がきたのです。天皇陛《てんのうへい》下《か》と鈴木首相《すずきしゆしよう》が八時過《す》ぎ頃《ごろ》に会い、ここまできたうえは、天皇《てんのう》の召集《しようしゆう》による最後の御前《ごぜん》会議を開いて最終決定をしてもらうほかない、という話になり、天皇陛下《てんのうへいか》もそれを承諾《しようだく》したのです。まさに昭和十六年十二月一日、太平洋戦争開戦決定の御前《ごぜん》会議以来、絶《た》えて行なわれることのなかった、最高戦争指導《しどう》会議の構成員《こうせいいん》と閣僚《かくりよう》全員による合同会議が開かれることとなりました。鈴木首相《すずきしゆしよう》はもちろん、何が起ころうとここで一気に終戦、という決意でした。

　こうして、陸軍強硬派《きようこうは》がクーデタ発動の準備《じゆんび》にもたもたしているうちに、陸軍大臣も参謀《さんぼう》総長《そうちよう》もお呼《よ》びがかかって宮中に入ってしまい、上げた拳《こぶし》をどうしていいかわからない状態《じようたい》になりました。

　十時五十分から会議がはじまりました。例によって鈴木首相《すずきしゆしよう》が経緯《けいい》を説明します。いくら議《ぎ》論《ろん》を重ねても結論《けつろん》が出ないので、「まことに恐《おそ》れ入《い》りますが、陛下《へいか》のご意見をうかがいたい」という。聖断《せいだん》を再《ふたた》び仰《あお》いだわけです。そこで天皇陛下《てんのうへいか》は静かに口を開きます。この時の天皇《てんのう》の言葉は、列席した大臣の手記などいろいろなかたちで伝わっています。それらを下村宏《しもむらひろし》情報局《じようほうきよく》総裁《そうさい》がまとめ、鈴木首相《すずきしゆしよう》にも承認《しようにん》を得《え》たものがあります。非常《ひじよう》に長いのですが、これによって戦争が終わったことになりますし、内容《ないよう》は終戦の詔勅《しようちよく》とほぼ同じとはいえ、もっとわかりやすく話されていますので読んでみます。

「反対論《はんたいろん》の趣旨《しゆし》はよく聞いたが、私《わたし》の考えは、この前言ったことに変わりはない。私《わたし》は、国内の事情《じじょう》と世界の現状《げんじょう》をじゅうぶん考えて、これ以上戦争を継続《けいぞく》することは無理と考える。国体《こくたい》問題についていろいろ危惧《きぐ》もあるということであるが、先方の回答文は悪意をもって書かれたものとは思えないし、要は、国民全体の信念と覚悟《かくご》の問題であると思うから、この際《さい》、先方の回答を、そのまま、受諾《じゅだく》してよろしいと考える。陸海軍の将兵《しょうへい》にとって、武装解除《ぶそうかいじょ》や保障占領《ほしょうせんりょう》ということは堪《た》えがたいことであることもよくわかる。国民が玉砕《ぎょくさい》して君国《くんこく》に殉《じゅん》ぜんとする心持もよくわかるが、しかし、私《わたし》自身はいかになろうとも、私《わたし》は国民の生命を助けたいと思う。このうえ戦争を続けては、結局、わが国が全く焦土《しょうど》となり、国民にこれ以上苦痛《くつう》をなめさせることは、私《わたし》として忍《しの》びない。この際《さい》、和平の手段《だん》にでても、もとより先方のやり方に全幅《ぜんぷく》の信頼《しんらい》をおきがたいことは当然であるが、日本がまったくなくなるという結果に比《くら》べて、少しでも種子《たね》が残りさえすれば、さらにまた復《ふっ》興《こう》という光明《こうみょう》も考えられる。わたしは、明治天皇《てんのう》が三国干渉《さんごくかんしょう》の時の苦しいお心持をしのび、堪《た》えがたきを堪《た》え、忍《しの》びがたきを忍《しの》び、将来《しょうらい》の回復《かいふく》に期待したいと思う。これからは日本は平和な国として再建《さいけん》するのであるが、これは難《むずか》しいことであり、また時も長くかかることと思うが、国民が心を合わせ、協力一致《いっち》して努力すれば、かならずできると思う。

私《わたし》も国民とともに努力する。

今日まで戦場にあって、戦死し、あるいは、内地にいて非命《ひめい》にたおれた者やその遺族《いぞく》のことを思えば、悲嘆《ひたん》に堪《た》えないし、戦傷《せんしょう》を負い、戦災《せんさい》を蒙《こうむ》り、家業を失った者の今後の生活については、私《わたし》は心配に堪《た》えない。この際《さい》、私《わたし》のできることはなんでもする。国民は今何も知らないでいるのだから定めて動揺《どうよう》すると思うが、私《わたし》が国民に呼《よ》びかけることがよければいつでもマイクの前に立つ。陸海軍将兵《しょうへい》はとくに動揺《どうよう》も大きく、陸海軍大臣は、その心持をなだめるのに、相当困難《こんなん》を感ずるであろうが、必要があれば、私《わたし》はどこへでも出かけて親しく説《と》きさとしてもよい。内閣《ないかく》では、至急《しきゅう》に終戦に関する詔書《しょうしょ》を用意してほしい」

この天皇《てんのう》の決断《けつだん》によって、戦争は終結することになるのですが、これで戦争が「終わった」わけではないのです。閣議《かくぎ》がもう一度、ポツダム宣言《せんげん》を受諾《じゅだく》して降伏《こうふく》することを一致《いっち》して決め、さらにその閣議《かくぎ》決定を鈴木首相《すずきしゅしょう》が改めて天皇陛下《てんのうへいか》に奏上《そうじょう》するという手続きを踏《ふ》むわけです。閣議《かくぎ》はすぐに行なわれ、詔書《しょうしょ》の字句《じく》をめぐっていろいろと時間を費《つい》やしますが、ともあれ一《いっ》致《ち》して了承《りょうしょう》し、八月十四日午後十一時、日本のポツダム宣言受諾《せんげんじゅだく》はふたたびスイス、スウェーデン駐在《ちゅうざい》の日本公使を通して連合国に通達されました。ですから、アメリカもイギリスも連合国はみな、通達を受け取った日本時間の八月十四日夜が「勝利の日」になったのです。一方、日本はこれを、全国民に動揺《どうよう》させずにうまく治《おさ》めるよう知らせるため、十五日正午に天皇《てんのう》が放送するかたちになりましたから、日本国民は八月十五日に戦争が終わったと思っているようですが、実際《じっさい》は八月十四日で終結、ということになります。

## ◆降伏《こうふく》することのむずかしさ

　しかし、です。戦争というのは、起こすのはたやすいが、終えるのは容易《ようい》ではないのです。日本が一方的に「ポツダム宣言《せんげん》を受諾《じゅだく》してやめます」といって終わりになるわけではないのです。ポツダム宣言受諾《せんげんじゅだく》は「戦争状態《じょうたい》は終わらせる」、「戦闘《せんとう》をやめる」ということなんです。しかしきちんと「降伏《こうふく》の調印」をするまでは、戦争そのものは完全に終結してはいません。それを日本は、実ははっきり知らなかった、と言っちゃあこんなみっともない話はないのですが。ドイツの場合は、降伏《こうふく》を申し出てから二日後に調印をしていますから、あっという間に戦争は終わったのですが、日本の場合、本土にまだたくさんの兵隊がいます。アメリカ軍ははるか沖縄にしかいませんし、ソ連軍は満洲《まんしゅう》に入ったばかりですから、いきなり降伏《こうふく》調印というわけにもいかず時間がかかります。そしてそれを利用したのがソ連でした。

　日本が、ソ連侵攻《しんこう》に関してもっと真剣《しんけん》に考えるなら、直《ただ》ちに満洲《まんしゅう》に天皇《てんのう》の使者を送り、政《せい》府同士《ふどうし》で戦闘停止《せんとうていし》の決め事をきちっとしなくてはいけなかったのです。ソ連は、最初は米英中の三国だったポツダム宣言《せんげん》の中に参戦してから入ったのですが、日本は「ポツダム宣言《せんげん》を受諾《じゅだく》したのだからソ連もわかっているだろう」と思《おも》い込《こ》んだ、これが浅はかなんですね。まず第一の誤《あやま》りは、ポツダム宣言受諾《せんげんじゅだく》は降伏《こうふく》の意思の通達でしかなかった、ですからソ連軍はそのまま満洲《まんしゅう》をぐんぐん攻《せ》めてきます。参謀長《さんぼうちょう》のアントノフ中将《ちゅうじょう》は八月十六日、堂々《どうどう》と布告《ふこく》で言明《げんめい》しています。

「天皇《てんのう》が十四日に行なった通告《つうこく》は、単に日本降伏《こうふく》に関する一般的《いっぱんてき》なステートメントに過《す》ぎず、日本軍の降伏《こうふく》が正式に実行されていない以上は、極東におけるソ連軍の攻撃態勢《こうげきたいせい》は依然《いぜん》、継続《けいぞく》しなければならない」

そして二番目の誤《あやま》りは、アメリカ軍が連合軍の代表であり、その連合軍の最高司令官としてトルーマンが任命《にんめい》したマッカーサー元帥《げんすい》と交渉《こうしょう》をしてさえいれば、ソ連にも通用すると思っていたことです。しかし、降伏《こうふく》がきちんと調印された時にはじめてマッカーサーが連合国軍の最高司令官になるということであって、日本はそれも知らなかったのです。

ソ連としては、降伏《こうふく》文書に調印がなされるまではチャンスがあるのだとガンガン攻《せ》めます。無知であった日本は、八月十七日、大元帥陛下《だいげんすいへいか》の命令にしたがって、関東軍《かんとうぐん》も武器《ぶき》を投じて無抵《むてい》抗《こう》になりました。それでいいと思ったのです。そこへソ連軍が攻《せ》めてくる、そんな状況《じょうきょう》が続きましたので、満洲《まんしゅう》の悲劇《ひげき》がはじまるのです。こうして日ソのいわゆる「一週間戦争」後の戦《せん》闘《とう》においては、ソ連軍の思う存分《ぞんぶん》の攻撃《こうげき》のもと、日本は軍隊のみならず一般民衆《いっぱんみんしゅう》も巻《ま》き込《こ》まれて悲惨《ひさん》な犠牲者《ぎせいしゃ》を限《かぎ》りなく出すことになりました。実に戦死八万人、一方、ソ連軍は八千二百十九人、負傷《ふしょう》二万二千二百四人と発表されています。そして日本側の数字で五十七万四千五百三十八人が捕虜《ほりょ》（？）としてシベリアに送られ、何年も労働をさせられて無事に引《ひ》き揚《あ》げてきたのは四十七万二千九百四十二人ですから、十万人以上がシベリアの土の下に眠《ねむ》っていることになります。ソ連側の数字はありません。

同時に、日本防衛《ぼうえい》の最前線とされた満洲《まんしゅう》にはそれまで多くの日本人が渡《わた》ってゆきましたが、どこに何人いたか、なかなか正確《せいかく》にはわかりません。百五十万近く住んでいたといいます。そして引《ひ》き揚《あ》げ者《しゃ》の数は、満洲《まんしゅう》からは百四万七千人、また旅順《りょじゅん》や大連《だいれん》など関東州《かんとうしゅう》からは二十二万六千人ですから、単純《たんじゅん》には計算しにくいのですが、一般《いっぱん》民間人で満洲《まんしゅう》で亡《な》くなったのは十八万六百九十四人とされています。引《ひ》き揚《あ》げでもさんざんの苦労をせねばなりませんでした。そして満洲《まんしゅう》はあっという間にソ連に席捲《せっけん》されました。

ミズーリ艦上で行なわれた日本の降伏文書調印式。シルクハットが全権の重光葵、その右が梅津美治郎参謀総長
昭和20年９月２日

九月二日、東京湾《とうきょうわん》に浮《う》かんだアメリカの戦艦《せんかん》ミズーリ号の上で降伏《こうふく》文書の調印式が行なわれ、日本は太平洋戦争を「降伏《こうふく》」というかたちで終えました。これが「無条件降伏《むじょうけんこうふく》」だったか、よく問題になります。たしかに一条件《じょうけん》を出して、それをのんでもらったので無条件《むじょうけん》ではないということになりますが、よくよく考えれば、ＧＨＱ（連合国最高司令部）が

つくった新憲法によって、少なくともこれまでもってきた日本の国体《こくたい》、天皇主権《てんのうしゅけん》の国家は否定《ひてい》され、国民主権《しゅけん》の国家になったわけですから、天皇《てんのう》の身柄《みがら》はたしかに象徴《しょうちょう》というかたちで助かったものの、結果的には出した一条件《じょうけん》さえ無視《むし》されていたことになるのではないかと思います。

　そうではありますが、よくぞあのくそ暑かった夏に降伏《こうふく》によって戦争を終結できたものよ、との感を深くするのです。拙著《せっちょ》『ソ連が満洲《まんしゅう》に侵攻《しんこう》した夏』*3にも書いたことですが、アメリカの三省（陸軍・海軍・国務《こくむ》）調整委員会は、早くから日本占領《せんりょう》の統治政策《とうちせいさく》について研究討議《とうぎ》を重ねていました。結果として、その第一局面の三カ月間はアメリカ軍八十五万が軍政《ぐんせい》をしいて日本本土を統治《とうち》するが、次の第二局面の九カ月間は、米・英・中国・ソ連の四カ国が進駐《しんちゅう》し、これを統治《とうち》する。この場合、日本本土を四つに分けて、関東地方と中部地方および近畿《きんき》地方を米軍三十一万五千、中国地方と九州地方を英軍十六万五千、四国地方と近畿《きんき》地方を中国軍十三万（近畿《きんき》地方は米・中の共同管理）、そして東北地方と北海道はソ連軍二十一万が統治《とうち》する。さらに、東京は四カ国が四分割《ぶんかつ》して統治《とうち》する、という決定をみていたのです。そして、これが成文化されたのが、なんと、昭和二十年八月十五日のことであったというじゃありませんか。

　もちろん、これは日本の早期降伏《こうふく》によってパアとなりました。ところがソ連はしつこいのですね。八月十六日にスターリンはトルーマンに親展極秘《しんてんごくひ》の一書をしたためました。

　「一、ソ連軍に対する日本国軍隊の降伏区域《こうふくくいき》に千島《ちしま》列島全部をふくめること。（中略《ちゅうりゃく》）

二、ソ連軍に対する日本国軍隊の降伏地域《こうふくちいき》に、……北海道の北半分をふくめること。北海道の北半と南半の境界線《きょうかいせん》は、島の東岸にある釧路《くしろ》市から島の西岸にある留萌《るもい》市にいたる線とし、右両市は島の北半分にふくめること。

この第二の提案《ていあん》は、ロシアの世論《よろん》にとって特別の意義《いぎ》をもっています。……もしロシア軍が日本本土のいずれかの部分に占領《せんりょう》地域《ちいき》をもたないならば、ロシアの世論《よろん》は大いに憤慨《ふんがい》することでしょう。私《わたし》の、このひかえめな希望が反対をうけることのないよう、私《わたし》は切にのぞんでいます」

この時になっても、まだ北海道の北半分を領土《りょうど》とすることを主張《しゅちょう》するソ連の提案《ていあん》を、トルーマンは真《ま》っ向《こう》から否定《ひてい》しました。おかげで日本はドイツのように分割《ぶんかつ》されることなく、戦争を終結できたわけです。こうした歴史《れきし》の裏側《うらがわ》に隠《かく》されていた事実をのちになって知ると、いやはや、やっと間に合ったのか、ほんとうにあの時に敗《ま》けることができてよかったと心から思わないわけにいきません。

それにしても何とアホな戦争をしたものか。この長い授業《じゅぎょう》の最後には、この一語のみがあるというほかはないのです。ほかの結論《けつろん》はありません。

＊1――八月九日の最高戦争指導《しどう》会議の絵　白川一郎《しらかわいちろう》画、千葉県野田《のだ》市鈴木貫太郎《すずきかんたろう》記念館蔵《ぞう》。
＊2――『聖断《せいだん》』一九八五年、文藝春秋《ぶんげいしゅんじゅう》。のち二〇〇三年、ＰＨＰ研究所より新装版《しんそうばん》。

＊3——『ソ連が満洲《まんしゅう》に侵攻《しんこう》した夏』一九九九年、文藝春秋《ぶんげいしゅんじゅう》（現在《げんざい》、文春文庫）。

むすびの章

# 三百十万の死者が語りかけてくれるものは？

昭和史《しょうわし》二十年の教訓

この章の

ポイント

一九四五（昭和二十）年八月十四日午後十一時、日本のポツダム宣言受諾《せんげんじゅだく》が連合国に通達され、翌《よく》十五日正午に天皇のラジオ放送により日本国民に終戦が伝えられました。この戦争で亡《な》くなった日本人は約三百十万人にもなるとされています。これだけ多くの死者が出たことが、一九二六年から一九四五年までの昭和史《しょうわし》の前半二十年の結論《けつろん》だとも言えます。私《わたし》たちは、この歴史《れきし》を正しく学び、しっかりと反省して次の時代に活《い》かしていかなければなりません。

キーワード

昭和史《しょうわし》の結論《けつろん》／国民的熱狂《こくみんてきねっきょう》／抽象的《ちゅうしょうてき》な観念論《かんねんろん》／小集団主義《しょうしゅうだんしゅぎ》／主観的思考《しゅかんてきしこう》による独善《どくぜん》／根拠《こんきょ》なき自己過信《じこかしん》

昭和史《しょうわし》は、一番はじめに申しました通り、日露《にちろ》戦争の遺産《いさん》を受けて、満洲《まんしゅう》を日本の国防《こくぼう》の最前線として領土《りょうど》にしようとしたところからスタートしました。最終的にはその満洲《まんしゅう》にソ連軍が攻め込《こ》んできて、明治維新《いしん》このかた日露《にちろ》戦争まで四十年かかって築《きず》いてきた大日本帝国《ていこく》を、日露《にちろ》戦争後の四十年で滅《ほろ》ぼしてしまう、満洲《まんしゅう》国はあっという間にソ連軍に侵略《しんりゃく》され、のち元の中国領土《りょうど》となるかたちで戦争が終わるという、昭和史《しょうわし》とは、なんと無残《むざん》にして徒労《とろう》な時代であったかということになるわけです。きびしく言えば、日露《にちろ》戦争直前の、いや日清《にっしん》戦争前の日本に戻《もど》った、つまり五十年間の営々辛苦《えいえいしんく》は無《む》に帰《き》したのです。昭和史《しょうわし》とは、その無《む》になるための過程《かてい》であったといえるようです。

八月十五日の朝まだき、天皇《てんのう》の戦争終結の放送の前に、最後まで国体護持《こくたいごじ》すなわち天皇《てんのう》の身《み》柄《がら》の安全にこだわった阿南陸相《あなみりくしょう》は、「一死以《もっ》テ大罪《たいざい》ヲ謝《しゃ》シ奉《たてまつ》ル」の遺書《いしょ》を残して、割腹自決《かっぷくじけつ》いたしました。全陸軍を代表して悲惨《ひさん》な国家敗亡《はいぼう》をもたらした罪科《ざいか》を、天皇陛下《てんのうへいか》にお詫《わ》びしたものなのでしょう。しかし、深読みすれば、平和をとり戻《もど》すための犠牲《ぎせい》となり、大陸に南溟《なんめい》に、太平洋の島々に、空《むな》しく散っていかねばならなかった数限《かぎ》りない死者に対して、心からなるお詫《わ》びを述《の》べているのではないか。そう思われてなりません。

話が長くなりますので、太平洋戦争下の戦闘《せんとう》についてはいちいちふれませんでしたが、たくさんのところで日本の兵隊さんたちが亡《な》くなっています。主な戦場でのそれを、一挙《いっきょ》に読み上げます。

ガダルカナル島で戦死八二〇〇人、餓死《がし》または病死一万一〇〇〇人、アッツ島で戦死二五四七人、捕虜《ほりよ》二九人、ということはほぼ全滅《ぜんめつ》です。ニューギニアで病死も含《ふく》む戦死一五万七〇〇〇人、タラワ島で戦死四六九〇人、ここも玉砕《ぎよくさい》で捕虜《ほりよ》一四六人、マキン島も玉砕《ぎよくさい》で戦死六九〇人、捕虜《ほりよ》九〇人、ケゼリン島も玉砕《ぎよくさい》で戦死三四七二人、捕虜《ほりよ》二五〇人、グアム島で戦死一万八四〇〇人、捕虜《ほりよ》一二五〇人、サイパン島で戦死約三万人、市民の死亡《しぼう》一万人、捕虜《ほりよ》九〇〇人。島だけでなく、陸上でもたくさんの人が死んでいます。インパール作戦で戦死三万五〇〇人、傷《きず》ついた人あるいは病気で倒《たお》れた人四万二〇〇〇人、インパール作戦の一つとしてビルマの東、中国本土で戦われた拉孟騰越《らもうとうえつ》も玉砕《ぎよくさい》で戦死二万九〇〇〇人、生存者《せいぞんしや》一人――無事脱出《だつしゆつ》したこの人がこの戦いのことを語りました――、ペリリュー島も玉砕《ぎよくさい》で戦死一万六五〇人、捕虜《ほりよ》一五〇人、フィリピン――レイテ島やミンダナオ島、ルソン島のマニラ周辺など多くの場所で戦闘《せんとう》が行なわれ、その全域《ぜんいき》での戦死四七万六八〇〇人、生存《せいぞん》一三万三〇〇〇人――終戦まで戦いましたので、最後に生き残っていた人という意味です。硫黄島《いおうとう》も玉砕《ぎよくさい》し、戦死一万九九〇〇人、捕虜《ほりよ》二一〇人、沖縄では戦死一〇万九六〇〇人——これは中学生や女学生など義勇兵《ぎゆうへい》も含《ふく》めます——市民の死亡《しぼう》一〇万人、捕虜《ほりょ》七八〇〇人。

さらに日本本土空襲《くうしゅう》による死者は、日本全国で二九万九四八五人、二三六万戸の家が灰《はい》や瓦礫《がれき》となりました（昭和二十四年経済《けいざい》安定本部発表の公式調査《ちょうさ》による）。

また八年間にわたる日中戦争の死者は、満洲《まんしゅう》事変と上海《しゃんはい》事変も入れて、総計《そうけい》四一万一六一〇人ということです（臼井勝美《うすいかつみ》『日中戦争』による）。ただし、これには「日ソ一週間戦争」の戦死約八万人も含《ふく》まれているようです。

以上のように、日本人はあらゆるところでむなしい死を遂《と》げていったのです。

戦争が終わってしばらくは、日本の死者は合計二百六十万人といわれてましたが、最近の調《ちょう》査《さ》では約三百十万人を数えるとされています。

そして、特攻《とっこう》作戦によって若《わか》い命を散らしていった人たち——前に話しましたように戦争末期、「志願《しがん》によって」という名目で、ただし半分以上は命令によって「十死零生《じっしれいせい》」の作戦に参加した人たちです——は海軍二千六百三十二人、陸軍千九百八十三人、合計四千六百十五人。

これだけの死者が二十年の昭和史《しょうわし》の結論《けつろん》なのです。

よく「歴史《れきし》に学べ」といわれます。たしかに、きちんと読めば、歴史《れきし》は将来《しょうらい》にたいへん大きな教訓を投げかけてくれます。反省の材料を提供《ていきょう》してくれるし、あるいは日本人の精神構造《せいしんこうぞう》の欠点もまたしっかりと示《しめ》してくれます。同じような過《あやま》ちを繰《く》り返《かえ》させまいということが学べるわけです。ただしそれは、私《わたし》たちが「それを正しく、きちんと学べば」、という条件《じょうけん》のもとです。その意志《いし》がなければ、歴史《れきし》はほとんど何も語ってくれません。

この十五回にわたる授業《じゅぎょう》を終わるに際《さい》して、では昭和史《しょうわし》の二十年がどういう教訓を私《わたし》たちに示《しめ》してくれたかを少しお話してみます。

第一に国民的熱狂《ねっきょう》をつくってはいけない。その国民的熱狂《ねっきょう》に流されてしまってはいけない。ひとことで言えば、時の勢《いきお》いに駆《か》り立《た》てられてはいけないということです。熱狂《ねっきょう》というのは理性的《りせいてき》なものではなく、感情的《かんじょうてき》な産物ですが、昭和史《しょうわし》全体をみてきますと、なんと日本人は熱狂《ねっきょう》したことか。マスコミに煽《あお》られ、いったん燃《も》え上《あ》がってしまうと熱狂《ねっきょう》そのものが権威《けんい》をもちはじめ、不動のもののように人びとを引《ひ》っ張《ぱ》ってゆき、流してきました。結果的には海軍大将《たいしょう》米内光政《よないみつまさ》が言ったように〝魔性《ましょう》の歴史《れきし》〟であった、そういうふうになってしまった。それはわれわれ日本人が熱狂《ねっきょう》したからだと思います。

対米戦争を導《みちび》くとわかっていながら、なんとなしに三国同盟《どうめい》を結んでしまった事実をお話ししました。良識《りょうしき》ある海軍軍人はほとんど反対だったと思います。それがあっという間に、あっさりと賛成《さんせい》に変わってしまったのは、まさに時の勢《いきお》いだったのですね。理性的《りせいてき》に考えれば反対でも、国内情勢《じょうせい》が許《ゆる》さないという妙《みょう》な考え方に流されたのです。また、純軍事的《じゅんぐんじてき》に検討《けんとう》すれば対米英戦争など勝つはずのない戦争を起こしてはならない、勝利の確信《かくしん》などまったくないとわかっていたのですから、あくまでも反対せねばならなかったし、それが当然であったのに、このまま意地を張《は》ると国内戦争が起こってしまうのではないか、などの妙《みよう》な考えが軍の上層部《じようそうぶ》を動かしていました。昭和天皇《てんのう》が『独白録《どくはく》』のなかで、「私《わたし》が最後までノーと言ったならばたぶん幽閉《ゆうへい》されるか、殺《ころ》されるかもしれなかった」という意味のことを語っていますが、これもまた時の流れであり、つまりそういう国民的熱狂《ねつきよう》の中で、天皇《てんのう》自身もそう考えざるをえない雰《ふん》囲気《いき》を感じていたのです。

二番目は、最大の危機《きき》において日本人は抽象的《ちゆうしようてき》な観念論《かんねんろん》を非常《ひじよう》に好み、具体的な理性的《りせいてき》な方法論《ほうほうろん》をまったく検討《けんとう》しようとしないということです。自分にとって望ましい目標をまず設《せつ》定《てい》し、実に上手な作文で壮大《そうだい》な空中楼閣《くうちゆうろうかく》を描《えが》くのが得意《とくい》なんですね。物事は自分の希望するように動くと考えるのです。ソ連が満洲《まんしゆう》に攻《せ》め込《こ》んでくることが目に見えていたにもかかわらず、攻《せ》め込《こ》まれたくない、今こられると困《こま》る、と思うことがだんだん「いや、攻《せ》めてこない」「大《だい》丈夫《じようぶ》、ソ連は最後まで中立を守ってくれる」というふうな思《おも》い込《こ》みになるのです。情勢《じようせい》をきちんと見れば、ソ連が国境線《こつきようせん》に兵力を集中し、さらにシベリア鉄道を使ってどんどん兵力を送《おく》り込《こ》んできていることはわかったはずです。なのに、攻《せ》めてこられると困《こま》るから来ないのだ、と自分の望ましいほうに考えをもっていって動くのです。

昭和十六年十一月十五日、大本営《だいほんえい》政府《せいふ》連絡《れんらく》会議は、戦争となった場合の見通しについて討議《とうぎ》しました。ここで決定された戦争終結の腹案《ふくあん》は、要するにドイツがヨーロッパで勝つ、そうすればアメリカが戦争を続けていく意志《いし》を失う、だから必ずや栄光ある講和《こうわ》に導《みちび》ける、というまったく他人のふんどしで相撲《すもう》を取るといいますか、夜郎自大《やろうじだい》的な判断《はんだん》を骨子《こっし》にしたことでした。同時にこの時、アメリカに対する宣伝謀略《せんでんぼうりゃく》を強化するという日本流の策《さく》も決めるのですが、それはまず「アメリカ海軍主力を日本近海へ誘致《ゆうち》するようにする」、これは日露《にちろ》戦争の日本海海戦を夢見《ゆめみ》ているんですね。アメリカ海軍がきちんと自分たちの希望する道を通って日本近海に来てくれる、その時は迎《むか》え撃《う》って撃滅《げきめつ》してみせる、というのです。そして「アメリカのアジア政《せい》策《さく》の反省を促《うなが》して日本と戦うことの無意義《むいぎ》をアメリカに説《と》く」、勝手にそんなことを決めてもアメリカはきいてくれるはずはない。ですが、日本は真剣《しんけん》にそう考えたのです。そうできると夢《ゆめ》みたのです。

三番目に、日本型《にほんがた》のタコツボ社会における小集団主義《しょうしゅうだんしゅぎ》の弊害《へいがい》があるかと思います。陸軍大学校優等《ゆうとう》卒の集まった参謀《さんぼう》本部作戦課が絶対的《ぜったいてき》な権力《けんりょく》をもち、そのほかの部署《ぶしょ》でどんな貴重《きちょう》な情報《じょうほう》を得《え》てこようが、一切認《いっさいみと》めないのです。軍令部でも作戦課がそうでした。つまり昭和《しょうわ》史《し》を引《ひ》っ張《ぱ》ってきた中心である参謀《さんぼう》本部と軍令部は、まさにその小集団《しょうしゅうだん》エリート主義《しゅぎ》の弊害《へいがい》をそのままそっくり出したと思います。

そして四番目に、ポツダム宣言《せんげん》の受諾《じゅだく》が意思の表明でしかなく、終戦はきちんと降伏《こうふく》文書の調印をしなければ完璧《かんぺき》なものにならないという国際的常識《こくさいてきじょうしき》を、日本人はまったく理解《りかい》していなかったこと。簡単《かんたん》に言えば、国際《こくさい》社会のなかの日本の位置づけを客観的に把握《はあく》していなかった、これまた常《つね》に主観的思考による独善《どくぜん》に陥《おちい》っていたのです。

さらに五番目として、何かことが起こった時に、対症療法的《たいしょうりょうほう》な、すぐに成果を求める短兵急《たんぺいきゅう》な発想です。これが昭和史《しょうわし》のなかで次から次へと展開《てんかい》されたと思います。その場その場のごまかし的な方策《ほうさく》で処理《しょり》する。時間的空間的な広い意味での大局観《たいきょくかん》がまったくない、複眼的《ふくがんてき》な考え方がほとんど不在《ふざい》であったというのが、昭和史《しょうわし》を通しての日本人のありかたでした。

と、いろいろと利口そうなことを言いましたが、昭和史《しょうわし》全体を見てきて結論《けつろん》としてひとことで言えば、政治的指導者《せいじてきしどうしゃ》も軍事的指導者《しどうしゃ》も、日本をリードしてきた人びとは、なんと根拠《こんきょ》なき自己過信《じこかしん》に陥《おちい》っていたことか、ということでしょうか。こんなことを言っても喧嘩過《けんかす》ぎての棒《ぼう》ちぎれ、仕方ない話なのですが、あらゆることを見れば見るほど、なんとどこにも根拠《こんきょ》がないのに「大丈夫《だいじょうぶ》、勝てる」だの「大丈夫《だいじょうぶ》、アメリカは合意する」だのということを繰《く》り返《かえ》してきました。そして、その結果まずくいった時の底知れぬ無責任《むせきにん》です。今日の日本人にも同じことが多く見られて、別に昭和史《しょうわし》、戦前史《せんぜんし》というだけでなく、現代《げんだい》の教訓でもあるようですが。

そういうふうにみてくれれば、昭和の歴史《れきし》というのはなんと多くの教訓を私《わたし》たちに与《あた》えてくれるかがわかるのですが、先にも申しました通り、しっかりと見なければ見えない、歴史《れきし》は決して学ばなければ教えてくれない、ということであると思います。

長い間の授業《じゅぎょう》でしたが、本日でもって終了《しゅうりょう》といたします。ありがとうございました。

# こぼればなし

# ノモンハン事件《じけん》から学ぶもの

**この章の**

## ポイント

ノモンハン事件《じけん》は、第七章（上巻《かん》）でも書かれている、一九三九（昭和十四）年に起こった日本とソ連との軍事衝突《しょうとつ》です。この時日本は、当時の最新鋭《さいしんえい》の武器《ぶき》や作戦を用いて向かってくるソ連軍に対して白兵攻撃《こうげき》で応戦《おうせん》したり、補給《ほきゅう》を一切《いっさい》考えない作戦を実施《じっし》したりなどして、散々な結果を招《まね》いてしまいました。しかし、日本はこの失敗から学ぼうとは一切《いっさい》しませんでした。このことが、のちに太平洋戦争でもっと大きく悲惨《ひさん》な失敗をすることに繫《つな》がるのです。

## キーワード

ノモンハン事件《じけん》／司馬遼太郎《しばりょうたろう》／須見新一郎《すみしんいちろう》／国境侵犯《こっきょうしんぱん》／ハルハ川／昭和天皇独白録《てんのうどくはく》／服部卓四郎《はっとりたくしろう》／辻政信《つじまさのぶ》／南進論《ろん》／三八式歩兵銃《ほへいじゅう》

## ◆幻想《げんそう》・独善《どくぜん》・泥縄《どろなわ》的

ご紹介《しょうかい》にあずかりました半藤《はんどう》と申します。実は、今朝起きてご通知を見ましたら、タイトルが「昭和史《しょうわし》」と書いてあったので、こんな標題でやるのかと驚《おどろ》きました。ところが、「昭和史《しょうわし》」といいましても、あまりにも漠然《ばくぜん》としすぎますので、今回は昭和十四年（一九三九）の「ノモンハン事件《じけん》」についてお話しようと勝手に決めました。あしからずご了承《りょうしょう》いただきたいと思います。

私《わたし》は平成十年（一九九八）、『ノモンハンの夏』という本を書きまして、かなり多くの方に読まれたようですが、その翌年《よくねん》の元旦《がんたん》、「朝日新聞」の天声人語《てんせいじんご》欄《らん》でこの本が取り上げられましたので一部ご紹介《しょうかい》します。

> 書物の世界で昨年の収穫《しゅうかく》の一つは、半藤一利《はんどうかずとし》さんが書いた『ノモンハンの夏』（文芸春秋）だろう。一九三九年（昭和十四年）、当時の「満洲国《まんしゅうこく》」とモンゴル国境《こっきょう》付近で引き起こされた日ソ両軍の大規模《だいきぼ》な武力衝突《ぶりょくしょうとつ》を描《えが》き、解析《かいせき》した力作である。日本側は惨敗《ざんぱい》し、万の単位の死傷者《ししょうしゃ》を出した。〈将兵《しょうへい》を飲まず食わずで、弾薬《だんやく》がつきてもなお戦わせた。しかも補給《ほきゅう》や救援《きゅうえん》の手段《しゅだん》はいっさい考えていなかった〉結果だった。そもそも、この戦闘《せんとう》は、〈幻想《げんそう》と没常識《ぼつじょうしき》な作戦指導《しどう》〉によるものであり、〈無謀《むぼう》、独善《どくぜん》、そし

て泥縄《どろなわ》的でありすぎた〉

というふうに、私《わたし》の文章をかなり引用して書いています。

「敵《てき》は、日本軍が出動すれば退却《たいきゃく》する」という、自軍にとってはまことに都合のいい、固定した先入観が日本軍の参謀《さんぼう》にはあった。〈それにのっとるかぎりはまことに間然するところのない作戦計画である。ただし敵情《てきじょう》はまったく無視《むし》されている〉。だから主観的には勝つはずなのに、徹底的《てっていてき》に痛《いた》めつけられることになった。司馬遼太郎《しばりょうたろう》さんも指摘《してき》したことだが、戦車一つとっても差がありすぎた。こちらの戦車は装甲《そうこう》が薄《うす》く、機関銃《きかんじゅう》にも耐《た》えられない。しかし名前が「戦車」である以上、それはりっぱな戦車なのだった。

ここで話は少し変わるのですが、

ところで、経済企画庁《けいざいきかくちょう》が先日まとめた一九九八年版《ばん》の『経済《けいざい》の回顧《かいこ》と課題』（ミニ経済《けいざい》白書）は、硬《かた》い内容《ないよう》ながら示唆《しさ》に富む。「バブル崩壊《ほうかい》後の一〇年間」を解析《かいせき》した箇所《かしょ》では、不良債権《さいけん》の処理《しょり》の遅《おく》れは〈「起きると困《こま》ることは起きないことにする」という意識《いしき》が官民双《そう》方《ほう》に強かった結果〉でもあったと断《だん》じた。「敗北（失敗）を率直《そっちょく》に認《みと》めないことが、さらなる敗北（失敗）の原因《げんいん》になった」との指《し》摘《てき》もある。この二点……

つまり、「起きては困《こま》ることは起きない」ということに決めたということと、失敗を率直《そっちょく》に認《みと》めないで、もう一遍《いっぺん》失敗を重ねたという二つのことは、どちらも『ノモンハンの夏』の内容《ないよう》と重なり合う。状況《じょうきょう》は違《ちが》うけれど、日本人は幻想《げんそう》、独善《どくぜん》、泥縄《どろなわ》的な発想から抜《ぬ》け出《で》ていないのではないか。年の初め、そんな懸念《けねん》が、ふと頭をもたげる。

というのが、天声人語《てんせいじんご》のあらましです。これを読み上げて話が終わりということにしてもよいくらいですが、それでは申《もう》し訳《わけ》ありませんので、若干《じゃっかん》これに補足《ほそく》するような形で、ノモンハン事件《じけん》のことをお話したいと思います。

## ◆司馬遼太郎《しばりょうたろう》さんのこと

その前に、天声人語《てんせいじんご》の中で、司馬遼太郎《しばりょうたろう》さんの名前が出てまいりましたので、司馬《しば》さんのお話を最初に少しさせていただきます。

司馬《しば》さんは、『坂の上の雲』という小説で明治時代を書き、それからさらに近代日本の後半、つまり大正、昭和に関する小説といいますか、何かを書こうという意図がありました。私《わたし》などには、司馬《しば》さんは「大正、昭和の日本を書くのに一番いいのは参謀《さんぼう》本部ではないか。つまり参謀《さんぼう》本部を書くことが近代日本を理解《りかい》するのに一番わかりやすいのではないだろうか」とおっしゃってました。「けれども参謀《さんぼう》本部は明治の時代からあるわけですから、その歴史《れきし》を書くのは大変なことになりますな」というような話をしていたのです。

それから何年かたつと、司馬《しば》さんは急に、「参謀《さんぼう》本部全部を書くのはとても無理であるから、ノモンハン事件《じけん》を主題にして、そこで何が起こったかということを書けば、参謀《さんぼう》本部そのものを書いたことになるのではないかと思う。だから参謀《さんぼう》本部の歴史《れきし》ではなくてノモンハン事件《じけん》を書くことにする」というふうに言われました。

そして、例によって例の如《ごと》くというか、司馬《しば》さんは資料《しりょう》をどんどん集め、またノモンハン事件《じけん》の生き残りの方もまだおられましたので、その方々《かたがた》に会い、あるいは、当時の陸軍参謀《さんぼう》本部の作戦課にいた方もまだ生きておられたので、お話もずいぶん聞かれました。私《わたし》もお手伝いをして、昔の参謀《さんぼう》を司馬《しば》さんが取材するのをそばで聞いていたことがあります。

中で、ノモンハン事件《じけん》のたった一人と言ってもいい、連隊長クラスの生き残りの方が、長野県におられました。須見新一郎《すみしんいちろう》さんといいまして、歩兵26連隊の連隊長ですが、司馬《しば》さんはこの方にも会ってみっちり話を聞きました。

ところが、準備《じゅんび》は十分できた、一歩踏《ふ》み出《だ》せばそのままお書きになるのではないかと思っていたところに、司馬《しば》さんが「ノモンハン事件《じけん》は書かない」と言い出したのです。なぜ書かないのか。「これだけ準備《じゅんび》ができているのに」と聞くと、「とにかくもうその話はするな。ノモンハン事件《じけん》を書くということは、おれに死ねということと同じだ」というふうにおっしゃいました。

結局、司馬《しば》さんはあれだけ調べたノモンハン事件《じけん》について一行《いちぎょう》も書かず、ただエッセイやその他でノモンハンに触《ふ》れ、あるいはいくらか参謀《さんぼう》本部や戦車に触《ふ》れてはおられますが、まとまったものとしてはついにお書きにならなかった。

「なぜ書かなかったんでしょうかね」と私《わたし》に聞く方が多いんです。実際《じっさい》、私《わたし》も司馬《しば》さんから先ほどのような胸《むね》の内は聞いても、書かなかったはっきりした理由を聞いたわけではありません。ただ、多分こういうことではないかと推察《すいさつ》はしました。

その後司馬《しば》さんがお亡《な》くなりになって、大阪でお別れの会がありました。その会で司馬《しば》さんのお顔の写真が掛《か》かっているところに花を捧《ささ》げてお別れしたのですが、そのお顔を見ているうちに、司馬《しば》さんが書かなかったんだから、僕《ぼく》が勝手に書きますぞと写真に向かって言い、それで私《わたし》は『ノモンハンの夏』を書いたわけです。

自分で書いてみますと、ノモンハン事件《じけん》の当事者、つまり参謀《さんぼう》本部の作戦課、あるいは関東《かんとう》軍《ぐん》の作戦課の軍人たちが、いかにも司馬《しば》さん好みではない。司馬《しば》さんが小説でお書きになっている主人公というのは、坂本龍馬《さかもとりょうま》にしろ、河井継之助《かわいつぐのすけ》にしろ、土方歳三《ひじかたとしぞう》にしろ、どちらかというと颯爽《さっそう》たる心根《こころね》といいますか、清潔《せいけつ》な精神《せいしん》の持ち主で、先見性《せんけんせい》があり、しかも世の荒波《あらなみ》にも決して屈《くっ》することなく、自分の信ずるところに対してまっすぐに進んでいくような人です。

司馬《しば》さんがノモンハン事件《じけん》を書いたとすれば、五、六年以上も毎日、例のさわやかな人たちではなく、その参謀《さんぼう》たちと付き合うことになるのです。原稿《げんこう》を書くというのはそういうことです。さらにその前に、調べる期間が五、六年以上あるわけですから、約十年以上の年月、関東《かんとう》軍《ぐん》の参謀《さんぼう》、あるいは参謀《さんぼう》本部作戦課の人たちとはとても付き合いきれないのではないかと。彼《かれ》らは、司馬《しば》さんが十年以上も親身になって、紙の上ですが、話をできる人たちではないのではないか。だから「ノモンハンを書けということは、おれに死ねということだ」とおっしゃったのではないかと思ったわけです。ただ、これは私《わたし》の推測《すいそく》です。

## ◆隊長からの一通の手紙

ところがあるとき、司馬《しば》さんの東大阪のお宅《たく》に伺《うかが》って、また少しノモンハン事件《じけん》の話をぶり返したことがあります。やはり「その話はなしにしよう」と強い口調で言われましたが、それでも食い下がると、「実は書けないんだ。書けない理由が一つあるんだ」と言って、一通の手紙を見せてくれたんです。「読んでいいですか」と聞くと「いい」と言うので読みますと、先ほど少し申しました須見《すみ》元連隊長からでした。

文面を全部記憶《きおく》しているわけではないので大意だけ申しますと、「私《わたし》は司馬《しば》さんという人を信じて何でもお話したが、あなたは私《わたし》を大いに失望させる人であった。したがって、今までお話したことは全部なかったことにしてくれ。私《わたし》の話は全部聞かなかったことにしてくれ」という趣旨《しゅし》でした。

その理由は、「あなたは『文藝春秋《ぶんげいしゅんじゅう》』誌上《しじょう》で、瀬島龍三大本営《せじまりゅうぞうだいほんえい》元参謀《さんぼう》と実に仲良く話している。瀬島《せじま》さんのような、国を誤《あやま》った最大の責任者《せきにんしゃ》の一人とそんなに仲良く話しておられるあなたには、もう信用はおけない。昭和史《しょうわし》のさまざまなことをきちんと読めば、瀬島《せじま》さんに代表されるような参謀《さんぼう》本部の人が何をしたかは明瞭《めいりょう》である。そういう人たちと、まるで親友のごとく話しているのは許《ゆる》せない」といったことでした。この手紙を読んで、あ、これでは司馬《しば》さんはノモンハンを書けないなと思いました。というのは、想像《そうぞう》ですけれど、司馬《しば》さんが書くとすれば多分、その須見《すみ》元連隊長――ノモンハン事件《じけん》の最初から最後まで第一線で勇猛果敢《ゆうもうかかん》に戦った方で、しかも上層部《じょうそうぶ》への批判《ひはん》には容赦《ようしゃ》がなかった。しかしながら、戦死しなかった、というとおかしいのですが、生き残ったために、その後、さながら卑怯者《ひきょうもの》よばわりされて、陸軍から追われたんです。その事態《じたい》が既《すで》に、当時の陸軍は何をしているのかということの証拠《しょうこ》ですが、ともかくそういう立派《りっぱ》な方です――を主人公に、いわゆる司馬《しば》さん好みのさわやかな、批評精《ひひょうせい》神《しん》をもった軍人として書かれたのではないか。ところがその方から絶交状《ぜっこうじょう》を出されてしまっては、ついにお書きになれないのではないか――以上の二つの理由で、司馬《しば》さんはついにノモンハン事件《じけん》を書かなかったのではないか、そう私《わたし》は勝手に推測《すいそく》しているわけです。

## ◆事のはじまりは国境侵犯《こっきょうしんぱん》

ノモンハン事件《じけん》については、もう皆《みな》さんご存《ぞん》じでしょうから、内容《ないよう》や経過《けいか》は詳《くわ》しく申し上げません。かいつまんで言うと、日本軍と満洲《まんしゅう》国は、ハルハ川を国境《こっきょう》と決めていましたが、モンゴルおよびソ連側は、河《かわ》を越《こ》えて弓形《きゅうけい》にノモンハンという集落があり（羊や馬のえさにちょうどいい、きれいな草原だったそうです）、その草原までがモンゴル領《りょう》であると主張《しゅちょう》して、常々《つねづね》もめていました。日本にすれば、羊飼《ひつじか》いが勝手に川を渡《わた》って来れば「国境侵犯《こっきょうしんぱん》である」と言って追《お》い払《はら》う、そういうことがしばしばあり、ついに軍隊を出した。これに対してソ連側も軍隊を出した、というのがはじまりで、ノモンハン事件《じけん》が起きたわけです。

ところが当時、ちょうどヨーロッパでナチス・ドイツが東の方へどんどん勢力《せいりょく》を伸《の》ばしてきて、まさにポーランドを呑《の》み込《こ》もうとしていました。ポーランドが呑《の》み込《こ》まれると、ドイツとソ連の国境《こっきょう》が接《せっ》してしまう。目の前にドイツのものすごい力が浸透《しんとう》してきている状況《じょうきょう》下、ソ連のスターリンの頭は完全にヨーロッパに向いていました。しかし一方で、東ではやはり満洲《まんしゅう》と日本軍が気に掛《か》かってもいました。

そこでヨーロッパに全力を集中するため、スターリンはこの際《さい》、東の方の日本軍をいっぺん、こてんぱんに叩《たた》いておこうと決め、強大なる軍事力を集結して日本軍を叩《たた》きにかかったのです。

つまり、単なる国境侵犯《こっきょうしんぱん》のいざこざだったのが、ソ連側が大軍を出してきたため、日本側もこれに応《おう》じて大軍を送らざるを得《え》なくなり、大戦争になってしまったのです。

戦闘《せんとう》は五月十一日に始まり、八月いっぱいでほぼ終わり、九月十五日に停戦《ていせん》協定が結ばれました。四カ月足らずの戦闘《せんとう》でしたが、日本軍は潰滅的《かいめつてき》な打撃《だげき》を受けた――とこれまで言われていたのです。司馬《しば》さんも、エッセイなどでノモンハン事件《じけん》のことに触《ふ》れると、「日本軍は壊滅的《かいめつてき》な打撃《だげき》を受けた」というふうに書きましたし、それが定説になっていました。

ところがソ連が倒《たお》れてロシアになってから、今まで出たことのない当時の資料《しりょう》がちょくちょく出てきました。ロシアがノモンハン事件《じけん》でどのくらい損害《そんがい》を受けたか、ずっと隠《かく》されていたというより、ロシアが発表しませんでしたから、日本が大打撃《だいだげき》を受けて、ロシアは大したことはなかった、ぐらいに思われていたんです。

ところが豈図《あにはか》らんや、日本の第一線の兵隊さんたちは、後ろのほうの参謀《さんぼう》本部、あるいは関《かん》東軍《とうぐん》作戦課の拙劣《せつれつ》なる戦争指導《しどう》にもかかわらず、まことに勇戦力闘《りきとう》したようで、日本側のほうがむしろ死傷者《ししょうしゃ》が少なかったと、一九九八年にロシアが発表したのです。私《わたし》がちょうど『ノモンハンの夏』の原稿《げんこう》を書いているころにその報告《ほうこく》が出ましたので、本には「確《たし》かではないが」として、その数字を出しております。日本の戦死・戦傷者《せんしょうしゃ》は一万七七〇〇人近く、ロシアは二万五六五五人でした。

それで最近は「司馬遼太郎《しばりょうたろう》と半藤一利《はんどうかずとし》という二人のけしからん男が、ノモンハンでは負けたと盛《さか》んに言っているが、この二人は馬鹿者である。日本は勝ったんだ」と、ネット上で盛《さか》んに日本の勝利をうたっている方がいるそうです。

## ◆「研究委員会」の結論《けつろん》

でも戦争は、何も殺《ころ》し合《あ》いをすることが目的ではありません。では何が目的か。これが一番大事なところです。ノモンハンでの戦争の目的は、国境線《こっきょうせん》をどのように確定《かくてい》するかということでした。

九月の停戦《ていせん》協定の結果、モンゴル・ソ連側が主張《しゅちょう》する通り、ハルハ川を越《こ》えて草原地帯の出《で》っ張《ぱ》った線が国境《こっきょう》であると決められました。したがって、戦争目的はモンゴル側が達したわけです。現在《げんざい》も、ノモンハン地域《ちいき》では中国とモンゴルの国境線《こっきょうせん》はたしか、その時に決めた線になっているはずです。要するに、ノモンハン事件《じけん》そのものは、相手側が目的を達したと言えます。

いずれにしろ、日本軍はものすごい悪戦苦闘《あくせんくとう》をしました。兵隊さんたちの勇戦力闘《りきとう》があったからあのぐらい頑張《がんば》れたのだと思いますが、実態《じったい》はまことに拙劣《せつれつ》な戦争指導《しどう》による戦いでした。これをいちいち申し上げてもしょうがないので、大事なところだけお話しします。

事件《じけん》の翌《よく》昭和十五年一月、陸軍中央、つまり参謀《さんぼう》本部で、ノモンハン事件《じけん》から何を教訓とするかについて研究会というか、大々的な反省会が行なわれました。「ノモンハン事件《じけん》研究委員会」というものが設置《せっち》され、専門家《せんもんか》である参謀《さんぼう》や、事件《じけん》には直接《ちょくせつ》関係のない参謀《さんぼう》たちも携《たずさ》わって、いろいろ検討《けんとう》したのです。作戦計画や戦闘《せんとう》そのものの調査《ちょうさ》研究はもとより、統制《とうせい》・動員・資材《しざい》・教育訓練・防衛《ぼうえい》および通信・ソ連軍情報《じょうほう》など多岐《たき》にわたるものでした。たとえばその報告書《ほうこくしょ》には、

「……火力価値《かち》の認識《にんしき》いまだ十分ならざるに基因《きいん》してわが準備《じゅんび》を怠《おこた》り、国民性《こくみんせい》の性急《せいきゅう》なると相まち誤《あやま》りたる訓練による遮二無二《しゃにむに》の突進《とっしん》に慣《な》れ、ために組織《そしき》ある火網《かもう》により甚大《じんだい》なる損害《そんがい》を招《まね》くにいたるべきは、深憂《しんゆう》に堪《た》えざるところなり」

という観察が記されています。これはもうその通りなんで、ノモンハン戦でもっとも勇敢《ゆうかん》に戦った第23師団《しだん》の実情《じつじょう》をみれば、「火力の準備《じゅんび》を怠《おこた》り」の事実はシロウトにも納得《なっとく》させられてしまいます。この師団砲兵《しだんほうへい》が機械化された輓馬砲兵《ばんばほうへい》であったことはさておいても、その火砲《かほう》は想像《そうぞう》を絶《ぜっ》するほど旧式《きゅうしき》でした。たとえば、歩兵直接支援《ちょくせつしえん》とはいえ近距離《きんきょり》用の三八式七五ミリ野砲《やほう》じゃ、全陸軍中もっとも古い明治三十八年（一九〇五）制式《せいしき》の代物《しろもの》で、ほかのどこの師《し》団《だん》も使っていなかったものなんです。

ところが、いやはや、報告《ほうこく》はこのあとに、「優勢《ゆうせい》なる赤軍の火力に対し勝を占《し》める要道《ようどう》は一に急襲《きゅうしゅう》戦法にあり」という余計《よけい》な文章を加え、せっかくの正しい判断《はんだん》をぼかしてしまうのです。こうなると、日露《にちろ》戦争いらいの日本陸軍の歩兵の骨髄《こつずい》をなす白兵突撃《はくへいとつげき》の尊重《そんちょう》は狂信《きょうしん》の域《いき》に達していたとしか思えません。

そして、事件《じけん》の結論《けつろん》の前のところに、「戦闘《せんとう》の実相《じっそう》は、我《わ》が軍の必勝の信念及《およ》び旺盛《おうせい》なる攻《こう》撃精神《げきせいしん》と、ソ連軍の優勢《ゆうせい》なる飛行機、戦車、砲兵《ほうへい》、機械化された各機関、補給《ほきゅう》の潤沢《じゅんたく》との白熱的衝突《しょうとつ》である。国軍伝統《でんとう》の精神威力《せいしんいりょく》を発揮《はっき》せしめ、ソ連軍もまた近代火力戦の効果《こうか》を発揮《はっき》せり」とあります。これが日本陸軍のノモンハン事件《じけん》に関する認識《にんしき》であるわけです。

その結果生まれた結論《けつろん》は、こうです。

「ノモンハン事件《じけん》の最大の教訓は、国軍伝統《でんとう》の精神威力《せいしんいりょく》をますます拡充《かくじゅう》するとともに、低水準にある火力戦能力《のうりょく》を速《すみ》やかに向上せしむるにあり」

これを読みますと、精神力《せいしんりょく》の強調が第一であり、それに付け加えて、近代火力戦すなわち近代的な兵器を使っての戦闘《せんとう》については日本は非常《ひじょう》に遅《おく》れている、低水準にある、従《したが》ってこれを向上しなければならない、としています。が、あくまで精神力《せいしんりょく》の強調が骨子《こっし》であり、火力戦の能力《のうりょく》の向上は付け足しです。

ところが、旧《きゅう》陸軍にいた何人かに話を聞きにいくと、「それは半藤《はんどう》君、そうでもないんだよ。ここに『火力戦能力《のうりょく》を速《すみ》やかに向上せしむるにあり』という一行《いちぎょう》を書くことはものすごく大変なことなんだ。こんなこと、普通《ふつう》の人が書いたらたちまち『お前は何を考えているのか』と飛ばされたりする可能性《かのうせい》があるのに、研究会の参謀《さんぼう》たちはよくここまで書いた。そういうふうに読むべきなんだよ」と教えられました。つまり、その程度《ていど》にまで、当時の陸軍はひとりよがりと言いますか、自分本位のものの考え方をしていたと言えるでしょう。

この研究会の報告《ほうこく》が出されたのは昭和十五年春頃《はるごろ》です。太平洋戦争は昭和十六年十二月にはじまるわけですから一年半くらい余裕《よゆう》があったのですが、ここに書かれているような「低水準にある火力戦能力《のうりょく》の向上」など、日本陸軍にとてもできるはずはありませんでした。

結局、ノモンハン事件《じけん》という大きな痛手《いたで》というか、教訓を得《え》ていながら、何も手のつけようがなく、ただ精神力《せいしんりょく》の強調、国軍伝統《でんとう》の精神威力《せいしんいりょく》をますます拡充《かくじゅう》することだけが叫《さけ》ばれて太平洋戦争に突入《とつにゅう》していったと言ってもいいのではないかと思います。

## ◆情報《じょうほう》は天皇《てんのう》に達せず

しかも、一番いけないのは何か。この事件《じけん》で最も大事なことは、できるだけ多くの人が事実を知ることでした。しかしそうすれば、陸軍にとっては致命的《ちめいてき》な打撃《だげき》になります。したがって、陸軍は事件《じけん》について多くの人に知らせようとはしませんでした。参謀《さんぼう》本部のごく少数の、仲間うちだけの研究会の結論《けつろん》にとどめたのです。

ここで非常《ひじょう》に気になるのが、では昭和天皇《てんのう》には事件《じけん》のことをどのように報告《ほうこく》していたのだろうか、ということです。調べてみたのですが、あまり出てきません。『昭和史《しょうわし》』のなかでもふれてありますが、大事だと思うのでくり返しますが、どうもきちんとした数字から何から、天《てん》皇《のう》に全部報告《ほうこく》したのかどうか疑《うたが》わしいんです。というのは、私《わたし》も幾《いく》らか関与《かんよ》した『昭和天皇《てんのう》独白録《どくはくろく》』という本が一九九一年に文藝春秋《ぶんげいしゅんじゅう》から出ました（今は文庫本になっております）。これは戦後になって、昭和三年の張作霖爆殺事件《ちょうさくりんばくさつじけん》から終戦までの昭和史《しょうわし》を、天皇《てんのう》みずからが側近の人たちに語ったものです。正本は宮内庁《くないちょう》にあると思うのですが、それは世に出ておりません。ただ、その時の側近の一人、寺崎英成《てらさきひでなり》さんという人がつけたメモに基《もと》づいて『昭和天皇独白録《てんのうどくはく》』として世に出たわけです。その中に、ノモンハン事件《じけん》について、昭和天皇《てんのう》がこう喋《しゃべ》ったということで、次のように書いてあります。

「ノモンハン方面の国境《こっきょう》は明瞭《めいりょう》でないから不法侵入《しんにゅう》は双方《そうほう》から言いがかりがつく」

これが一つです。二つめに、

「関東軍《かんとうぐん》司令官には、満洲国境《まんしゅうこっきょう》を厳守《げんしゅ》せよとの大命《たいめい》が下してあったから、関東軍《かんとうぐん》が、侵入《しんにゅう》ソ連兵と交戦したのは理由がある」

そして三番めは、

「この事件《じけん》に鑑《かんが》み、その後命令を変更《へんこう》して国境《こっきょう》の不明確《ふめいかく》なる地方及《およ》び僻地《へきち》においては、必ずしも国境《こっきょう》を厳守《げんしゅ》するに及《およ》ばず」

この三行です。つまり昭和天皇《てんのう》には、ノモンハン事件《じけん》がありましたと報告《ほうこく》はしている。しかし、これは国境《こっきょう》が明確《めいかく》でないための紛争《ふんそう》であり、どちらが悪いということではなく、双方《そうほう》から言いがかりがつくものである、という報告《ほうこく》だったわけです。

二つめは、天皇《てんのう》は関東軍《かんとうぐん》司令官に、国境《こっきょう》を越《こ》えて侵入《しんにゅう》してきたソ連及《およ》び蒙古《もうこ》軍に対しては、これを追《お》い払《はら》えと命令を下してあったから、戦いが起きたのはそれなりの理由があると。

三つめは、事件後《じけん》、国境《こっきょう》は、必ずしも明確《めいかく》でないところ、うんと遠いところではあまり厳《きび》しく守るには及《およ》ばない、と命令を変更《へんこう》したと。

つまりノモンハン事件《じけん》で、日本の一師団《しだん》が潰滅的打撃《かいめつてきだげき》を受けた、七〇パーセントにも及《およ》ぶ人的損害《そんがい》を受けたといったことは、天皇陛下《てんのうへいか》はご存《ぞん》じないのではないか、陸軍はほとんど詳細《しょうさい》な事実を報告《ほうこく》しなかったのではないか――このたった三行の文面からは、それしか読み取れないのです。

日本陸軍というのは、日中戦争の頃《ころ》からそうですが、とりわけ昭和十四年ぐらいから、きちんとした報告《ほうこく》を天皇《てんのう》にしていない。天皇陛下《てんのうへいか》は大元帥陛下《だいげんすいへいか》であって、軍の統領《とうりょう》であるわけですが、その統領《とうりょう》に対して報告《ほうこく》していない。要するに、自分たちの独断《どくだん》で事を運んでいたのではないか、と考えられるわけです。

## ◆服部参謀《はっとりさんぼう》と辻参謀《つじさんぼう》

このノモンハン事件《じけん》を、後方から作戦的に指導《しどう》した関東軍《かんとうぐん》の作戦参謀《さんぼう》は、服部卓四郎《はっとりたくしろう》中佐。そして作戦主任《しゅにん》として、服部《はっとり》さんと一緒《いっしょ》になって直接的《ちょくせつてき》に指導《しどう》したのが辻政信《つじまさのぶ》少佐でした。

辻《つじ》さんは戦後、衆議院《しゅうぎいん》議員になり、参議院議員もやりましたか。議員生活のかたがた、本をたくさん書き、『ノモンハン』という本も出しています。その中にこうあります。「戦争は指導《しどう》者相互《しゃそうご》の意志《いし》と意志《いし》との戦いである。もう少し日本が頑張《がんば》っていれば、おそらくソ連軍側から停戦《ていせん》の申し入れがあったであろう」。日本軍から停戦《ていせん》を申し入れたために、国境線《こっきょうせん》が相手の言うとおりになってしまったことに対する無念さが出ています。「とにかく戦争というものは、意《い》志《し》の強いほうが勝つ」というわけです。

さらに辻《つじ》さんの言い分ですと、たいへんな損害《そんがい》を受けたことがわかったので、大本営《だいほんえい》から「直《ただ》ちに停戦《ていせん》せよ」という命令が関東軍《かんとうぐん》に出た、ところが関東軍《かんとうぐん》は「とんでもない、もっと頑張《がんば》れば戦えるんだ」と言ってこれを聞かない。大本営《だいほんえい》は再度《さいど》攻撃《こうげき》中止命令を出し、これ以上戦闘《せんとう》を続行することは許《ゆる》さない、守らなければ軍法《ぐんぽう》会議にかける、とまではっきり言ったのですが、関《かん》東軍《とうぐん》はこれをまた押《お》し返《かえ》す。戦場で忠義《ちゅうぎ》のために死んだ部下の死骸《しがい》がまだ多く収容《しゅうよう》されていない、その骨《ほね》を拾うことは大元帥陛下《だいげんすいへいか》の大御心《おおみこころ》にもかなうと我々《われわれ》は確信《かくしん》する、したがってもういっぺん戦場に出て行くと言《い》い張《は》ったのです。そこでそれまで関東軍《かんとうぐん》の言いなりになっていた大本営《だいほんえい》も、ついに大元帥《だいげんすい》命令を出し、停戦《ていせん》せよ、これ以上攻撃《こうげき》すれば統帥《とうすい》違反《いはん》であると押《お》し止《とど》めるなど、真《ま》っ向《こう》からやり合ったのです。

辻《つじ》さんの頭の中には、大本営《だいほんえい》が腰抜《こしぬ》けだったから、結果的に戦争目的の達成という点で相手側が勝ったという思いがあって、あくまでこちらが負けたのは大本営《だいほんえい》のせいだという論点《ろんてん》で本を書いているのです。

もう一人、服部卓四郎《はっとりたくしろう》中佐は、自著《じちょ》でこう書いています。辻《つじ》さんと違《ちが》って、明らかに事件《じけん》を「失敗」とし、「失敗の根本原因《げんいん》は、中央と現地《げんち》部隊との意見の不一致《ふいっち》にあると思う。両者それぞれの立場に立って判断《はんだん》したものであり、いずれにも理由は存在《そんざい》する。要は、意志《いし》不統一《ふとういつ》のまますずると拡大《かくだい》につながった点に最大の誤謬《ごびゅう》がある」。

これも読みようによっては、中央のやつらが余計《よけい》なことをガタガタ言ってきて、おれたち現場《げんば》を制約《せいやく》し牽制《けんせい》するから失敗したんだ、こちらに任《まか》せておけばうまくいったのに、東京からごちゃごちゃ言ってきたために統一《とういつ》が取れなくなり、それで敗れたんだと言ってます。

これも実はおかしな話です。関東軍《かんとうぐん》といえども、日本陸軍の一部隊です。独立《どくりつ》しているわけではありません。大本営《だいほんえい》の作戦命令を聞かなければいけないはずなのです。ところが関東軍《かんとうぐん》は、自分たちの意志《いし》によって作戦指導《しどう》ができるのだ、大本営《だいほんえい》は余計《よけい》なことを言うな、黙《だま》ってろ……と何べんもやっている。つまり、統帥権《とうすいけん》に服していないのは関東軍《かんとうぐん》であるにもかかわらず、服部《はっとり》さんは、中央が余計《よけい》なことを言うから失敗したのだと言うのです。

もう一つおかしなことは、事件《じけん》後、陸軍は、昔からの伝統《でんとう》に沿《そ》ってというか、結果を踏《ふ》まえて人事的な処罰《しょばつ》を下します。その場合、最高指揮官及《しきかんおよ》び参謀長《さんぼうちょう》クラスが責任《せきにん》を取り、現場《げんば》の参謀《さんぼう》たちは責任《せきにん》を取る必要はないというのが不文律《ふぶんりつ》となっていました。したがって当時の関東軍《かんとうぐん》司令官は軍を退《しりぞ》き、参謀長《さんぼうちょう》もそれなりの罰《ばつ》を受け、飛ばされたりします。ところがこの時、辻参謀《つじさんぼう》も服部参謀《はっとりさんぼう》も、一応《いちおう》は関東軍参謀《かんとうぐんさんぼう》から退《しりぞ》き、第一線からやや引いたものの、クビになるようなことはなかったのです。そればかりではなく、不思議なことに二人はたちまちにして復活《ふっかつ》したのです。

こうして、一個師団《こしだん》を潰滅《かいめつ》にみちびいたような作戦指導者《しどうしゃ》の杜撰《ずさん》かつ独善的《どくぜんてき》な作戦計画と、前後を考えない無謀《むぼう》そして泥縄《どろなわ》的な戦争指導《しどう》とは不問にされまして、闇《やみ》に消えてしまいました。しかも停戦《ていせん》後に一新された参謀《さんぼう》本部には、報告書《ほうこくしょ》にいうところの「火力戦能力《のうりょく》を速《すみ》やかに向上」というお題目を突《つ》きつけられても、さっぱり妙策《みょうさく》なし、どうにもならない、何かひねり出そうにもひねり出すことがかなわず、であったのです。せいぜい「修正軍備拡充《しゅうせいぐんびかくじゅう》計画」とそれに並行《へいこう》する「支那派遣軍《しなはけんぐん》の兵力整理案」に着手するのがやっとで、しかも、いずれの計画も実行は不可能《ふかのう》と誰《だれ》の目にも明らかだったのです。

ところが、このとき、困《こま》った時の神頼《かみだの》みそのままに、救《すく》う神があらわれました。昭和十五年（一九四〇）五月十日、ドイツ国防軍《こくぼうぐん》が矛先《ほこさき》を西部戦線に転じまして、ベルギー、オランダを攻撃《こうげき》し、独仏国境《どくふつこっきょう》のマジノ線を突破《とっぱ》して、パリへの電撃的《でんげきてき》な進撃《しんげき》作戦を開始したのです。それはもう目を見張《みは》るような快調《かいちょう》な攻撃《こうげき》作戦でした。こうして無人の野を征《ゆ》くようにして、六月十四日には、パリが陥落《かんらく》します。

焦燥《しょうそう》と無力感にうちひしがれていた日本陸軍中央は、俄然《がぜん》、息を吹《ふ》き返《かえ》しました。なんて、そんな程度《ていど》のものじゃありません。まるで自分たちが勝って勝って勝ち抜《ぬ》いているように沸《わ》き立《た》ちました。「支那《しな》の兵力を減《へ》らすことばかりに算盤《そろばん》をはじいて支那逐次撤兵《しなちくじてっぺい》まで決めていた陸軍省軍事課が、すっかり大転回して対南方強硬論《きょうこうろん》を唱えた。これからすぐにシンガポール奇《き》襲《しゅう》作戦をやれ、というのである」（種村佐孝《たねむらさこう》『大本営機密日誌《だいほんえいきみつにっし》』、芙蓉書房《ふようしょぼう》）という形容《けいよう》のしようがないハシャギとなるのです。

こうして十五年夏ごろから、陸軍部内には奇妙《きみょう》なほどに「南進」の大合唱が沸《わ》き起《お》こってきます。ノモンハン事件《じけん》の翌年《よくねん》に成立した第二次近衛文麿内閣《このえふみまろないかく》は、七月二十七日には大本営政府《だいほんえいせいふ》連絡《れんらく》会議が陸軍の主導《しゅどう》のもとに「武力《ぶりょく》を用いても南進」という重大な国策《こくさく》を決定します。根拠《こんきょ》なき自己過信《じこかしん》、驕慢《きょうまん》な無知、底知れない無責任《むせきにん》と評《ひょう》するのは容易《ようい》です。けれども、よく考えると、いまの日本も同じようなことをやっているのじゃないかと、そんな観察ができるだけに、情《なさ》けなさはいや優《まさ》る、ということになります。

## ◆南進論《ろん》の大合唱

さて、問題の服部参謀《はっとりさんぼう》と辻参謀《つじさんぼう》です。これが何と、さっきも申しましたとおりに、たちまちに復活《ふっかつ》する。しかも、重要この上ない部署《ぶしょ》へ、ですよ。昭和十五年十月、服部卓四郎《はっとりたくしろう》中佐は大《だい》本営参謀《ほんえいさんぼう》本部作戦班長《はんちょう》として、早くも東京に堂々《どうどう》と凱旋《がいせん》します。さらに翌《よく》十六年十月に作戦課長となり、大佐に進級する。太平洋戦争はもう目の前ですが、それに向けての中心人物となるわけです。また服部《はっとり》さんは、自分が作戦課長になると直《ただ》ちに辻政信《つじまさのぶ》中佐（すでに進級して中佐になっていました）を作戦課の戦力班長《はんちょう》として呼《よ》びます。辻《つじ》を陸軍中央に呼《よ》び寄《よ》せることに、当時の作戦課長の土居明夫《どいあきお》大佐が猛烈《もうれつ》に反対の意を表明しました。

「ゼッタイに駄目《だめ》だ。君と辻《つじ》を一緒《いっしょ》にしたら、またノモンハンみたいなことをやる……」

と、実にハッキリといったのです。しかし、服部《はっとり》の部内策謀《さくぼう》のほうが上でした。作戦部長の田中新一《たなかしんいち》少将《しょうしょう》は慎重派《しんちょうは》の土居《どい》を切《き》り捨《す》てます。土居《どい》を参謀《さんぼう》本部からほかへ転任《てんにん》させまして、代わって課長には大佐に昇進《しょうしん》した服部《はっとり》をすえ、いまや南進論《ろん》の第一人者となっている辻《つじ》を参謀《さんぼう》本部に呼《よ》び寄《よ》せる。ウヘェーとなりますね。これが昭和十六年十月で、いまや服部《はっとり》・辻《つじ》のコンビを中心に、三宅坂上《みやけざかうえ》（参謀《さんぼう》本部のあった場所）は東南アジア侵攻《しんこう》一色に染《そ》めあげられていったのです。

辻《つじ》さんはその著書《ちょしょ》『ガダルカナル』に例によって得意《とくい》げに書いています。開戦後の十七年七月に出張《しゅっちょう》で台湾《たいわん》に飛んだときの感想です。

「台湾《たいわん》研究部が店開きをし、その部員に選ばれて初めて南方研究の第一歩を踏《ふ》みだしてからまだ僅《わず》か一年有半、南方作戦の編制《へんせい》、装備《そうび》や訓練を真面目に考え始めたのは十六年の正月元日からだった。僅《わず》か半年の研究で現地《げんち》の作戦計画をたて、数カ月で発動したのが太平洋戦争なのだ」

またしても杜撰《ずさん》な、泥縄《どろなわ》的計画で日本を対米英戦争へ引《ひ》っ張《ぱ》っていったのか――、という批《ひ》判《はん》はもうやめますが、それにしてもこんな人物が陸軍を牛耳《ぎゅうじ》っていたのかの嘆《なげ》きはとめることはできません。が、あに辻《つじ》のみならんや、開戦前の三宅坂上《みやけざかうえ》の南進論《ろん》の合唱はまことに騒然《そうぜん》たるものであったわけなんですね。

いや、軍部ばかりではありませんでした。第二次近衛内閣《このえないかく》はその組閣《そかく》前の首相《しゅしょう》、外相《がいしょう》、陸《りく》相《しょう》、海相《かいしょう》の候補《こうほ》が集まっての秘密《ひみつ》会談で、日独伊《にちどくい》三国同盟《どうめい》の強化とならんで、日ソ不可侵《ふかしん》条約締結《じょうやくていけつ》を外交方針《ほうしん》として早々と決めていたのです。そしてこの取決めにもとづいて、さらに七月二十二日の大本営政府《だいほんえいせいふ》連絡《れんらく》会議で「速《すみ》やかに独伊《どくい》との政治的《せいじてき》結束を強め、対ソ国交の飛躍《ひやく》的《てき》調整をはかる」ことを正式に国策《こくさく》とする、ときめました。どちらも陸軍中央の原案に基底《きてい》をおく決定でした。ハテハテ、ソ連を主敵《しゅてき》としてきた明治いらいの陸軍の大戦略《だいせんりゃく》はいったいどこにいってしまったのでしょうか。私《わたし》が勝手に名前をつけるところの、一種の「ノモンハン症《しょう》候群《こうぐん》」というようなもので、もう北には手を出さない、むしろ南だ。南に出て行くと、たぶんアメリカが怒《おこ》って出てくるだろうが、アメリカはなにしろ女の強い国だ、戦争になれば涙《なみだ》を流して旦那《だんな》を止めるだろうから、それほど強い軍隊ではない（これは私《わたし》が言っているのではなくて、辻《つじ》さんの本に書いてあるのです）、だから大丈夫《だいじょうぶ》、ということで、南進論《ろん》の強力なる推進《すいしん》者《しゃ》になるわけです。こうして昭和十六年夏頃《なつごろ》の参謀《さんぼう》本部はもう、南進論《ろん》でまるで沸《わ》くがごとくでありました。

## ◆ノモンハン事件《じけん》の教訓

こういう歴史的《れきしてき》事実を見ますと、当時の日本人は、陸軍というものを中心にして、何かとてつもない大きな自信をもち、判断《はんだん》し、独《ひと》りよがりな過《あやま》ちを平気で犯《おか》しているのではないかと感じます。

今回は服部《はっとり》さんと辻《つじ》さんだけの名前を挙げていますが、実は田中新一《たなかしんいち》作戦部長をはじめ他の参謀《さんぼう》たちの中にもこういう強硬論者《きょうこうろんしゃ》は山ほどいたのです。その人たちの共通点は何か。天声人《てんせいじん》語《ご》ではありませんが、「起きると困《こま》るようなことは起きないということにする」といった、非《ひ》常識《じょうしき》な意識《いしき》。と同時に、失敗を率直《そっちょく》に認《みと》めず、その失敗から何も教訓を学ばないという態度《たいど》。これ以外にも、たとえば次のようなことが言えるのではないか。

一つは、基本《きほん》にあるのは、日本陸軍（当時は皇軍《こうぐん》と言っておりましたが）が不敗であるという認識《にんしき》。皇軍《こうぐん》はとにかく今まで敗《ま》けたことがないと、中央の参謀《さんぼう》たちは本気で信じていたようです。が、どこに根拠《こんきょ》があるのかと問われれば、どこにもありません。つまり「根拠《こんきょ》なき自己《じこ》過信《かしん》」です。

たしかに日本陸軍は日清《にっしん》・日露《にちろ》戦争以来、ある意味では不敗でした。そこから「不敗神話」が生まれます。すなわちその精神力《せいしんりょく》をもって、いかなる近代火力にも対等に対抗《たいこう》できると信じたのです。結果として、ソ連軍も中国軍も皇軍《こうぐん》が出て行けば必ず逃《に》げるという考え方をもつようになった。事実、中国軍は毛沢東《もうたくとう》がそうでした。敵《てき》が出てきたら逃《に》げる、日本軍が引いたらすぐ出て行くという戦法をとりました。だからといって、日本の不敗の根拠《こんきょ》にはなりません。

二番目に、情報《じょうほう》というものを軽視《けいし》し、非常《ひじょう》に「驕慢《きょうまん》な無知」に支配《しはい》されていたこと。ノモンハン事件《じけん》の時、ソ連軍がシベリア鉄道を使って、多数の戦車をアジアへ送《おく》り込《こ》んでいるという情報《じょうほう》はどんどん入ってきていました。したがって、ソ連軍が大挙して総攻撃《そうこうげき》に出ることも、ある程度《ていど》予想されていたはずです。ところが、ヨーロッパからそんなに早急《さっきゅう》に戦車を持ってこられるわけはないと、情報《じょうほう》を全く認《みと》めようとしない。これは関東軍《かんとうぐん》だけではなく、大本営《だいほんえい》の参《さん》謀《ぼう》本部作戦課もまた然《しか》りでありました。

同時に、兵站《へいたん》の無視《むし》。要するに補給《ほきゅう》を一切《いっさい》考えない。司馬《しば》さんが書いていますが、「元亀《げんき》・天正《てんしょう》のころの武器《ぶき》をもって、ノモンハンで日本陸軍は機関銃《きかんじゅう》、戦車にぶち当たった」。このまさに元亀《げんき》・天正《てんしょう》のころの武器《ぶき》」というのは、実は先ほどの須見新一郎《すみしんいちろう》連隊長の言葉です。「我々《われわれ》はまさに元亀《げんき》・天正《てんしょう》のころの武器《ぶき》を持って、近代兵器とぶつかった」と須見《すみ》さんは嘆《なげ》いておりました。確《たし》かに彼《かれ》らは、明治三十八年にできた三八式歩兵銃《ほへいじゅう》をもって、近代兵器で身を固めたソ連の兵隊と立ち合ったのです。

この三八式歩兵銃《ほへいじゅう》は、太平洋戦争でも大活躍《だいかつやく》します。相手は自動小銃《しょうじゅう》を使っていて、戦場では既《すで》にそういうものが多数出ており、その有利性《ゆうりせい》もわかっている、さらにノモンハン事件《じけん》の結論《けつろん》でも「近代兵器を向上せしめるにあり」としていながら、日本はどうして開発もせずいつまでも三八式歩兵銃《ほへいじゅう》だったのか——そう旧《きゅう》陸軍の人に聞いたことがあります。すると情《なさ》けない返事が返って参りました。「実は三八式歩兵銃《ほへいじゅう》の弾丸《だんがん》を、山ほどどころではなく、いくら使っても使い切れないほど作ってしまった。これがある間はとにかく使わなければならなかったんだ」と。そんなばかな考えで国家の運命を賭《と》した戦争に突入《とつにゅう》したのですかと、私《わたし》は思わず天を仰《あお》ぎました。

また戦車。たとえばソ連やアメリカの戦車は無骨《ぶこつ》で格好《かっこう》が悪いんです。けれども鉄板が厚《あつ》い。一方で日本の戦車は軽快《けいかい》なのですが、薄《うす》い。「なぜこんなに薄《うす》いんですか」と聞きましたら、これも実は日本の鉄道が狭軌《きょうき》（レールの間隔《かんかく》が狭《せま》い）だから、重戦車を運べないんだと。もう一つ、戦車を積み出す時に、日本の港湾《こうわん》にある起重機が弱くて、五〇トンもある戦車を持ち上げられないのだと。司馬《しば》さんの言葉を借りれば「戦車と名がつけば、やはり戦車なのだ」という答えでした。

結局、驕慢《きょうまん》なる無知というのは、単なる無知でなくて、知っていながら無視《むし》して固執《こしつ》することなんです。そういった傾向《けいこう》がどうも日本人の中にあると思います。

もう一つは、「底知れぬ無責任《むせきにん》」。前にも申しました通り、日本の参謀《さんぼう》は、その作戦計画がいかに無謀《むぼう》で、いかに杜撰《ずさん》であろうとも、勇戦敢闘《かんとう》させるようなものであれば、失敗しても責任《せきにん》が問われない。つまり無責任《むせきにん》で済《す》むということ。しかもその人たちがまた、人事のいかんによっては中央にすぐ戻《もど》ってくるという、考えられないことがしばしば起きたこと。つまり当時の陸軍には、厳罰《げんばつ》に処《しょ》すということが全くなかったのです。

そんなふうに申しますと、今だって大して違《ちが》わないではないか、という方がおられるでしょう。いろいろな大失敗を、将来《しょうらい》の教訓のためにちゃんと記録しておこうではないかという声は上がるんです。しかし、実行することはほとんどありません。組織《そしき》にとって、失敗こそ学ぶところがたくさんあり、一番教訓になることと思いますが、そこから学ぼうという声だけは聞こえても、実際《じっさい》にはやらない。それが組織《そしき》というものですね。そして勝って威勢《いせい》のいい時は、勝利の栄光だけは自分のものにして、勝利病に罹《かか》る。そうなると何も学ぶことはない、といえるのではないでしょうか。

## ◆日本人の欠点を如実《にょじつ》に記録

戦前の昭和史《しょうわし》というのは、このノモンハン事件《じけん》によって象徴《しょうちょう》されるような、日本人の陥《おちい》りやすい欠点を如実《にょじつ》に示《しめ》している記録です。だからといって、頭から日本人がだめだということではありません。十分に優秀《ゆうしゅう》なところがあるのですが、ただ、私《わたし》たちは昭和史《しょうわし》からきちんと学ぼうとせず、ずっと後世《こうせい》まで引《ひ》っ張《ぱ》っていくのではないだろうかと若干《じゃっかん》、考えられます。昭和史《しょうわし》から学ぶことによって、これまでくどくど挙げた過去《かこ》の日本人の特性《とくせい》ともいえることを知り、教訓とすべきではないでしょうか。『昭和史《しょうわし》 1926-1945』のおしまいの辺りで五つばかり、昭和史《しょうわし》から学ぶべき教訓について書いております。そちらもご参考にしていただければと思います。どうもありがとうございました。

（平成十六年十一月十九日）

# あとがき

編集者《へんしゅうしゃ》の山本明子《やまもとあきこ》さんの執拗《しつよう》な説得《せっとく》からはじまった。

「学校でほとんど習わなかったので昭和史《しょうわし》のシの字も知らない私《わたし》たち世代のために、手ほどき的な授業《じゅぎょう》をしていただけたら、たいそう日本の明日のためになると思うのですが」

これに日本音声保存《ほぞん》のスタッフ三人がたちまちに乗ってきた。どうせなら、録音してゆくゆくは誰《だれ》にでも聞けるＣＤにしようというのである。四人がかりのＡＢＣＤ包囲陣《ほういじん》の攻勢《こうせい》に、昭《しょう》和史講座《わしこうざ》のための寺子屋を開き、おしゃべりをせねばならなくなった。正直な話、授業《じゅぎょう》後、居《い》酒屋《ざかや》で一杯《いっぱい》やりながらオダをあげるのが楽しいので引き受けたところもある。

ときには特別聴講生《ちょうこうせい》も加わったが、生徒四人のうち三人は戦後生まれで、すぐに「君側《くんそく》の奸《かん》？　何ですか」とか、「統帥権干犯《とうすいけんかんぱん》？　聞いたことがない」とか質問《しつもん》が出る。かくて遅々《ちち》たるものなるが、一回一時間半（ときに二時間超《ちょう》）、月に一度（後半は二度三度）で、二〇〇三年四月から十二月までの授業《じゅぎょう》は終了《しゅうりょう》し、つつがなく寺子屋を閉《と》じた。はじめは、戦後日本の、バブル崩壊《ほうかい》までは無理としても、日本帝国《ていこく》の終結点である昭和二十六年（一九五一）九月のサンフランシスコ講和《こうわ》条約《じょうやく》調印までいくはずであったが、くたびれ果てた講師《こうし》のほうから白旗を出して終講《しゅうこう》となった。

授業《じゅぎょう》はときに張《は》り扇《せん》の講談《こうだん》調、ときに落語の人情噺《にんじょうばなし》調と、生徒たちを飽《あ》きさせないよう精々《せいぜい》努めたつもりであるが、とにかく杜撰《ずさん》きわまりないおしゃべりがこのように堂々《どうどう》たる一冊《さつ》になるとは思ってもみなかった。読めるような文章に全面的に仕立て直してくれた山本《やまもと》さんのおかげである。これはもういくら感謝《かんしゃ》しても感謝《かんしゃ》しきれない。今は、その奮闘《ふんとう》努力が報《むく》われて、本書が多くの若《わか》い人に読まれることを心から祈《いの》っている。

「すべての大事件《だいじけん》の前には必ず小事件《しょうじけん》が起るものだ。大事件《だいじけん》のみを述《の》べて、小事件《しょうじけん》を逸《いっ》するのは古来から歴史家《れきしか》の常《つね》に陥《おちい》る弊竇《へいとう》（弊害《へいがい》、欠陥《けっかん》）である」と夏目漱石《なつめそうせき》が『吾輩《わがはい》は猫《ねこ》である』（八）で書いている。たしかに大事件《だいじけん》は氷山の一角で、下にはいくつもの小事件《しょうじけん》が隠《かく》されている。突如《とつじょ》、事件《じけん》が起きるというものではなく、時間をかけて、連鎖的《れんさてき》にゆっくり形づくられてきた幾《いく》つもの要因《よういん》があり、それらがまとまって大事件《だいじけん》として噴出《ふんしゅつ》してくる。ある時点での人間の小さな決断《けつだん》が、歴史《れきし》をとんでもないほうへ引《ひ》っ張《ぱ》っていくこともある。それを語らなくては歴史《れきし》を語ったことにならない。むずかしさはそこにある。

それにつけても、歴史《れきし》とはなんと巨大《きょだい》で多様で、面白《おもしろ》い物語であるかとつくづく思う。人間の英知や愚昧《ぐまい》、勇気と卑劣《ひれつ》、善意《ぜんい》と野心のすべてが書《か》き込《こ》まれている。歴史《れきし》とは何かを考えることは、つまり、人間学に到達《とうたつ》するのである。

これまでの拙著《せっちょ》のことごとくを下敷《したじ》きにして語ったから、拙著《せっちょ》で挙げた参考文献《ぶんけん》のすべてが参考文献《ぶんけん》ということになる。膨大《ぼうだい》でここに挙げ切れない。が、それでは読者のこれからの勉強のために不親切であるから、ほんの一部、個人《こじん》の日記と手記とを中心に記しておいた。大部分を記せなかったことに、著者《ちょしゃ》や出版社《しゅっぱんしゃ》のお許《ゆる》しをあらかじめお願いしたい。

半藤一利《はんどうかずとし》

二〇〇三年十二月、それも大晦日《おおみそか》の夜

# 平凡社《へいぼんしゃ》ライブラリー版《ばん》 あとがき

本書は、初版刊行《しょはんかんこう》いらいほんとうに多くの読者に迎《むか》え入《い》れられて、版《はん》を重ねた幸運の書である。五年ぶりにこのたびライブラリー化されるにさいして、あらためてこれまで沢山《たくさん》の方々《かたがた》から戴《いただ》いたお言葉を思いかえしている。

そのなかの一つで、「昭和史《しょうわし》の語《かた》り部《べ》」と評《ひょう》されたことが大そう気に入っている。が、そもそも「語《かた》り部《べ》」とは？ といえば、古典『古事記』の太安万侶《おおのやすまろ》がただちに想起されてくる。この安万侶《やすまろ》という人がやったことといえば、単に長々と歴史的《れきしてき》事実を語っただけではない。念仏《ねんぶつ》を唱えるかのように事実をぼそぼそと喋《しゃべ》っただけではない。彼《かれ》は情熱《じょうねつ》を傾《かたむ》けて、聞き手を飽《あ》きさせないように、心をこめて、かつ、自分の語りにいささかの自負をもって語りに語ったにちがいないのである。つまり、「語《かた》り部《べ》」とは、事実を公正に判断《はんだん》して取捨選択《しゅしゃせんたく》し、感情《かんじょう》の強弱をつけて語れるある種の芸をもつ人であった。それゆえに『古事記』は見事な叙事詩《じょじし》になったと、わたくしは理解《りかい》している。

さてさて、わたくしがその太安万侶《おおのやすまろ》になぞらえられるほどの芸をもつ人物であるかどうか、正直にいってまったく自信はないが、ともかく一所懸命《いっしょけんめい》に語ったことは事実で、結果としてそれが多くの読者に歓迎《かんげい》されたことを素直《すなお》に喜《よろこ》んでいる。そのことだけはお分かりいただけるのではないか。そしてこのライブラリー版《ばん》が、さらに多くの方に楽しんでもらえたら、これはもう「語《かた》り部《べ》」冥利《みょうり》につきるということになる。

この上は、調子に乗って、「語《かた》り部《べ》」が「騙《かた》り部《べ》」とならぬようにとの自戒《じかい》をいっそう強めつつ、本書をふたたび世に贈《おく》る。

なお、付録として講演録《こうえんろく》「こぼればなし　ノモンハン事件《じけん》から学ぶもの」を加えた。せめてものお礼のつもりである。

二〇〇九年三月

半藤一利《はんどうかずとし》

半藤《はんどう》先生の「昭和史《しょうわし》」で学ぶ非戦《ひせん》と平和

# 戦争の時代 1926~1945 下

# 解説《かいせつ》

文 山本明子《やまもとあきこ》
(「昭和史《しょうわし》」シリーズ編集者《へんしゅうしゃ》)

「歴史《れきし》の授業《じゅぎょう》は『昭和史《しょうわし》』からはじめたほうがよいと、自分の経験上《けいけん》（学生のとき、ほとんど昭和は勉強しなかった……）思います」

テレビ局でドキュメンタリー番組を制作《せいさく》しているディレクターからのメールに書かれていた言葉です。おそらく四十代の彼女《かのじょ》も学校の授業《じゅぎょう》で昭和史《しょうわし》を学んだ記憶《きおく》がなく、社会に出て現《げん》実《じつ》世界と向き合うなかで痛感《つうかん》した思いでしょう。それにしても、古代ではなく昭和史《しょうわし》から日本《にほん》史《し》をはじめる、案外よい提案《ていあん》かもしれません。昭和の戦争と復興《ふっこう》の歩みには、人間と歴史《れきし》を考えるためのあらゆる種が蒔《ま》かれているのですから。

## 本書について――三国同盟《どうめい》から敗戦への道のり

本書（下巻《かん》）は昭和の戦争の後半、強気だった日本が雪崩《なだれ》のごとく敗戦にいたる道を詳細《しょうさい》にたどります。なぜ開戦を避《さ》けることができなかったのか。致命的《ちめいてき》な判断《はんだん》ミス、タイミングの大切さ、組織《そしき》の弊害《へいがい》……自分に置《お》き換《か》えてじっくり読むことで、さまざまな要因《よういん》がみえてくることでしょう。巻末《かんまつ》には、昭和の二十年から得《え》られる教訓が五つにまとめられます。

第九章は、日独伊《にちどくい》三国同盟《どうめい》を締結《ていけつ》し、軍事国家へとひた走る日本の動きを見つめます。

大戦が勃発《ぼっぱつ》すると、参戦に備《そな》えて国民のぜいたくは一層禁《いっそうきん》じられます、もっとも「われら下町の貧民《ひんみん》どもはぜいたくなどした覚えはないのですが」と著者《ちょしゃ》は本音をもらしますが。この頃《ころ》の象徴的《しょうちょうてき》なエピソードとしては、国会で斎藤隆夫《さいとうたかお》議員が終わらない日中戦争を批判《ひはん》し、「戦争処理案《しょりあん》を示《しめ》せ」と陸軍に詰《つ》め寄《よ》った反軍演説《えんぜつ》です。まさに〝最後の抵抗《ていこう》〟でした。斎藤《さいとう》議員は「聖戦《せいせん》の目的を批判《ひはん》した」として議員を除名《じょめい》されます。

世界では、ドイツがオランダ、ベルギーやフランスを攻撃《こうげき》して降伏《こうふく》させ、イギリスにも迫《せま》るや、日本は「バスに乗《の》り遅《おく》れるな」とドイツに近づいて日独伊《にちどくい》の三国同盟締結《どうめいていけつ》を急ぎます。内心、そこにソ連を加えた〝四国同盟《どうめい》〟をも夢想《むそう》しながら。

それにしても、「なぜ海軍は同盟締結《どうめいていけつ》に転んだのか?」。著者《ちょしゃ》はこれを昭和史《しょうわし》の大問題と考え、米英を完全に敵《てき》にまわすことになる軍事同盟《どうめい》に反対していた海軍が賛成《さんせい》に翻《ひるがえ》った過程《かてい》を詳《くわ》しく探《さぐ》ります。すると、超大戦艦《ちょうたいせんかん》の建設《けんせつ》など莫大《ばくだい》な軍備費用《ぐんびひよう》が必要な海軍は、条約《じょうやく》を締結《ていけつ》すればそれを理由に予算がもらえると考えた——つまり予算獲得《かくとく》が「裏《うら》の目的」だった事情《じじょう》が浮《う》かんできます。「情《なさ》けないことに、金のために身を売ったんです、いや、魂《たましい》を売った」とは。目指すべきは何なのか首をかしげざるを得《え》ない、そんな話は今なお隠《かく》れていそうです。

そうして同盟締結《どうめいていけつ》を決定した同じ頃《ころ》、チャーチルが首相《しゅしょう》となったイギリスは団結《だんけつ》してドイツに徹底抗戦《てっていこうせん》し、奇跡的《きせきてき》ともいえる本土防衛《ぼうえい》に成功しました。日本が知らぬ間にドイツは大打撃《だいだげき》をこうむったわけです。こうなると夢《ゆめ》みた四国同盟《どうめい》などとんでもない、ドイツは早くも「次は東だ」と独《どく》ソ不可《ふか》侵条約《しんじょうやく》をおかしてソビエトへの進撃《しんげき》を決めていました。「歴史《れきし》とはほんとうに皮肉なものですね」。著者《ちょしゃ》の呟《つぶや》きが胸《むね》にこだまする展開《てんかい》となりました。

第十章は、対米英開戦ムードが高まる中、南進政策《せいさく》と対独《どく》ソを中心とした外交の動きです。

昭和十五年、日本は今や敵対《てきたい》するアメリカからの輸出《ゆしゅつ》に頼《たよ》っていた石油を確保《かくほ》するため、北部仏印《ふついん》（ベトナムのハノイあたり）への進駐《しんちゅう》をはじめます。これが実質《じっしつ》は武力《ぶりょく》による侵略《しんりゃく》であったため、世界から非難《ひなん》をあびることになりました。「統帥乱《とうすいみだ》れて信《しん》を中外に失う」。信用を失うことの恐《おそ》ろしさは、だんだんと目に見えるかたちで現《あらわ》れます。

とはいえ開戦が現実味《げんじつみ》を帯びてくると、前もって軍艦《ぐんかん》や飛行機を戦場付近に運んでおかねばならない海軍は焦《あせ》りをつのらせます。石油の確保《かくほ》は欠かせません。ひたすら南へと対米強硬策《きょうこうさく》を進めるしかなかったのです。

マスコミから煽《あお》られた国民のあいだにも、「米英討《う》つべし」の声が聞こえはじめました。自由のきかない生活を強《し》いられ、不満が膨《ふく》らんでくると、「なんとなしにもう一つドカーンとやればすべてが解決《かいけつ》するような、次の戦争を望むような、どちらかといえば好戦的な風潮《ふうちょう》が、国民の心のなかに生まれていた」とは、今なお変わらない人間心理に思えます。人びとの本音は国の動きを後押《あとお》ししかねません。そこに、紀元《きげん》二六〇〇年の盛大《せいだい》な祝典がエピソードとして挿《はさ》まれるのがミソで、著者《ちょしゃ》自身の思い出もからめて描《えが》かれた光景は、「戦争がはじまる前の昭和日本のもっとも輝《かがや》ける日」の巷《ちまた》の気分を彷彿《ほうふつ》とさせます。

翌春《よくしゅん》になると松岡外相《まつおかがいしょう》が渡欧《とおう》し、ドイツで大歓迎《だいかんげい》をうけてヒトラーと会談、「日本はアジアで、ドイツはヨーロッパで新秩序《ちつじょ》をつくって協力しよう」と巧《たく》みに乗せられながら三国同盟《どうめい》を祝い、その足でモスクワへ、スターリンとの「電撃外交《でんげき》」が実現《じつげん》します。そして誰《だれ》もが予期せぬ「日ソ中立条約《じょうやく》」が結ばれました。「虚々実々《きょきょじつじつ》といいますか、外交なんてのはまことにインチキ極《きわ》まりないなと思うところがある」というように、松岡外相《まつおかがいしょう》が南進政策《せいさく》にスターリンからお墨《すみ》付きをもらって安心している裏側《うらがわ》で、じつは、ソ連にしてみれば日本が南で英米と衝突《しょうとつ》してくれれば都合がよかったのです。著者《ちょしゃ》は外交の重要性《じゅうようせい》をしばしば指摘《してき》します。その手腕《しゅわん》が国をまずい方へもっていく話がここだけでないのが困《こま》ったものです。

さらに、です。日ソ中立条約《じょうやく》までのやりとりは、アメリカの諜報《ちょうほう》機関に筒抜《つつぬ》けだったのです。おまけにソ連が南樺太《みなみからふと》や千島《ちしま》列島を領有《りょうゆう》したいと狙《ねら》っていることも伝わってきて、アメリカは将来的《しょうらいてき》にソ連を対日戦争に誘《さそ》う〝獲物《えもの》〟を知ることとなりました。目先の話だけでなく、将棋《しょうぎ》さながら先々の何手をも読まねば落《お》とし穴《あな》が待っている――これも「外交というものの恐《おそ》ろしいところ」にほかなりません。

日本が世界情勢《じょうせい》を把握《はあく》せずにいた昭和十六年六月、ドイツがソ連に進攻《しんこう》したという衝撃《しょうげき》の報《しら》せが届《とど》きます。一転してソ連は「敵国《てきこく》」となりました。ゆゆしき事態《じたい》に、日本はどう対処《たいしょ》するのでしょうか。

第十一章は、日本が対米英開戦を決意するまでの経過《けいか》をつぶさに追います。指導層《しどうそう》たちのやりとりは、ドラマを見るような「面白《おもしろ》さ」と緊迫《きんぱく》感に満ちています。

開戦の決断《けつだん》は、昭和十六年七月から十二月の首脳《しゅのう》たちによる四度の御前《ごぜん》会議を経《へ》てなされましたが、じつはそれまでに実らなかった長い日米交渉《こうしょう》の経緯《けいい》があったのです。

前年からの交渉《こうしょう》は、ルーズベルト・近衛《このえ》のトップ会談が計画されました。駐米《ちゅうべい》大使に選ばれたのは、アメリカ勤務《きんむ》を経験《けいけん》し、現地《げんち》で信頼《しんらい》される海軍大将《たいしょう》野村吉三郎《のむらきちさぶろう》でした。しかし彼《かれ》は外務省《がいむしょう》とは過去《かこ》に食《く》い違《ちが》いがあったため、人事に不満の外務省《がいむしょう》エリートらは、表立ってではなく、対米強硬派《きょうこうは》と歩調を合わせるかたちで出鼻をくじき、横槍《よこやり》を入れます。内部のごたごたが国益《こくえき》を損《そこ》なうようすは、読んでいて残念無念。それでも両国は討議《とうぎ》を重ね、トップ会談を前《ぜん》提《てい》に野村《のむら》大使は最終の「日米諒解《りょうかい》案」を日本に伝えました。これがうまくいけばよかったのですが……こんどはタイミングのまずさと近衛首相《このえしゅしょう》の優柔不断《ゆうじゅうふだん》が邪魔《じゃま》をしたのです！

ちょうど三国同盟《どうめい》と日ソ中立条約《じょうやく》調印という大きな土産《みやげ》をもって松岡外相《まつおかがいしょう》が帰国する時期だったため、近衛首相《このえしゅしょう》は返事の前にそれを待ったのです。鼻高々で凱旋《がいせん》した外相《がいしょう》は、日米交《こう》渉《しょう》など俺《おれ》に任《まか》せろの勢《いきお》いで野村《のむら》大使の諒解《りょうかい》案を突《つ》っぱねます。そこで政府《せいふ》と軍部のお偉方《えらがた》が集まる「大本営政府連絡《だいほんえいせいふれんらく》会議」を開き、日本が進むべき道を話し合うことになります。

この会議がもたらしたのは、天皇《てんのう》の役割《やくわり》の変化でした。従来《じゅうらい》の天皇陛下《てんのうへいか》／大元帥陛下《だいげんすいへいか》の役割《やくわり》の使い分けがなんとなく曖昧《あいまい》となり、「国政《こくせい》にも統帥《とうすい》にも、決定にノーを言わない天皇《てんのう》」へと移《うつ》っていったのです。以後、さまざまに重大な決定は、のちに「最高戦争指導《しどう》会議」と名を変えたこの会議にゆだねられます。

いよいよ、天皇《てんのう》を前に国の方針《ほうしん》を決める内閣《ないかく》と軍部合同の最高会議「御前《ごぜん》会議」です（会議が多いですね）。天皇《てんのう》は発言せず、両者の意見を了承《りょうしょう》するのみ。その第一回から、アジアを日本が支配《しはい》する〝大東亜共栄圏《だいとうあきょうえいけん》〟の建設《けんせつ》や自存自衛《じそんじえい》の基礎《きそ》を固めるためには「対米英決戦を辞《じ》せず」と運命的な決定がなされました。

ワシントンの大使館への秘密電報《ひみつでんぽう》を解読《かいどく》しているアメリカはこの決定に驚《おどろ》き、日米諒解《りょうかい》案などふっとびました。ただちに日本の在米資産《ざいべいしさん》を凍結《とうけつ》し、イギリス、フィリピン、ニュージーランド、オランダもこれに続きます。完全に包囲網《ほういもう》が敷《し》かれたにもかかわらず、日本は強気にサイゴンへと南部仏印《ふついん》上陸をはじめると、アメリカは対日石油輸出《ゆしゅつ》の全面禁止《きんし》を通告《つうこく》しました。石油が一滴《てき》も入ってこなくなると軍部は大打撃《だいだげき》です。戦争がはじまれば一年半しかもたない、ならばいっそ早い方がよい、と海軍作戦のトップは言いはなち、しかし天皇《てんのう》に訊《たず》ねられて「勝ちうるかどうかもおぼつきません」と答えました。

太平洋の緊張《きんちょう》は一気に高まります。第二回の御前《ごぜん》会議では、発言しないはずの天皇《てんのう》が、憂《うれ》いのあまりか、波風が立ちさわぐ海に思いを託《たく》した歌を朗々《ろうろう》と詠《よ》みあげる場面は印象的《いんしょうてき》です。なんとか外交交渉《こうしょう》でしのいでほしいという天皇《てんのう》の願いを近衛首相《このえしゅしょう》はくんだものの、すでに日米トップ会談の機会を逸《いっ》したあとでは無理というもの。政治《せいじ》や外交が時宜《じぎ》を失して致命傷《ちめいしょう》を負《お》う、苦い教訓です。ルーズベルト大統領《だいとうりょう》から会談を断《ことわ》られた首相《しゅしょう》はあっさり退陣《たいじん》し、東条英機《とうじょうひでき》内閣《ないかく》が成立しました。一方、山本五十六《やまもといそろく》連合艦隊《かんたい》司令長官は、開戦をにらんで真珠湾攻撃《しんじゅわんこうげき》の作戦をねっていました。奇襲《きしゅう》が成功すれば、さっさと講和《こうわ》にもちこんで戦争を終結させるのが狙《ねら》いだったのですが……。

三回目の御前《ごぜん》会議となると、誰《だれ》もがもはや日米交渉《こうしょう》は成立しないとわかっており、開戦を前《ぜん》提《てい》に、時期を十二月初めと決めます。四回目、十二月一日の御前《ごぜん》会議では論《ろん》ずることもなく開戦を決定しました。山本《やまもと》長官は翌日《よくじつ》、「ニイタカヤマノボレ」の暗号で全軍に命令を発し、真《しん》珠湾《じゅわん》へと向かいます。しかしあたかもその頃《ころ》、当てにしていたドイツは、侵攻《しんこう》したソ連軍に猛《もう》烈《れつ》な反撃《はんげき》を受けて退却《たいきゃく》をはじめようとしていたのです。

第十二章は、太平洋戦争へ突入《とつにゅう》した経緯《けいい》とその後を追います。

連合艦隊《かんたい》は十二月八日、アメリカの太平洋艦隊《かんたい》をハワイの真珠湾《しんじゅわん》で攻撃《こうげき》、大打撃《だいだげき》を与《あた》えて戦争がはじまります。しかし、攻撃《こうげき》前の通告《つうこく》がなされなかったために、「だまし討《う》ち」の汚名《おめい》とともに米国民に大きな恨《うら》みを残す結果となりました。開戦前に宣戦布告《せんせんふこく》が必要なことは国際条約《こくさいじょうやく》で定められていたからです。もっともそれを承知《しょうち》で用意されていた通告《つうこく》が、結果的に攻撃《こうげき》開始から一時間遅《おく》れてしまった間の抜《ぬ》けたいきさつが詳《くわ》しく紹介《しょうかい》されています。通告《つうこく》を念押《ねんお》ししていた山本《やまもと》長官や天皇《てんのう》の無念はもちろん、その後の日本にとってもいかにも悔《く》やまれることでした。

ただ国際法《こくさいほう》に関する日本人の意識《いしき》については、南進政策《せいさく》においてもあやしい点があったと、歴史《れきし》をみるに人間心理に着目する著者《ちょしゃ》は考えていました。「当時の軍人たちはどうも国際法《こくさいほう》を軽《けい》視《し》していたのではないか」と強い危惧《きぐ》とともに、現代《げんだい》にも警鐘《けいしょう》を鳴らしています。

開戦のニュースが、国民のうっぷんを吹《ふ》き飛《と》ばしたことは確《たし》かでした。そもそも著者《ちょしゃ》自身が、戦闘《せんとう》開始と聞いて「なにかこう頭の上を覆《おお》っていた雲がぱあーっと消えたような、晴れ晴れとした気持ちをもったことを覚えています」と回想し、「日本人ほとんどがそう感じたと思います」といいます。戦後になって反戦を唱えた文化人たちの、開戦を祝うかのような談話や文章を読めば、スポーツの試合に限《かぎ》らず、ともかく自国が戦いに勝てば嬉《うれ》しいのが人情《にんじょう》かもしれません。

この後もマレー沖海戦勝利やマニラ占領《せんりょう》、シンガポール攻略《こうりゃく》など連合艦隊《かんたい》の戦果は続き、新聞も大いに書き立て、国じゅうが歓喜《かんき》に酔《よ》いました。しかし勝利は束《つか》の間《ま》でした。

昭和十七年、敵《てき》の空母をやっつけるためのミッドウェー海戦で大敗すると、手痛《ていた》い敗戦がつづくようになり、「以後は「戦争」ではなくなる。敢《あ》えていえば、日本軍が肉体をもって鉄と弾《だん》丸《がん》にぶつかっていく殺戮《さつりく》がはじまる」のです。

第十三章は、もはや勝つ見込《みこ》みがなくなった日本が、驚《おどろ》くべき、人間を武器《ぶき》にするという特《とっ》攻《こう》作戦に踏《ふ》み切《き》るまでの経緯《けいい》です。

太平洋戦争はかつてない「飛行機の戦争」でした。航続距離《こうぞくきょり》に限《かぎ》りがあるため、広い海で攻《こう》撃《げき》方面の島に次々と飛行場をつくってゆく必要があります。ミッドウェーの敗北を外部に秘《ひ》した海軍は、次に狙《ねら》いを遠方のガダルカナル島に定めますが、ここでも息絶《いきた》えた二万人近い日本兵の多くが栄養失調による餓死《がし》という、「哀《あわ》れというほかはない」大敗となりました。

昭和十八年も半ばとなると、内地では「撃《う》ちてし止《や》まむ」の決戦標語ができ、小学生の著者《ちょしゃ》もこれを叫《さけ》びながら喧嘩《けんか》するほど世の中に浸透《しんとう》します。そんななか、山本五十六《やまもといそろく》長官戦死の報《ほう》が国民に大きな衝撃《しょうげき》を与《あた》えました。たたみかけるように北方ではアッツ島の守備隊《しゅびたい》が玉砕《ぎょくさい》、つまり全滅《ぜんめつ》します。こうなると、一億の日本人全員が戦闘員《せんとういん》と化さねばなりません。大学生の「学徒出陣《がくとしゅつじん》」がはじまりました。壮行会《そうこうかい》で東条英機《とうじょうひでき》総理《そうり》大臣が「諸君《しょくん》はその燃《も》え上《あ》がる魂《たましい》、その若《わか》き肉体、清新《せいしん》なる血潮《ちしお》、すべてこれ御国《みくに》の大御宝《おおみたから》なのである」と述《の》べたように、〝青年がもてはやされて戦地に送られる〟事態《じたい》がこうして現実《げんじつ》となりました。

陸地では昭和十九年春、インパール作戦が強行され、目をおおいたくなる惨状《さんじょう》が繰《く》り広《ひろ》げられます。悪条件《あくじょうけん》のなか、指揮官《しきかん》たちが「正しい判断《はんだん》も下せず、それどころか代わりに総攻撃《そうこうげき》命令を出した」ため、兵士《へいし》たちはどしゃぶりのインパール街道を死と隣《とな》りあわせで後退《こうたい》につぐ後《こう》退《たい》、戦死者は約三万人といわれます。なぜ冷静に判断《はんだん》して作戦を中止できなかったのか――命令する立場の者が論功《ろんこう》を急いだ話など、人間のエゴが突《つ》きつけられます。

やがてサイパン奪還《だっかん》も不可能《ふかのう》となると、ならば特殊《とくしゅ》兵器を考えろ、というわけで「零戦《ぜろせん》に爆《ばく》弾《だん》を載《の》せてそのまま突《つ》っ込《こ》む」、すなわち特攻《とっこう》作戦が浮上《ふじょう》するのです。作戦が現実化《げんじつか》してゆく過程《かてい》は文字を追っていて胸《むね》が痛《いた》みますが、著者《ちょしゃ》はここで山本五十六《やまもといそろく》が真珠湾《しんじゅわん》攻撃《こうげき》の特殊潜航艇《とくしゅせんこうてい》作戦（乗員が乗ったまま敵艦《てきかん》に体当たりするいわゆる「人間魚雷《ぎょらい》」）について言った、「自分が命令できない作戦は行なってはならないのである」という言葉を思い起こします。いずれも乗組員は「命令ではなく志願《しがん》によった」とされていますが、いったい作戦の責任《せきにん》はどこにあったのか？　おりしも特攻《とっこう》が正式の作戦となった頃《ころ》、フィリピンのレイテ沖海戦で死闘《しとう》をつくした日本軍がほぼ全滅《ぜんめつ》します。もう「日本はどこを向いても明るいところなど一点もなかった」。降伏《こうふく》しかないのは自明でした。

　第十四章は、世界で終戦後についての話し合いが進むなか、日本の降伏《こうふく》への長く苦しい道のりが語られます。

　昭和二十年に入ると、ルーズベルト大統領《だいとうりょう》、チャーチル首相《しゅしょう》、スターリン書記長がウクライナのヤルタで会談し、日本の降伏《こうふく》についても話し合います。アメリカはソ連の参戦を強く要求し、これが戦後まで引きずる満洲侵攻《まんしゅうしんこう》につながります。

　国内では「本土決戦」が現実味《げんじつみ》を帯びつつありました。Ｂ29がやたらと飛んできては空襲《くうしゅう》を激化《げきか》させます。「こんなことを言っちゃあいけませんが」と前置きして、「透《す》き通《とお》るような青空をＢ29が編隊《へんたい》を組み、キラキラっと光って長い飛行機雲を流してゆくのは、まあきれいなものなんですね」と著者《ちょしゃ》は当時を回顧《かいこ》しています。八十年近く前、無邪気《むじゃき》に青空を眺《なが》めていた子どもたちの姿《すがた》が見えるようです。しかし敵《てき》は容赦《ようしゃ》しません。「日本の家屋《かおく》は木と紙だ。焼夷弾《しょういだん》で十分に効果《こうか》が上げられる」と低空飛行でどんどん攻撃《こうげき》を続け、三月十日の東京大空襲《だいくうしゅう》では、隅《すみ》田川《だがわ》周辺の約十万人が犠牲《ぎせい》となりました。著者《ちよしや》がすんでのところで命拾いした体験も語られています。

最後の砦《とりで》、沖縄戦は、中央からすれば本土決戦への時間稼《かせ》ぎでもありました。陸海軍も全力をあげ、特攻《とっこう》のため戦艦大和《せんかんやまと》も出撃《しゅつげき》したものの敵機《てっき》からの攻撃《こうげき》にあい撃沈《げきちん》。それでもつづいた特攻《とっこう》作戦も戦果はむなしいものでした。何より、沖縄では中学生から四十五歳《さい》までの男子県民、さらに女学生も「ひめゆり部隊」として動員され、おそらく国を信じて必死で戦い抜《ぬ》き、この上なく痛《いた》ましい歴史《れきし》を刻《きざ》みました。

そうこうするうち、すでに降伏《こうふく》していたイタリアでムッソリーニ首相《しゅしょう》が国民に銃殺《じゅうさつ》され、二日後にはヒトラーが自決《じけつ》してドイツは無条件降伏《むじょうけんこうふく》します。世界を相手に戦うのは日本だけとなり、「あとはいかにして降伏《こうふく》するかだけが問題」でした。

天皇《てんのう》が六月十五日に倒《たお》れたのは、体が病《や》んだ以上に心労が原因《げんいん》だったかもしれません。この時点で「もはやこれまで」と戦争終結を決意したのでは――というのが、歴史探偵《れきしたんてい》であり、心理タンテイでもある（？）著者《ちょしゃ》の見解《けんかい》です。

一方で、アメリカでは日本を目標に原子爆弾《ばくだん》の投下作戦がねられていました。ここでは、ポツダム宣言《せんげん》が発せられる前に、投下命令が出されていた事実が明かされます。戦中の人間の残《ざん》酷《こく》さを知る思いがします。そんなこととはつゆ知らぬ日本は、中立条約《じょうやく》を結んだソ連の仲介《ちゅうかい》を最後の望みとして、ポツダム宣言《せんげん》への返事を先延《さきの》ばしにしていました。当てにならない仲介《ちゅうかい》を待ってぐずぐずするうちに、最大の悲劇《ひげき》は起きました。

第十五章は、原爆《げんばく》投下という大きな犠牲《ぎせい》を払《はら》い、天皇《てんのう》の「聖断《せいだん》」によりポツダム宣言受諾《せんげんじゅだく》へ――戦争を終わらせる難《むずか》しさをこれでもかと突《つ》きつける章です。

八月六日八時十五分、広島に原爆《げんばく》が投下されました。

「どうも戦争の熱狂《ねっきょう》は人間を愚劣《ぐれつ》かつ無責任《むせきにん》に仕立てあげるようです。とてつもない強力な兵器を、それも膨大《ぼうだい》な資金《しきん》と労力をかけてつくったのだから、使わないのはおかしいじゃないか、と軍人のみならず政治家《せいじか》も含《ふく》めてたいていのアメリカ人は考えたようです」。甚大《じんだい》な被害《ひがい》や地獄《じごく》のありさまは本書でも述《の》べられますが、恐《おそ》ろしさの実体は伝えきれるものではありません。なにが落ちたのかわからない日本はこれを「新型爆弾《しんがたばくだん》」と呼《よ》んでいました。

天皇《てんのう》は「時期を失《しっ》せず速《すみ》やかに戦争の終結を」と望み、政府《せいふ》が方法を模索《もさく》するうち、九日となるや、なんと仲介《ちゅうかい》を当てにしていたソ連が満洲《まんしゅう》に侵攻《しんこう》してきました。日ソ中立条約《じょうやく》がまだ有効《ゆうこう》であるにもかかわらず、です。

すでに戦争継続《けいぞく》は不可能《ふかのう》、ポツダム宣言《せんげん》を「どう」受諾《じゅだく》するかだけが問題です。しかし降伏《こうふく》の条件《じょうけん》、なかでも天皇制《てんのうせい》、すなわち国体《こくたい》の破壊《はかい》を避《さ》けようと最高戦争指導《しどう》会議はもめ、「聖断《せいだん》」を仰《あお》ぐこととします。会議の最中、二発目の原爆《げんばく》が長崎に投下されたことが知らされます。天《てん》皇《のう》は、多くの条件《じょうけん》を要求せず、天皇制《てんのうせい》の護持《ごじ》のみにしぼる案に同意し、連合国側に伝えて回答を得《え》ました。しかし、問題となったのはその際《さい》の英語の解釈《かいしゃく》です。天皇《てんのう》や日本の国家統治《とうち》の権《けん》限《げん》を連合軍最高司令官の「Subject to」を、「制限下《せいげん》におかる」とした外務省《がいむしょう》の翻訳《ほんやく》を認《みと》めず、「隷属《れいぞく》する」と解釈《かいしゃく》した軍部は断《だん》じて受け入れることができません。この期《ご》に及《およ》んでまたもや大激論《だいげきろん》となりました。「戦争をはじめるのは簡単《かんたん》ですが、終わらせるのがいかに難《むずか》しいかということの証明《しょうめい》ですね」という言葉がずしりと響《ひび》きます。

鈴木貫太郎《すずきかんたろう》首相《しゅしょう》が二度めの「聖断《せいだん》」を仰《あお》ぎ、天皇《てんのう》の決断《けつだん》によってようやくポツダム宣言《せんげん》を受《じゅ》諾《だく》、降伏《こうふく》することで一致《いっち》します。八月十四日夜に宣言受諾《せんげんじゅだく》は連合国に通知されました。

ただし、降伏《こうふく》文書に「調印」するまでは戦争終結でないことを理解《りかい》していなかったために、ソ連の満洲侵攻《まんしゅうしんこう》はやむことなく続きました。悔《く》やみきれない一事であったと思います。

とはいえ、さらに少しでも降伏《こうふく》が遅《おく》れていれば、日本を米英中ソの四か国で分割統治《ぶんかつとうち》する案が実行されていたというのです！　そうなれば日本の戦後はガラリと変わっていたはず。「こうした歴史《れきし》の裏側《うらがわ》に隠《かく》されていた事実をのちになって知ると、いやはや、やっと間に合ったのか、ほんとうにあの時に敗《ま》けることができてよかったと心から思わないわけにいきません」。ともかく、こうして長かった戦争の時代は終わりました。

むすびの章は、昭和の二十年は私《わたし》たちに何を語るのか、教訓を含《ふく》めた「まとめ」です。「三百十万の死者が語りかけてくれるものは?」。今を生きる一人ひとりが考えねばならない問いでしょう。太平洋の島々や大陸など、主な戦場で亡《な》くなった兵士《へいし》たちの各々《おのおの》の数が挙げられています。さらに日本本土空襲《くうしゅう》での死者、八年間にわたる日中戦争の死者……羅列《られつ》された数字に、言葉を失います。

「日本人はあらゆるところでむなしい死を遂《と》げていったのです」

よく「歴史《れきし》に学べ」といわれますが、私《わたし》たちが「それを正しく、きちんと学べば」、という条件《じょうけん》のもとだと著者《ちょしゃ》は言います。その意志《いし》がなければ、歴史《れきし》はほとんど何も語ってくれません、と。戦争にいたる道には「時の勢《いきお》い」に左右される面が多々あったことは、本書で実感されることです。「理性的《りせいてき》に考えれば反対でも、国内情勢《じょうせい》が許《ゆる》さないという妙《みょう》な考え方に流された」――そういう例は、今もあちこちでみられるのではないでしょうか。

同じあやまちを繰《く》り返《かえ》さないために、昭和の戦争の教訓が五つ挙げられています。すなわち「国民的熱狂《ねっきょう》をつくってはいけない」「危機《きき》においては、抽象的《ちゅうしょうてき》な観念論《かんねんろん》に傾《かたむ》かず、具体的で理性的《りせいてき》な方法論《ほうほうろん》を検討《けんとう》する」「タコツボ社会における小集団主義《しょうしゅうだんしゅぎ》は弊害《へいがい》でしかない」「国際《こくさい》社会での自国の位置づけを客観的に把握《はあく》し、主観的思考による独善《どくぜん》に陥《おちい》らない」「対症療法《たいしょうりょうほう》的にすぐに成果を求めず、大局観《たいきょくかん》をもって複眼的《ふくがんてき》に思考する」――。

日本をリードしてきた人たちが、根拠《こんきょ》なき自己過信《じこかしん》におちいり、まずい結果になれば底知れぬ無責任《むせきにん》をあらわにする。ただし、その背後《はいご》にはいつも後押《あとお》ししたメディアや熱狂《ねっきょう》したわたしたち国民がいました。「昭和の歴史《れきし》というのはなんと多くの教訓を私《わたし》たちに与《あた》えてくれるか」、ただし肝《きも》に銘《めい》じたいのは、「しっかりと見なければ見えない、歴史《れきし》は決して学ばなければ教えてくれない」――長い講義《こうぎ》を終えた著者《ちょしゃ》の重い言葉です。

＊

（上巻《かん》と本巻《ほんかん》にあたる）戦前篇《へん》の講義《こうぎ》は、二〇〇三年四月から十二月にかけて、月に一、二度のペースで十五回にわたり、都内の貸《かし》スタジオの一室で編集者《へんしゅうしゃ》や録音スタッフら三、四人を前にして行なわれました。半藤《はんどう》さんが毎回持参した数枚《すうまい》の紙には、当日に引用する史料《しりょう》のコピー（自身の膨大《ぼうだい》な蔵書《ぞうしょ》からとった一次資料《しりょう》が中心）が切り貼《きば》りされており、その順番にそって、特徴《とくちょう》ある胴間声《どうまごえ》（失礼）で一時間半から二時間のおしゃべりが続きました。語られる史実《しじつ》は深《しん》刻《こく》な内容《ないよう》が大半ながら、人間はそんな面ばかりで生きているはずもなく、時にあらぬ方へ脱線《だっせん》し、録音テープには一同《いちどう》の笑い声もまじっています。そして半藤《はんどう》さんがもっとも楽しみにしていたのは、講義《こうぎ》を終えてからの居酒屋《いざかや》での〝放課後〟でした。その日に語ったテーマの裏話《うらばなし》や枝葉《えだは》のエピソードなど、杯《さかずき》を重ねながら疲《つか》れもみせず、えんえん〝補講《ほこう》〟をする姿《すがた》はなんとも生き生きとしていました。歴史《れきし》には尽《つ》きぬ面白《おもしろ》さがあるのだと全身で教えてくれた、本書には半藤《はんどう》さんの生気がほとばしっています。

そんな半藤《はんどう》さんの歴史《れきし》語りのスタイルは、なるだけ時系列《じけいれつ》で史実《しじつ》を押《お》さえていくというオーソドックスなものでした。作家的な（？）斬新《ざんしん》な切り口、凝《こ》った構成《こうせい》などには興味《きょうみ》がなかったように思われます。結果、さまざまな事象《じしょう》がかたまりとなって姿《すがた》をあらわしてくる、時代にまるごと対面する感じといったらいいでしょうか。一見なんでもないやり方ですが、語りの力か、そういう感覚をつかめる機会はあまりない気もします。解釈《かいしゃく》が押《お》しつけられることもなく、受け取ったものを広げ、深掘《ふかぼ》りするのは読者にゆだねられています。ただ歴史《れきし》を知り、面白《おもしろ》がるだけで終わってはならない、とくに昭和史《しょうわし》は将来《しょうらい》に生かせなければ意味がない。一貫《いっかん》したシンプルな手法は、その大切さを暗に示《しめ》していると思えなくもありません。

本書がさほど多くの人に読まれるとは予想していなかった半藤《はんどう》さんは、当初、反響《はんきょう》の大きさに驚《おどろ》いていました。そこで「伝えれば、伝わる」ことに気づいたようです。以後、伝える役割《やくわり》に熱心となりました。いつしか「昭和史《しょうわし》の語《かた》り部《べ》」と呼《よ》ばれるようになったことにまんざらでもなさそうでしたが、恩恵《おんけい》をこうむった読者には、なんと大きな宿題が残されたことでしょうか。

＊

歴史《れきし》をあとから批判《ひはん》するのは簡単《かんたん》です。いざ同じ状況《じょうきょう》におかれたら、自分も似《に》たような判断《はんだん》や行動をし、国民の一人として熱狂《ねっきょう》しなかったと言える人はどれほどいるでしょうか。『戦争の時代』上下巻《かん》を通読して、たとえば以下を自分なりに考えてみるのもよいかもしれません。

『戦争の時代 1926-1945　上』
一、幕末《ばくまつ》〜明治がつくった——昭和の敗戦が滅《ほろ》ぼした——日本とはどういう国であったか
二、日本の「外交」のスタート時点で、悲劇《ひげき》をもたらす予兆や問題点はなかったか
三、昭和が幕《まく》を開けた日本にとって「満洲《まんしゆう》」とはなんであったか
『戦争の時代 1926-1945　下』
一、日本が戦争を避《さ》けられなかった最大の理由とは
二、いつ、どうすれば戦争を回避《かいひ》する可能性《かのうせい》があったか
三、自分が当時の指導者《しどうしや》であったなら——①政府指導者《せいふしどうしや》の場合、②軍事指導者《しどうしや》の場合、③天皇側近《てんのう》の場合——戦争を避《さ》けるために、おのおの㋑いつ、㋺どういう行動をとるか
さらに、仮《かり》に戦争でない道をとれたなら、その後の日本と世界はどうなっていたか？

決まった正解《せいかい》はありません。歴史《れきし》にイフはない、とも著者《ちよしや》はよく述《の》べていました。しかし、自分で調べ、自分の頭で考え、表現《ひようげん》することで、歴史《れきし》はどんどん面白《おもしろ》くなります。そんな気分で皆《みな》さんが続巻《ぞくかん》へと読み進まれることを願っています。

# 関連年表

| | 年 | 内閣総理大臣 | 日本のできごと(*は外国情勢) |
|---|---|---|---|
| 江戸 | 嘉永六(一八五三) | | ペルリが黒船で浦賀来航 |
| | 慶応元(一八六五) | | 開国を決める |
| | 四(一八六八) | | 明治維新(明治元年)、五箇条の御誓文 |
| 明治 | 明治九(一八七六) | | 海軍兵学校設置 |
| | 十一(一八七八) | | 参謀本部設置 |
| | 十六(一八八三) | | 陸軍大学校設立、予備役・後備役をおく |
| | 十八(一八八五) | 伊藤博文 | 内閣制度制定、伊藤博文が初代総理大臣となる |
| | 二十二(一八八九) | 山県有朋 | 大日本帝国憲法発布、立憲政治の発足 |
| | 二十七(一八九四) | 伊藤博文 | 日清戦争(〜二十八) |
| | 三十三(一九〇〇) | 山県有朋 | 義和団事件〈北清事変〉で中国に出兵 |
| | 三十五(一九〇二) | 桂太郎 | 日英同盟締結 |
| | 三十七(一九〇四) | | 日露戦争(〜三十八) |
| | 四十(一九〇七) | 西園寺公望 | 日本の満洲経営はじまる |
| | 四十三(一九一〇) | 桂太郎 | 日韓併合 |
| | 四十四(一九一一) | 西園寺公望 | *辛亥革命(中国) |
| | | (桂太郎、山本権兵衛) | |
| 大正 | 大正三(一九一四) | 大隈重信 | 第一次世界大戦起こる(〜七) |
| | 四(一九一五) | | 対華二十一カ条の要求を出す |
| | 六(一九一七) | 寺内正毅 | *ロシア革命 |
| | 八(一九一九) | 原敬 | *五・四運動(中国)、ヴェルサイユ条約調印(パリ) |

| | | |
|---|---|---|
| 大正 | | |
| 九(一九二〇) | | *国際連盟発足 |
| 十(一九二一) | | 芥川龍之介が中国を旅行 |
| 十一(一九二二) | 高橋是清 | ワシントン軍縮条約調印、日英同盟廃棄 |
| 十二(一九二三) | 加藤友三郎 | 関東大震災 |
| | (山本権兵衛、清浦奎吾、加藤高明) | |
| 十五(一九二六) | 若槻礼次郎 | *北伐開始(中国) |
| 昭和 | | |
| 昭和三(一九二八) | 田中義一 | 張作霖爆殺事件(満洲某重大事件)/パリ不戦条約調印/石原莞爾が関東軍赴任、「満蒙問題」に関して次々提案 |
| 四(一九二九) | 浜口雄幸 | 映画『大学は出たけれど』封切、流行語となる/*ウォール街株式市場が大暴落 |
| 五(一九三〇) | | ロンドン海軍軍縮条約 |
| 六(一九三一) | 若槻礼次郎(第二次) | 中村震太郎大尉、中国軍に虐殺される/満洲で万宝山事件起こる/満洲事変(柳条湖事件)起こる/チチハル占領 |
| 七(一九三二) | 犬養毅<br>斎藤実 | 錦州占領/山海関に進出/上海事変/井上準之助、団琢磨暗殺(血盟団事件)/満洲国建国/上海事変停戦調印/五・一五事件/愛郷塾が東京の発電所を襲う/リットン調査団報告、国際連盟が日本の満洲からの撤退勧告 |
| 八(一九三三) | | 小林多喜二の死/国際連盟脱退、「栄光ある孤立」へ/大阪でゴーストップ事件起こる/関東地方防空大演習行なわれる/出版法、新聞法改正/海軍から良識派が去りはじめる |
| 九(一九三四) | 岡田啓介 | 林銑十郎が陸相、永田鉄山が軍務局長になり陸軍強化/溥儀、正式に満洲国皇帝となる/陸軍パンフレットが頒布される/超大戦艦建造の命令が軍令部から建艦部に出される/ワシントン軍縮条約廃棄決定 |

| 昭和 | | |
|---|---|---|
| 十(一九三五) | | 天皇機関説問題起きる／国体明徴声明発表／永田鉄山暗殺(相沢事件) |
| 十一(一九三六) | 広田弘毅 | 二・二六事件／軍部大臣現役武官制復活／不穏文書取締法、日独防共協定調印／「大日本帝国」の呼称決定／＊西安事件により中国は抗日民族統一戦線へ |
| 十二(一九三七) | 林銑十郎<br>近衛文麿 | 盧溝橋事件、日中戦争はじまる／南京陥落 |
| 十三(一九三八) | | トラウトマンの和平工作打ち切り／「蔣介石を対手にせず」の近衛首相声明／国家総動員法成立／「東亜新秩序声明」発表／漢口陥落で旗行列、提灯行列が続く／＊ドイツでウランの核分裂実験成功 |
| 十四(一九三九) | 平沼騏一郎<br>阿部信行 | 三国同盟締結をめぐり五相会議が盛んに開かれる／零戦が誕生／国民精神総動員委員会が設置され「生活刷新」を推進／満蒙開拓青少年義勇軍計画の発表／「青少年学徒に賜りたる勅語」発表／山本五十六が遺書「述志」をしたためる／ノモンハン事件／天津事件で日本は英仏租界を隔離、反英運動盛んに／＊スターリンがヒトラー宛ての手紙で独ソ不可侵条約を承諾／アメリカが日米通商航海条約廃棄を通告／＊アインシュタインが原爆製造に関してルーズベルトに手紙を送る／山本五十六が連合艦隊司令長官に赴任、海軍中央を去る／＊ドイツのポーランド侵攻、第二次世界大戦起こる／「創氏改名」(朝鮮戸籍令改正) |
| 十五(一九四〇) | 米内光政<br>近衛文麿<br>(第二次) | 「不敬」な芸名など改名、七・七禁令発布、「産めよ殖やせよ」と叫ばれる／＊オランダ降伏、ブリュッセル陥落、ダンケルクの奇蹟でドイツの大勝利、パリ占領／ヒトラー特使シュターマー来日、松岡洋右らと会談／日本軍が北部仏印に武力進駐／＊イギリスはチャーチルのもと、独軍からの本土防衛成功／アメリカが屑鉄の日本輸出禁止／日独伊三国軍事同盟調印／ダンスホール閉鎖／紀元二六〇〇年の大式典催される／ |

| 昭和 | | |
|---|---|---|
| 十六（一九四一） | 近衛文麿（第三次）<br>東条英機 | ウォルシュ、ドラウト両神父「日米国交打開策」を携え来日／海軍出師準備実施／海軍国防政策委員会設置<br>松岡洋右外相訪欧、ヒトラーと会談、モスクワでスターリンと日ソ中立条約調印／野村吉三郎大使がアメリカ赴任、「日米諒解案」作成／*ドイツがソ連に進攻／第一回御前会議開かれる／アメリカが在米日本資産凍結／日本軍が南部仏印進駐／アメリカが対日石油輸出全面禁止を通告／関東軍特種大演習で満洲に兵力を集中／第二回御前会議開かれる／第三回御前会議で対米開戦決意／アメリカが甲乙案拒否、「ハル・ノート」届く／第四回御前会議開かれる／「ニイタカヤマノボレ」の開戦命令／真珠湾攻撃、太平洋戦争開戦／マレー沖海戦、イギリス東洋艦隊撃沈、香港攻略／超大戦艦大和竣工 |
| 十七（一九四二） | | マニラ占領、シンガポール攻略／アメリカによる東京初空襲／日本文学報国会結成／ミッドウェー海戦で大敗 |
| 十八（一九四三） | | *ルーズベルトとチャーチルがカサブランカで会談／ガダルカナル島奪取される／「撃ちてし止まむ」の決戦標語できる／山本五十六戦死／アッツ島玉砕／*イタリア無条件降伏／学徒出陣はじまる／*カイロ会談 |
| 十九（一九四四） | 小磯国昭 | *ノルマンディー上陸作戦開始／インパール作戦惨敗／サイパン島陥落／学童疎開はじまる／神風特別攻撃隊初出撃／連合艦隊フィリピン沖でほぼ全滅 |
| 二十（一九四五） | 鈴木貫太郎 | *ヤルタ会談／「本土決戦完遂基本要綱」決定／硫黄島での敗退／東京大空襲で下町が大被害／九州坊ノ岬沖で大和隊が壊滅／日ソ中立条約廃棄の通告／*ルーズベルト死／*ムッソリーニ銃殺。ヒトラー自殺、ドイツ降伏／天皇倒れる／沖縄潰滅／国民義勇兵役法が議会通過、竹槍訓練盛んに／ソ連に和平交渉の仲介を願い出る／ポツダム宣言が日本に |

| | | | |
|---|---|---|---|
| | | 東久邇宮稔彦王 | 届く／広島・長崎に原爆投下／ソ連が満洲に侵攻／御前会議開かれポツダム宣言を受諾、終戦の詔書／マッカーサー来日、ミズーリ艦上での降伏文書調印 |

# 参考文献


芥川龍之介『支那游記』……筑摩書房
石川信吾『真珠湾までの経緯』……時事通信社
伊藤隆ほか編『牧野伸顕日記』……中央公論社
今村均『今村均大将回想録』……自由アジア社
宇垣一成『宇垣一成日記』(全3巻)……みすず書房
宇垣纏『戦藻録』……原書房
岡田啓介(述)『岡田啓介回顧録』……毎日新聞社
岡村寧次『岡村寧次大将資料』……原書房
小川平吉『小川平吉関係文書』(全2巻)……みすず書房
木戸日記研究会編『木戸幸一日記』(上下)……東京大学出版会
木下道雄『側近日誌』……文藝春秋
黒羽清隆『日中15年戦争』(全3巻)……教育社
軍事史学会編『大本営陸軍部戦争指導班機密戦争日誌』(全2巻)……錦正社
児島襄『天皇』(全5巻)……文藝春秋
近衛文麿『平和への努力』……日本電報通信社
近衛文麿『失はれし政治』……朝日新聞社
佐藤尚武『回顧八十年』……時事通信社
参謀本部編『杉山メモ』(全2巻)……原書房
重光葵『昭和の動乱』(全2巻)……中央公論社
嶋田繁太郎『嶋田繁太郎日記』……〔未刊行〕
勝田龍夫『重臣たちの昭和史』(全2巻)……文藝春秋
高橋正衛『二・二六事件』……中央公論社
高松宮宣仁親王『高松宮日記』(全8巻)……中央公論社
角田順『石原莞爾資料』(全2巻)……原書房
寺崎英成(記録)『昭和天皇独白録』……文藝春秋
東郷茂徳『時代の一面』……改造社
永井荷風『断腸亭日乗』(全7巻)……岩波書店
南京戦史編集委員会『南京戦史』(全2巻)……偕行社
野田六郎『侍従武官野田六郎終戦日記』「歴史と人物」……中央公論社
畑俊六『陸軍畑俊六日誌』……みすず書房
浜口雄幸『随感録』……三省堂
原田熊雄(述)『西園寺公と政局』(全9巻)……岩波書店
東久邇稔彦『東久邇日記』……徳間書店
細川護貞『細川日記』(全2巻)……中央公論社
本庄繁『本庄日記』……原書房
矢部貞治『近衛文麿』(全2巻)……近衛文麿伝記編纂刊行会
読売新聞社編『昭和史の天皇』……読売新聞社
若槻礼次郎『古風庵回顧録』……読売新聞社

～事項索引　な行



## は行



## ま行



## や行



## ら行

## さ行



## た行



## な行

## や行



## ら行



## わ行



# 事項索引《じこうさくいん》

## あ行



## か行

## な行



## は行



## ま行

## か行



## さ行

半藤《はんどう》先生の「昭和史《しょうわし》」で学ぶ非戦《ひせん》と平和

# 戦争の時代 1926~1945〔下〕 索引《さくいん》

・本文、解説《かいせつ》にあらわれた主な人名と事項《じこう》名を五十音順に並《なら》べました。
・人名は原則《げんそく》として姓《せい》、名の順に表記しています。
・文中に同じ意味の語句《ごく》がある場合、「⇒」で参照しました。
・文中で使われている事項名《じこうめい》に異《こと》なる表記がある場合、「→」で参照しました。
・項目《こうもく》の直後の( )は、その語の補足《ほそく》説明です。

## 人名索引《じんめいさくいん》

### あ行

**半藤一利**（はんどう・かずとし）
1930年、東京生まれ。東京大学文学部卒業後、文藝春秋入社。「週刊文春」「文藝春秋」編集長、取締役などを経て作家。著書は『日本のいちばん長い日』『漱石先生ぞな、もし』（正続、新田次郎文学賞）、『ノモンハンの夏』（山本七平賞）、『「真珠湾」の日』（以上、文藝春秋）、『幕末史』（新潮社）、『B面昭和史 1926－1945』『世界史のなかの昭和史』（以上、平凡社）など多数。『昭和史 1926－1945』『昭和史 戦後篇 1945－1989』（平凡社）で毎日出版文化賞特別賞を受賞。2015年、菊池寛賞を受賞。2021年1月12日永眠。

**半藤先生《はんどうせんせい》の「昭和史《しょうわし》」で学《まな》ぶ非戦《ひせん》と平和《へいわ》**

**戦争《せんそう》の時代《じだい》 1926-1945 下《げ》**

**三国同盟《さんごくどうめい》、太平洋戦争《たいへいようせんそう》、原爆投下《げんばくとうか》**

発行日　2023年4月19日　初版第1刷

著者　半藤一利
発行者　下中美都
発行所　株式会社平凡社
〒101-0051 東京都千代田区神田神保町3-29
電話　03-3230-6579（編集）
　03-3230-6573（営業）
平凡社ホームページ　https://www.heibonsha.co.jp/
印刷・製本　株式会社東京印書館
編集協力　山本明子
装幀　木高あすよ（株式会社平凡社地図出版）
DTP　有限会社ダイワコムズ


ISBN978-4-582-45462-8